世界哲學家叢書

牛　頓

吳　以　義　著

2000

東大圖書公司印行

國家圖書館出版品預行編目資料

牛頓／吳以義著.--初版.---臺北市：
東大，民89
　　面；　公分.--(世界哲學家叢書)
參考書目：面
ISBN 957-19-2277-3 (精裝)
ISBN 957-19-2278-1 (平裝)

1.牛頓 (Newton, Isaac, Sir,
1642-1727)-學術-思想

144.35　　　　　　　　　　88002249

網際網路位址　http://www.sanmin.com.tw

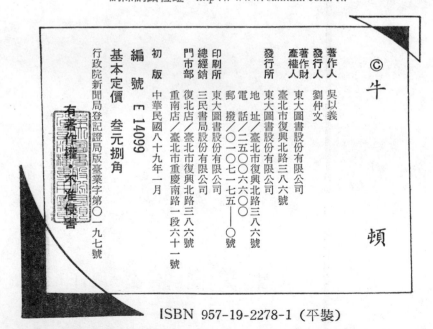

© 牛頓

著作人　吳以義
發行人　劉仲文
產著作財權人　東大圖書股份有限公司
發行所　東大圖書股份有限公司
　　　　臺北市復興北路三八六號
　　　　地址／臺北市復興北路三八六號
　　　　電話／二五○○六六○○
　　　　郵撥／○一○七一七五──○號
印刷所　東大圖書股份有限公司
總經銷　三民書局股份有限公司
門市部　復北店／臺北市復興北路三八六號
　　　　重南店／臺北市重慶南路一段六十一號
初版　中華民國八十九年一月
編號　E 14099
基本定價　叁元捌角
行政院新聞局登記證局版臺業字第○一九七號

有著作權·不准侵害

ISBN 957-19-2278-1 (平裝)

「世界哲學家叢書」總序

　　本叢書的出版計畫原先出於三民書局董事長劉振強先生多年來的構想，曾先向政通提出，並希望我們兩人共同負責主編工作。一九八四年二月底，偉勳應邀訪問香港中文大學哲學系，三月中旬順道來臺，即與政通拜訪劉先生，在三民書局二樓辦公室商談有關叢書出版的初步計畫。我們十分贊同劉先生的構想，認為此套叢書(預計百冊以上)如能順利完成，當是學術文化出版事業的一大創舉與突破，也就當場答應劉先生的誠懇邀請，共同擔任叢書主編。兩人私下也為叢書的計畫討論多次，擬定了「撰稿細則」，以求各書可循的統一規格，尤其在內容上特別要求各書必須包括（1）原哲學思想家的生平；（2）時代背景與社會環境；（3）思想傳承與改造；（4）思想特徵及其獨創性；（5）歷史地位；（6）對後世的影響（包括歷代對他的評價），以及（7）思想的現代意義。

　　作為叢書主編，我們都了解到，以目前極有限的財源、人力與時間，要去完成多達三、四百冊的大規模而齊全的叢書，根本是不可能的事。光就人力一點來說，少數教授學者由於個人的某些困難（如筆債太多之類），不克參加；因此我們曾對較有餘力的簽約作者，暗示過繼續邀請他們多撰一兩本書的可能性。遺憾的是，此刻在政治上整個中國仍然處於「一分為二」的艱苦狀態，加上馬列教

條的種種限制，我們不可能邀請大陸學者參與撰寫工作。不過到目前為止，我們已經獲得八十位以上海內外的學者精英全力支持，包括臺灣、香港、新加坡、澳洲、美國、西德與加拿大七個地區；難得的是，更包括了日本與大韓民國好多位名流學者加入叢書作者的陣容，增加不少叢書的國際光彩。韓國的國際退溪學會也在定期月刊《退溪學界消息》鄭重推薦叢書兩次，我們藉此機會表示謝意。

原則上，本叢書應該包括古今中外所有著名的哲學思想家，但是除了財源問題之外也有人才不足的實際困難。就西方哲學來說，一大半作者的專長與興趣都集中在現代哲學部門，反映著我們在近代哲學的專門人才不太充足。再就東方哲學而言，印度哲學部門很難找到適當的專家與作者；至於貫穿整個亞洲思想文化的佛教部門，在中、韓兩國的佛教思想家方面雖有十位左右的作者參加，日本佛教與印度佛教方面卻仍近乎空白。人才與作者最多的是在儒家思想家這個部門，包括中、韓、日三國的儒學發展在內，最能令人滿意。總之，我們尋找叢書作者所遭遇到的這些困難，對於我們有一學術研究的重要啟示（或不如說是警號）：我們在印度思想、日本佛教以及西方哲學方面至今仍無高度的研究成果，我們必須早日設法彌補這些方面的人才缺失，以便提高我們的學術水平。相比之下，鄰邦日本一百多年來已造就了東西方哲學幾乎每一部門的專家學者，足資借鏡，有待我們迎頭趕上。

以儒、道、佛三家為主的中國哲學，可以說是傳統中國思想與文化的本有根基，有待我們經過一番批判的繼承與創造的發展，重新提高它在世界哲學應有的地位。為了解決此一時代課題，我們實有必要重新比較中國哲學與（包括西方與日、韓、印等東方國家在內的）外國哲學的優劣長短，從中設法開闢一條合乎未來中國所需

求的哲學理路。我們衷心盼望，本叢書將有助於讀者對此時代課題
的深切關注與反思，且有助於中外哲學之間更進一步的交流與會通。

　　最後，我們應該強調，中國目前雖仍處於「一分為二」的政治
局面，但是海峽兩岸的每一知識分子都應具有「文化中國」的共識
共認，為了祖國傳統思想與文化的繼往開來承擔一分責任，這也是
我們主編「世界哲學家叢書」的一大旨趣。

　　　　　　　　　　　　　傅偉勳　韋政通

　　　　　　　　　　　　　　　一九八六年五月四日

自 序

　　牛頓的主要工作是科學方面的，這在現在幾乎是一個學齡兒童
的常識。但是牛頓當年孜孜然於書房、圖書館和他的煉金術爐火旁
時，他並沒有把自己限制在我們所定義的「科學」這種「分科的學
問」之中，他所面對的是整個自然。自然作為一個整體，充滿活力，
永不止息地運動著，而理性則深藏其間。在他很多研究成果之中，
最著名的是利用引力的概念來說明天體的運動。當彗星按照人的理
性所理解的那樣在預期的時刻出現在預期的天區時，它所造成的震
動不是我們這些生活在三百年以後的人所能稍許想像的。人的理性
之不可動搖的至上地位從此確立，並成為以後文化發展之不可須臾
或缺的一環。在這個意義上，我們說科學成為文化之一部。

　　牛頓傳的撰寫起於法國人 Bernard le Bovyer de Fontenelle
(1657–1757)，牛頓1727年去世時他任法國科學院秘書，按照慣例，
他為牛頓寫了一篇悼詞❶，內容主要是 John Conduitt❷ 提供的。

---

❶　即 Eloge de M. Newton, 最初發表在 *Histoire de l'Academie Royale des
Sciences*, 1727, pp. 151–172. 英譯見 *Isaac Newton's Papers and Let-
ters on Natural Philosophy*, ed. by I. B. Cohen, Cambridge: Harvard
Univ. Press, 1978, pp. 444–474.

❷　J. Conduitt 的原稿寫於當年 10 月，今藏 King's College, Keynes Col-

1821年，法蘭西學院的物理學教授 Jean Baptiste Biot (1774–1862) 為《大百科全書》寫了一個長三十八頁的條目❸，備述牛頓生平，或可看作學者撰寫牛頓傳的開始。十九世紀最重要的，至今仍常被牛頓學者引用參考的，是 David Brewster 爵士 (1781–1868) 的牛頓傳❹。Brewster 是第一個利用所謂的 Portsmouth 手稿研究牛頓的傳記作者，而他的專業方向是光學，所作自然在光學方面特別留心。Brewster 的書無論在質量上還是在篇幅上都足當一代之選，以至於直到一個世紀以後的1932年才有人認真地考慮再寫一部牛頓傳❺。

　　中文文獻方面，就以義所知，除早年把牛頓及其力學介紹到國內時有些介紹外❻，在1987年假《原理》發表三百周年，又刊出幾部專著❼，各有專精。

---

　　lection, 載 Edmund Turnor, *Collections for the History of the Town and Soke of Grantham, ...*, London: William Miller, 1806, pp. 158–167.

❸　*Biographie universelle*, 1821, v. 30, pp. 367–404.

❹　*The Life of Sir Isaac Newton*, London: John Murray, 1831, 他後來又寫了 *Memoirs of the Life, Writings and Discoveries of Sir Isaac Newton*, Edinburgh: Thomas Constable, 1855, 共上下兩卷，此書有影印本，New York: Johnson Reprint Co., 1965.

❺　Louis Trenchard More, *Isaac Newton, a Biography*, New York: Dover, 1934, rpr. 1962.

❻　對這一階段的回顧，參見郭永芳，〈牛頓學說在中國的早期傳播〉，刊中國科學院自然科學史研究所編《科技史文集》，第12輯，上海：上海科技，1978。

❼　如查有梁，《牛頓力學的橫向研究》，成都：四川教育，1987；戴念祖等編，《紀念牛頓「原理」出版三百周年文集》，峨眉：西南交通大學出版社，1988；閻康年，《牛頓的科學發現與科學思想》，長沙：湖南教育出版社，1989。——不能盡數枚舉，限於所見而已。

　　近四十年來，西洋學術界在牛頓研究方面取得了長足的進展。文獻的發掘和刊布❽，其意義的討論和闡釋❾，以及牛頓當時的心理和智力環境的重建❿，均斐然有成。這本小書試圖利用這些研究成果，介紹所謂的「牛頓革命」⓫這一人類文化史上的重大進步。

　　現有的牛頓學術傳記首推 R. S. Westfall 所著 *Never at Rest* ⓬，但頗不易讀⓭。洋洋灑灑九百八十頁，並不細分段落，一氣呵成的大塊文章，事實上使得大部分非專業讀者望而生畏。若以科學作為文化之一部來考察，牛頓的工作應該不僅僅為專業人士所留意，所以「竭其心力以求善讀之，然後出其所讀者以供人之讀」⓮，寫一本像本書這樣的小書，或者不為無功。

　　但是要在這樣有限的篇幅中完成對牛頓一生主要活動的描述，

❽　參見本書書末所附文獻。

❾　例如 A. Koyre, *Newtonian Studies*, London: Chapman & Hall, 1965; I. B. Cohen, *Franklin and Newton*, Philadephia: American Philosophical Society, 1956, *Introduction to Newton's Principia*, Cambridge: Cambridge Univ. Press, 1971, 以及 *The Newtonian Revolution*, Cambridge: Cambridge Univ. Press, 1980; R. S. Westfall, *Force in Newton's Physics*, London: Macdonald, 1971, 以及數十部專著，數百篇論文。

❿　例如 Frank E. Manuel 著名的三部曲 *Isaac Newton, Historian,* Cambridge: Cambridge Univ. Press, 1963, *The Religion of Isaac Newton*, Oxford: Clarendon, 1974, 和 *A Portrait of Isaac Newton*, London: Frederick Muller, 1980.

⓫　I. B. Cohen, *Revolution in Science*, Cambridge: Harvard Univ. Press, 1985, III, 10.

⓬　R. S. Westfall, *Never at Rest*, Cambridge: Cambridge Univ. Press, 1980.

⓭　參見例如 M. S. Mahoney 的書評, *Tech. & Culture, 23* (1982) 655.

⓮　梁啟超，《中國歷史研究法》，上海：華東師範大學，1995，第1頁。

尤其是他思想的發展，實在非筆者能力所及，所以在撰寫時預設若干限制。首先是敘述介紹止於牛頓，時代背景、所牽涉的人物事件，大部分一筆帶過，只是在第一章對培根、伽里略和笛卡爾輩對牛頓有直接影響的著作學說作了簡略的討論。其次是在敘述牛頓工作時，也盡量限於他本人的筆記著作。一來是因為牛頓同時或後世的研討議論實在多得無法一一照顧到，二來也希望使讀者有機會直接接觸原始資料，形成自己的判斷。

這樣的寫法大概會導致兩個問題。一是乏味，既然要嚴肅地寫作，就要盡量捨棄遺聞軼事、妙語雜談，也就很難妙筆生花；二是有時讀者常會覺得作者不是在寫書而是在抄書，即把各種資料羅列排比，卻不發揮。以義先前用此法撰《庫恩》⑮，頗為識者所識。現復以此作《牛頓》，非執迷不悟，蓋未得兩全之法。既然魚與熊掌不可得兼，以義的作法是寧可枯燥，力避失真，其中苦心讀者鑑之。

在本書撰寫過程中，業師 C. C. Gillispie 教授、M. S. Mahoney 教授時有指點，普林斯頓大學 Firestone 圖書館，Fine 和 Frick 分館以他們一貫的好意給予方便，謹此致謝。胡明杰、李育之博士夫婦在電腦使用排印上給予無數及時的幫助，謹此致謝。家人的理解和支持則是本書得以完成的一項不可須臾或缺的條件。

吳以義
一九九九年八月
Franklin Park, NJ.

---

⑮　《庫恩》，臺北：東大，1996。

牛 頓

目 次

第一章 牛頓所繼承的學術傳統

在人類認識自然的歷史上，十七世紀是一個真正的英雄時代。所謂的現代科學，是這個時代的產物，而這個時代本身，又是對已經發展了一二百年的科學革命的一個總結。

從1492年哥倫布首航美洲起一個多世紀，新的發現和新的事物紛杳而至，新的想法和新的理論層出不窮。這是一個激動人心的時代，人們突然發現，沒有什麼事情是不可想像的，沒有什麼新鮮的東西是不可接受的。當人以智力和體力向自然挑戰所帶來的興奮與陶醉漸漸平息時，他們發現他們的理解力面臨著自然的挑戰：如何把紛繁的現象，錯綜雜陳的事物歸納疏理，如何建立理性所能接受的囊括各種現象的知識體系，正是十七世紀開始時自然學者所面臨的課題。他們滿懷自信地迎接了這一挑戰。「造化啟迪眾生探索，人的靈智能夠理解萬物。領悟宇宙的神奇結構，測量天體的運行軌跡，……性靈敦促我們鍥而不捨，直到採摘豐碩的果實」❶。

培根、伽里略和笛卡爾從不同的方面回答了這一挑戰。一六五〇年代末當牛頓面對這個世界的時候，他是站在這些巨人的肩上❷。

---

❶ Christopher Marlowe (1564–1593), *Tamburlaine*, Pt. 1, II, vii, 用孫梁譯本。

❷ 「如果我看得更遠，那是因為我站在巨人的肩上」(H. W. Turnbull ed.,

他們為牛頓日後的發展奠定了基礎、提供了素材、指明了方向。在這個意義上，牛頓繼承了這樣的學術傳統：從歸納現象出發，經過理性批判，進而建立說明自然規律的知識體系；這一體系所能作出的預期，正反映了它本身對自然的理解。

一、新工具

1620年，培根 (Francis Bacon, 1561–1626) 的《新工具》❸出版。培根一生所醉心的，是一個他叫做「偉大的復興」的龐大計劃。據作者最初的安排，「偉大的復興」至少有六個部分：從科學的分類起，到科學研究的方法，到科學發展的歷史，最後以「新哲學」結束。通過這一擬議中的偉大著作，培根要全面總結過去科學和歷史的發展，要概括地介紹當時的科學，還要提出以後科學發展的方向和道路。一句話，培根認為他所擔負的，是歷史的承先啟後的責任。他完全有理由這麼想。

在培根的時代，人類知識的發展到了這樣一個階段：一方面，

The Correspondence of Isaac Newton, Cambridge: Cambridge Univ. Press, 1959–1977, v. 1, p. 416, 本通信集以後簡寫作*C*)，常被當作牛頓尊重前人，謙虛坦蕩的例證，其實只是成語，典出十二世紀 Bernard of Chartres:「我們一如坐在巨人肩上的矮人……」以後至少被二十六位名家用過，見 Robert Merton, *On the Shoulders of Giants*, New York: Free, 1965.

❸ *Novum organum*, ed. by Thomas Fowler, Oxford, 1878, 是常見的拉丁原本，通行的英譯是 J. Spedding 等人所編全集 (*The Works of Francis Bacon*, London: Longman, 1858) 所收的譯本。本書有許寶騤中譯《新工具》，北京：商務，1984。

哥倫布和哥白尼的發現百千倍地擴大了人類的視野，面對浩瀚的宇宙和浩瀚的海洋，人類第一次認識到「我們現有的知識連告訴我們去尋求什麼都不夠」❹，第一次認識到自己的渺小和無知。另一方面，實用技術和實證科學的發展，又百千倍地增強了人類征服自然的能力，正如培根所注意到的，印刷術、指南針和火藥的發明，「已經在世界範圍內把事物的全部面貌和情況都改變了，……竟至任何帝國、任何教派、任何星辰對人類事務的力量和影響都彷彿無過於這些機械性的發現了」❺。知識從來沒有如此令人信服地表現為力量。

　　培根對知識的信心在很大程度上來自他對實用技術研究的興趣。十五世紀後半期，實用技術漸漸發展為一個引人注目的門類。先是Vannoccio Biringuccio (1480–1538) 用意大利文撰寫了 *Pirotechnia* ❻，稍後1556年，Georgius Agricola (1494–1555)用拉丁文寫的 *De re metallica* ❼ 出版。這兩本書，尤其是後者，對採礦冶煉和有

---

❹　Bacon 語，在 Proem to the Interpretation of Nature, *op. cit.*, R. W. Church, *Bacon*, New York: AMS Press, 1968, p. 72.

❺　The Works, *op. cit.*, v. 4, p. 114; 中譯見上引許譯本，第103–104頁。

❻　本書有英譯，*The Pirotechnia of Vannoccio Biringuccio*, trans. by Cyril S. Smith and Martha T. Gnudi, New York: Basic Books, 1942, reiss. 1959, 有前言和注釋，頗易於應用。案周昌忠等譯《十六十七世紀科學技術和哲學史》，北京：商務，1985，本書書名作《論高熱技術》（第556頁），似稍有「現代化」之嫌。

❼　本書有英譯，*De re metallica*, trans. by Herbert C. Hoover and Lou H. Hoover, London: the Mining Magazine, 1912; 但常見的版本是1950年的美國重印本：New York: Dover, 書前有作者小傳和前言。前引周昌忠等譯《十六十七世紀科學技術和哲學史》對本書有細致描述，見第556–585頁，又在第407頁有作者傳，唯提及本書時譯名與稍後引用時

關設備作了巨細靡遺的描述。1579年，法國人J. Besson ❽描述了車床和其他機械加工的設備，疏浚河流的挖泥船，1588年A. Rameli ❾最先完整地描述了風力的和水力的磨坊，1595 年 Stradanus ❿描述了他當時的軍火工廠和印刷廠，差不多同時又有 Dalmatia 的主教F. Verantius 的《新機器》⓫，「描述了一些有趣的風車的細部結構，橋拱的拱架，吊橋以及疏浚設備」。 我們當然不能盡數枚舉這類著作，這兒所例舉的，只是一些當時和後來都流行很廣的書。歐洲各地在短短五六十年中出現的這些精美的實用技術的著作，內容涵蓋了工業、農業、軍火製造、交通運輸各個應用項目，一方面反映了這些領域自身的發展，另一方面也提示了人們觀念上的深刻的變化：工藝不再僅僅是工匠們的事了。吸引學者注意力的，是技術本身的發展，更是技術發展所創造出來的成果。這些成果作為物化了的論據強有力地證明，「知識就是力量」⓬。

不一致。

❽　J. Besson (d. 1569), *Theatre des instruments mathematiques et mech-aniques*, Leon, 1579, 參見 Charles Singer et al., *A History of Tech-nology*, Oxfrod: Oxford Univ. Press, 1957, v. 3, pp. 334–335, 並見 R. S. Kirby et al., *Engineering in Hitory*, New York: McGraw-Hill, 1956, pp. 143–144.

❾　Agostino Rameli (1531–1590), *Le diverse et artificiose machine*, Paris, 1588, 這本書是他自費出版的，參見 Charles Singer et al., *op. cit.*, pp. 89–92.

❿　Van der straat Jan Stradanus (1536–1604), 參見 Charles Singer et al., *op. cit.*, pp. 350–351, 394–399.

⓫　Faustus Verantius (1551–1617), 他的名字有時寫作 Veranzio，氏著 *Machine novae*，前後兩版，1595和1617年，引文見前引周昌忠第601頁。介紹參見 R. S. Kirby et al., *op. cit.*, p. 139.

　　按照培根的計劃，《新工具》是「偉大的復興」這一大著作的第二部分。但事實上除了第一部分在先前出版的《論學術的進展》粗具輪廓外，只有《新工具》真正成書。該書以箴言形式寫成，分上下兩卷。上卷一百三十條，稱「破壞之部」，下卷五十二條，稱「建設之部」，書名取自亞里士多德的《工具篇》。培根認為，工欲善其事，必先利其器，而亞氏所提供的工具實在不堪應用：亞氏未能盡數利用他以前的，自有初民以來的知識，而在發展新知識方面，亞氏又把實驗僅僅用作證明已有結論的工具，而不是探索的手段，這是最不能接受的。

　　培根的時代是探索的時代。紛沓而至的新發現，層出不窮的新事物，一方面增加了人類的知識，另一方面更增強了人類接受新事物的心理準備。「天地之間有許多事情，是你們的哲學裏所沒有夢想到的呢」❸，1600年上演的「漢姆萊脫」中的名句，正是這種心態的鮮明反映。培根批評亞氏的演繹方法，訴諸歸納，實在是這個時代的要求。沒有什麼大前提可以規範約束這個探索的時代，沒有什麼事物在原則上不能想像，不能接受。在培根的著作中，與通常

---

❷　*The Works*, v. 7, p. 253. 這是培根1597年寫的 Meditationes sacrae 中論「異端」時的一句插話。有的作者如王義軍可能因為不知這個出處，遂以為是「被後人簡要概括」出來的（《培根傳》，石家莊：河北人民，1997，第86頁），是說對了一半：這句話的原文見於上引文集 p. 241，nam et ipsa scientia potestas est, 英譯為 for knowledge itself is power，而中譯進而作「知識就是力量」當無疑義；但另一方面，從上下文看，培根說的是上帝的力量，和這句話現在通行的用法並不一致，所以說「後人概括」云云也未可謂全錯。

❸　Shackspear, *Hamlet*, Act. I, Scene 5. 中譯用朱生豪譯本，《莎士比亞全集》，北京：人民文學，1978，第9卷，第33頁。

膾炙人口的歸納法，三表法，四偶像赫然並存的，是煉金術和隱秘科學。培根滿懷信心地指出❶，所有的金屬都為同一種精氣或 spirit 所規定，一種金屬不同於另一種金屬是因為它們的純粹程度不同。所以通過某種方法將其鍛煉，使之精粹，進而把一種金屬變成另一種金屬，應該是完全可能的。這種精氣同樣存在於有生命的東西之中。生物死亡，精氣消散，腐爛隨之發生。質理縝密的東西所以不易腐敗，是因為精氣不像在疏鬆多孔的物質裏那樣易於逃逸。培根說的精氣，絕非精神性的東西，絕非亞氏哲學中萬物因以不斷完善的內在動因 entelechy，而是一種微妙的，不可見的，卻又有其空間存在的東西❶。

　　這兒我們看見的是文藝復興時代泛神論的傳統。培根曾閱讀過的並深受其影響的，有 Heinrich Cornelius Agrippa (1486–1535)❶，有 Girolamo Cardano (1501–1576)❶，還有 B. Telesius (1508–1588)❶。他們首先相信萬物不是被動的存在，而各自含有自身存在

---

❶　*The Works*, v. 3, p. 690, v. 2, pp. 213 et seq., v. 2, pp. 254 seq., Novum organum, II, 40, etc.

❶　*The Works*, v. 2, p. 256; 有時可以是氣和火的組合，見 v. 2, p. 215.

❶　對 Agrippa 的研究從 1856 年他的標準傳記 M. H. Morley, *The Life of Henry Cornelius Agrippa von Nettresheim* 出版起幾乎沒有中斷過。綜合性的介紹參見例如Charles G. Nauert, Jr., *Studies in the Renaissance*, 6 (1959) 195–222; 這篇文章是該文作者的博士論文的發展。

❶　和我們現在討論的主題有關的資料在 Lynn Thorndike, *A History of Magic and Experimental Science*, v. 5, New York: Columbia Univ. Press, 1951, pp. 563–579, 即 Ch. 26, 不過他的名字寫作 Jerome Cardan.

❶　Bernardino Telesius 的英文傳記是 Neil van Deusen, *Telesio, the First of the Moderns*, Ph. D. Thesis, Columbia Univ., New York, 1932.

的依據。萬物相互聯繫，按照自身存在的依據相互作用，或者相互
吸引，或者相互排斥。這種泛神論觀點肯定了自然界的變化是有規
律的，使得對自然的研究有了意義。這些哲學的最後代表是培根的
同時代人 T. Campanella (1568–1639)⑲，他明確地反對經院哲學，
否認亞里士多德的權威，提倡經驗方法，認為哲學和科學的意義在
於擴大人的解決實際問題的能力。他對人的能力的信賴，使得他對
煉金術和我們現在看來不可思議的神奇幻術一律充滿信心；他對經
驗的信賴使得他不能接受哥白尼的日心說，因為在他的時代，日心
說的確沒有經驗的支持。

　　培根所鼓吹的和上述 Campanella 的看法幾乎一樣。但是培根
之所以能區別於晚期自然哲學家，卓然獨立成為科學革命時代的第
一個代表，首先在於他把科學定義為人類的事業⑳，斷然拒絕個別
人的隱秘的努力，斷然拒絕超自然的奇蹟。在培根看來，人類必須
以敬畏之心仔細閱讀自然這本大書㉑的每一頁，不必期望有任何捷

---

⑲　對 Tommaso Campanella 的研究幾乎全由意大利學者包攬，英語文獻
　　僅見於 *DSB*, Suppl., pp. 68–70；另有法語傳記 L. Blanchet, *Cam-*
　　panella, Paris, 1920, 或可參閱。

⑳　Val. Term., Sp. v. 3, p. 226; C. V., Sp. v. 3, p. 591; R. Ph., Sp. v. 3, p.
　　580; Sraef., Sp. v. 1, pp. 127–128; N. O., v. 1, p. 75, 88; D. A., Sp. v. 1,
　　p. 462; etc.

㉑　把自然作為一本大書來讀，在十六、十七世紀之交當是一種流行的說法。
　　培根多次提及，如 *The Works*, v. 3, p. 224, 617, 687, 在 v. 7, p. 252 他
　　還同時提到 The Scriptures 和 His creatures，說前者表現上帝的意願，
　　後者則表現其力量。更完整的表述見於 Thomas Tymme (d. 1620), 他
　　在1612年寫道，「天地萬物的全能的創造者……在我們面前展示了兩
　　本書，一是自然，一是他寫下的言語文詞……」 *Op. cit.*, Allen Debus,
　　Man and Nature in the Renaissance, Cambridge: Cambridge Univ.

徑可走；人類必須卑恭地學習這本書所用的語言，就像一個小學生開始學習閱讀書寫一樣。在這個意義上，培根宣稱，

除了小孩子以外，沒有人能夠踏進建立在科學之上的人的國度，一如除了小孩子以外，沒有人能夠踏進天上的王國一樣。㉒

二、世界體系

1632年2月，伽里略的《關於托勒密和哥白尼兩大世界體系的對話》㉓出版。這部被愛因斯坦㉔稱為「知識寶庫」的著作，「要人們不帶偏見，並且孜孜不倦地對物理事實和天文事實求得更深入，更一致的理解，用以代替那個僵化而貧乏的思想體系」。 既然要以一者「代替」另一者，這就意味著革命。

Press, 1978, p. 14.

㉒ *Novum organum*, I, 68.

㉓ *Dialogo di galileo galilei linceo...massimi sistemi del mondo tolemaico, e copernicano...*, Florenza, 1632; 本書有 Stillman Drake 英譯， Galileo Galilei, *Dialogue Concerning the Two Chief World Systems- Ptolemaic & Copernican*, Berkeley: University of California Press, 1953; 以這個英譯本為基礎，有周煦良中譯《關於托勒密和哥白尼兩大世界體系的對話》，上海：上海人民，1974。

㉔ 見愛因斯坦為該書1953年英譯本寫的「前言」， 在英譯本 p. vii, 下一段在 p. xi. 中譯見許良英等編譯《愛因斯坦文集》第一卷，北京：商務印書館，1977，第579頁。下一段引文在同書第581頁。

　　《對話》被安排在四天中完成，而要證明的中心命題是地球繞太陽運動而不是相反。這個早在九十年前就由哥白尼提出的理論在很長的一段時期中被當作數學模型，──至少被很多人刻意導向這樣的解釋；而現在，伽里略所做的，是強有力地證明了這是一種物理實在，是我們廁身其間的宇宙的真實圖景。伽里略在「第一天」裏首先引述了開普勒和 Tycho 所觀測到的新星，他自己所發現的太陽黑子和對月球表面的山峰谷地❷，並力圖由此說明，亞里士多德「天體完美」的說法不真，但是他遭到了堅持亞里士多德權威和堅信常識的人的反駁。於是他在「第二天」裏，一口氣舉出七個例證❷，說明周日運動是實在的，然後細致地分析了落體和拋射體的運動，這些運動常被用作反對周日運動的決定性論據。在這些討論中，伽里略證明了他著名的落體定律，聲稱下落的距離與下落時間的平方成正比而同他事無關❷，他又提出了運動的相對性原理，用船上的乘客常無法判明船是否在航行來說明地球上的人常無法感覺到地球的運動。伽里略在「第二天」將近結束的時候宣稱❷，「依照哥白尼的方法，一個人必須否定自己的感覺」。　在說明了地球的周日運動以後，伽里略在「第二天」裏利用新星，金星位相，木星衛星和視差說明了地球的周年運動❷。所有這些，與日常常識頗相牴

---

❷　*Dialogue*, pp. 51, 52, 60 et squ., 中譯本第63、64、76頁及以後。他自己的觀測見，例如 S. Drake ed., *Discoveries and Opinions of Galileo*, New York: Doubleday, 1957, 2nd Pt, pp. 59 et squ.

❷　七個例證見 *Dialogue*, pp. 116–120, 中譯本第153–158頁。落體的討論在 *Dialogue*, pp. 126 et squ., 中譯本第166頁及以後；拋射體的討論在 *Dialogue*, pp. 150 et squ., 中譯本第197頁及以後。

❷　*Dialogue*, p. 222, 中譯本第287頁。

❷　*Ibid.*, p. 254, 中譯本第329頁。

牺，所以伽里略也一再強調，「在亞里斯塔克和哥白尼身上，理性和論證克服了感覺的證據」，稍後又重複說「哥白尼信賴理性，而不信賴感覺」❸。

伽里略在這本書裏展示了一種把數學用於分析物理現象的研究方法，這一方法不同於開普勒的神秘的數字學，而是以對現象的描述為出發點，利用數學特有的推理能力來深化對現象的理解；他又展示了一種從現象出發，但崇尚理性分析的研究方法，現在自然學者不再是自然現象單純的旁觀者和記錄者了，他們的理性主導了對自然的探索，因此這一探索再也不是兼收並蓄地聆聽，而變成深思熟慮地推求了；他又展示了一種圖景，這是哥白尼九十年前所構造的，而他現在無可辯駁地證明了這不是模型，而是真實的宇宙圖景。

經過精密的推算，經過無數次的觀測，經過精心的寫作，伽里略完成了《對話》，為科學革命樹起了又一座里程碑。八個月以後，作為對科學上的這一最重要的進展的一個直接反應，天主教宗教裁判所把伽里略傳喚到羅馬，幫助他認識了自己的荒謬。

在以後的十年裏，伽里略經歷了很多苦難。他從來藐視權威，現在他必須屈辱地按照他們的指示去生活；他最親愛的女兒 Maria Celeste 為他的審判焦慮憂傷，在他獲釋後不久去世；1637年，這個七十三歲的以準確精細著名的觀測家雙目失明。1638 年 9 月 John Milton 在 Arcetri 看見他時，伽里略已衰弱到了極點。差不多同時，教皇委派的監護人 Muzzarelli Fanano 也報告說伽里略看上去「不

---

❷　*Ibid.*, pp. 282 et squ., pp. 322, 340, 376 et squ.; 中譯本第363頁及以後，第418、443頁，以及第491頁及以後。

❸　*Ibid.*, p. 328, 339; 中譯本第426、441頁。

像活人，更像一具死屍」，教皇於是仁慈地同意讓伽里略回他的家鄉❸。

　　但是伽里略沒有被摧毀。他的第二本書，《兩門新科學》❷，經友人的幫助，1638年6月在荷蘭出版。這部書主要是伽里略早年力學研究的總結。大段的篇幅用於諸如加速度，重力中心，實驗和觀測，拋物線和擺，力和真空等問題的討論。較之《對話》，我們看見的是更精緻嚴謹的推理和更完整的數學處理。特別引人注意的是伽里略所描述的一系列實驗。

　　一個特別著名的例子是自由落體。亞里士多德認為，比較重的物體下落比較快，較輕的則比較慢，換言之，重物下落的速度正比於它們的重量❸。伽里略首先從純粹邏輯的層面揭示其困難❸。他問道，如果「重」使物體下落快些，「輕」使之慢一些，那麼，把輕重兩個物體綁在一起，其下落是變得快一些了呢？還是慢一些了呢？這是一個悖論：因為兩者重量加在一起，勢必比原來較重的那

---

❸ James Brodrick, S. J., *Galileo, the Man, His Work, His Misfortunes*, New York: Happer, 1964, pp. 142–143.

❷ *Discorsi e dimostrazioni matematiche, intorno a due nuoue scineze*, Leida: Elzevir, 1638. 這部書大約在1662年由 Thomas Salusbury 譯成英文，但只有少數幾冊逃過了倫敦大火。後來又有 Thomas Weston 1730年的重譯本，Henry Crew 和 Alfonso de Salvio 1914年的重譯本，但現在常用的是 Stillman Drake 1974年的重譯本，*Two New Sciences*, Madison: The Univ. of Wisconsin Press, 1974.

❸ 此一論斷常被引述證明亞氏理論之荒謬，其實頗為不公。案亞氏常以常識為起點，而在日常生活中，我們所看見的，也確是重的東西先著地。這兒亞氏與伽里略的分歧，不能簡化為誰對誰錯，而必須作細致分析。

❸ 下文討論的伽里略的實驗在前引 Drake 譯本，p. 68。

一物體還要重一些，因此下落當更快；但如果堅持原來的說法，較輕的物體應該下落較慢並且「拖累」那較重的物體，那麼它就應該比單獨下落時運動得慢一些。這就說明了亞氏的推理內部包含矛盾。

可是伽里略的對談者 Simplicio 仍覺得很難想像「一顆鳥屎和一枚炮彈」會以同樣的速度下落。伽里略接著描述了一個他做的實驗 **㉟**。他注意到，重的鐵球的確較輕的先著地，但兩者著地先後距離不大於兩寸。他認為這一誤差是可以接受的，至多只是一種「微不足道的小錯」。

伽里略在這裏，以及稍後在与加速運動中時間和距離的關係 **㊱**，小球在斜面上運動 **㊲** 等等一系列研究中所展示的，是一種新的科學方法，即推理和實驗相結合的方法。實驗不再是因為「想看看自然到底是怎麼回事」而進行的無特定目的的，僅僅為好奇心所驅使的活動，而成為推理的一個組成部分。通過實驗，推理得到證實和加強；而通過推理，實驗的結果得到解釋，得以純化，如上文中兩寸的誤差即被合理地捨棄了。伽里略在科學方法上的這一貢獻，為後世哲學家所特別鍾愛。康德在談到斜面實驗時評論說，「當伽里略使他預先稱量過的小球從斜面上滾下來時，……一縷光明即在

㉟ 有一些研究者認為伽里略很可能並沒有做過這些實驗，而只是在敘述中引用了一些形象化的說法。參見例如 M. 克萊因，《古今數學思想》，江澤涵等譯，上海：上海科技，1979，第二卷，第35–36頁。原文見 M. Kline, *Mathematical Thought from Ancient to Modern Times*, New York: Oxford Univ. Press, 1972. 但從本處行文看，伽里略特意加上了「在做這一實驗時」幾個字（見 Pieroni 手稿，S. Drake 譯本第68頁引），似證明伽里略確實做過這一實驗。

㊱ *Two New Sciences, op. cit.*, 1974 ed., pp. 165–167.

㊲ *Ibid.*, pp. 169–171.

對自然的研究中顯現出來。……偶然的觀測，未經預先設計的觀測，從來不可能產生出理性所期望的必然結果」**❸❽**。

伽里略的工作幾乎立即被歐洲的主要學術中心所接受。《兩門新科學》出版的第二年，1639年，Marin Mersenne 在巴黎出版了該書的法文改寫本**❸❾**，同年10月11日笛卡爾作了長篇評論**❹⓿**。1662年Thomas Salusbury 完成了英譯。從嚴格的歷史和科學意義上說，伽里略並沒有完成對力學和天體運動的完整描述，但是，他確實完成了這樣一種完整的描述所需要的基礎：他給出了圖景，也給出了方法。在1610年利用望遠鏡探索宇宙奧秘的高潮中，伽里略寫道：

> 哲學就寫在我們眼前的這本大書裏，宇宙永遠在我們眼前展開。……這本書是用數學語言寫的，……沒有它們，人就永遠在黑暗的迷宮裏徒勞地徘徊。**❹❶**

三、論世界

1633年7月22日，笛卡爾**❹❷**說他的《論世界》**❹❸**完成了。這部

---

❸❽ 《純粹理性批判》，本書有藍公武中譯，北京：商務印書館，1960。本文作者未及使用此一譯本，而轉譯自 Norman Kemp Smith 英譯本，London: MacMillan, 1963, p. 20.

❸❾ *Les nouvelles pensees de Galilee*, Paris, 1639.

❹⓿ 參見 S. Drake, *Galileo at Work*, Chicago: The Univ. of Chicago Press, 1978, pp. 387-393.

❹❶ *Opere*, v. 4, p. 171. 翻譯時參考了前引江澤涵譯本。

❹❷ 笛卡爾致 Marin Mersenne, *Oeuvres*, Charles Adam et Paul Tannery

著作花了他整整四年的時間。1629 年 7 月，為了逃避法國喧囂的學術環境，笛卡爾移居荷蘭。不久，笛卡爾就從兩個相互獨立的來源聽說了 Christoph Scheiner 在羅馬附近的 Frascati 觀測到 parhelia 或「一天兩日」的現象，論者紛然，其衷一是。略經考慮，笛卡爾決定暫停他正在進行的《第一哲學沉思集》❹ 的寫作，藉此機會寫一部著作來「解釋自然的全部現象，即全部的物理學，而不是僅僅是討論一個孤立的現象」❺。

在笛卡爾的時代，哲學是涵蓋一切的學問：天文地理，信仰人生，概莫能外，與晚近只談論思維規律的哲學不完全等同。哲學家喜歡做的，或者他們認為他們應該做的，是構造一個體系，把盡可能多的東西包羅進去。笛卡爾要做的正是這件事❻。

《論世界》手稿十五章。第一章開宗明義，提出心物二分：「論我們的感受與生造感受之物❼之間的差別。」這兒的「感受」原文是

---

ed., Paris, 1897–1913; 增訂版 1964– , t. 1, p. 268.

❸ *Le monde ou traite de la lumiere*, 這一著作的出版頗為曲折，詳下。有 M. S. Mahoney 英譯，New York: Abaris, 1979. 尚新建《笛卡爾傳》（石家莊：河北人民，1997，第61頁）， 馬元德譯羅素《西方哲學史下卷》（北京：商務，1981，第81頁）提及該著作時作《論宇宙》或《宇宙論》。案原文 le monde 實在是「世界」，而「宇宙」其實另有一詞 l'universe，英譯亦作 the World。上引著譯者可能考慮笛卡爾的原意是指「上下四方，往古來今」，也通，但恐失信於原文。

❹ 後來在1642年出版。該書有龐景仁中譯，北京：商務，1986。

❺ *Oeuvres*, t. 1, p. 70.

❻ 他後來談到他之所以選「光」作為論題。他說，這可以讓他充分地討論光，光由之而來的太陽和恆星，光所穿越的太空蒼穹，光所被反射的行星彗星和地球，特別是地面上的萬物，或五彩繽紛，或透光無色，最後還有人，因為人是這一切的觀察者。參見 *Oeuvres*, t. 6, p. 42.

sentiment, 意在「感覺」,「體驗」和「想法」之間。笛卡爾自注
sentiment 是「以眼睛為中介在我們的想像中形成的想法」。但後來
的解釋似乎更玄：感受「是而且僅是靈魂以與外部感官相同的方式
接受的東西」❹。至於「生造感受之物」則是「火焰裏或太陽裏的
我們稱之為『光』的東西」。

　　「心物二分」一方面為自然科學明確了工作的對象即世界本體
的問題；一方面向哲學提出了認識的真理性即認識論問題。既然心
物不是一體，我們就沒有理由盲目地相信我們的感覺。他先舉了用
羽毛逗嬰孩的例子❹，又舉了士兵在戰鬥後把盔甲造成的不適誤為
受了槍傷的例子，力圖說明感官提供的消息不足為恃，而要更好地
研究世界，就必須以懷疑的態度來考察問題，排除一切先入之見。
笛卡爾接著從討論火焰的光和熱起，慢慢轉入對「虛空」概念的批
判。他認為❺，人們所以能談論一無所有的虛空，是因為有時我們
的經驗確實告訴我們有一部分的空間中什麼都沒有。但是，人人都
知道，從孩提時代我們就以為我們周圍除了固體液體實物之外的空
間是「空的」， 而事實上完全不是這麼回事兒，我們周圍的空間無

---

❹　「生造感受之物」即「感受」所以被造出來的東西。這一翻譯相當拙
　　劣，但我想力圖避免諸如「客體」之類的在哲學中已有明確定義的詞，
　　因為在笛卡爾當時尚未形成我們現在熟知的概念，為避免誤導，遂採
　　用「寧拙勿誤」的辦法。

❹　*Op. cit.*, t. 11, p. 349. 下一段引文是笛卡爾在 *Le monde* 第一章中自己
　　的解釋，見上引 *Le monde*, p. 1.

❹　用羽毛輕拂嬰孩的臉使之入睡。笛卡爾認為該嬰孩應不會把他的感覺
　　和羽毛聯繫起來。見 *Le monde*, p. 13. 這個例子最初是伽里略用來說明
　　類似觀念的，見氏著 *Assayer*, Ch. 48.

❺　*Le monde*, pp. 25 ff.

處不充滿了空氣，只是我們當時沒有能注意到而已。

　　既然整個世界都為某物所充滿，世上任何東西的移動必定引起另一相鄰物事的移動：如果A要移動到位置a，原來占據a的物事B必須移動以便為A讓出位置a。而B要移動又以同樣的方式牽涉到C，C到D，D到E，環環相連，所以運動常是環形的。笛卡爾舉例說，如果僅在酒桶的底上開一小孔，酒並不會從桶中流出。這是因為桶外的空間已為某種物事占據，無處可去，自然不能為想要從桶中流出的酒讓出位子，所以酒也無法移動。笛卡爾說，這不是酒害怕真空，如亞里士多德說的 horror vacui，而是這酒周圍完全被某物事充滿，所以它既無處可去，也無路可走，只好留在桶裏❺❶。

　　這種充盈宇宙的物事，笛卡爾說可以分為三類❺❷。第一類為火，精細絕倫，了無定形，在所有的物體中和物體間奔馳穿行而不稍為所阻；第二類是氣，等而下之為土，是為第三類。在這三類中，一類比一類更加重厚滯拙。

　　至於這些物質運動，笛卡爾他認為，物體如不和別的物體發生碰撞，其運動狀況不會改變❺❸。從這三類物質和這個關於運動的基本定律出發，笛卡爾接下去從第六章起構造了整個宇宙的圖景，太陽居中，太陽周圍的第一類物質，或稱以太，或稱 matiere subtile 即精細物質，依次移動，形成巨大的渦漩，帶動了整個太陽系，而行星彗星出沒其間，井然有序❺❹。

---

❺❶ *Le monde*, pp. 29–31. 笛卡爾撰寫 *Le monde* 的時候，E. Torricelli 的真空實驗尚未完成，所以他完全不考慮真空的情形。

❺❷ *Op. cit.*, pp. 37–39. 留意下文中的「火」、「氣」、「土」，其名但取其某一方面的相似，並不定指一具體物，頗似亞里士多德的概念。

❺❸ *Op. cit.*, pp. 61 et squ.

這樣笛卡爾完成了對宇宙的描述，——但他所取的角度始終是探索者而不是教導者。在笛卡爾看來，宇宙就是物質及其運動，所謂的物質並不神秘，不外乎形狀尺度而已；其運動規律也不神秘，不外乎碰撞以及方向速度的改變而已。這套哲學後來被稱作機械論哲學。這種把宇宙看作，理解作一部大機器的說法並不起於笛卡爾。早在十四世紀，Lisieux 主教 Nicolas Oresmus（1382年卒）似乎是第一個提出 machina mundi 機器世界的學者❺。論者常將這一說法聯繫到中世紀機械工藝，對 Oresmus 說來，特別是一三六〇年代以 Giovanni de'Dondi 為代表的鐘錶業的發展❺。先是用機械模擬日月星辰的運動而做成鐘錶，再是把宇宙比作鐘錶，最後這一比喻竟成了一種哲學，宇宙真的被理解為一部大機器了。

笛卡爾寫完《論世界》時一定頗感滿意，因為「除此而外已無事可論」❺。但不久傳來伽里略為其《世界體系》一書受審的消息，著實讓笛卡爾大吃一驚，「幾乎決心把書稿付之一炬，或至少決不示之於人」，因為《論世界》的宇宙圖景是日心說，當與伽里略同為異端，但如果「日心說錯，我的哲學的全部基礎亦必錯無疑」❺。

---

❺　*Op. cit.*, pp. 79–123.

❺　例如 L. Thorndike 就提到過好幾位作者，見氏著 *History of Magic and Experimental Science*, New York: Columbia Univ. Press, 1934, v. 3, p. 405; v. 4, p. 169.

❺　參見 Lynn White, Jr., *Medieval Technology and Social Change*, London: Oxford Univ. Press, 1962, rpr. 1974, pp. 125–126, 175–176. 並見 Paolo Rossi, *Philosophy, Technology, and the Arts in the Early Modern Era*, New York: Harper & Row, 1970, Ch. 1, 更細致的研究是 Franco Alessio, *Studi medievali*, 3a ser. 6 (1965) 71–161, 但未聞本文有英譯。

❺　笛卡爾致 Mersenne, *Oeuvres*, t. 1, p. 268.

他生前事實上再也沒有考慮過發表這部書稿,只是挑選了一些片斷,改寫成若干部著作,其中最著名的,就是 1644 年發表的《哲學原理》, 而手稿本身,則要到1664年,亦即他死後十四年,才由巴黎的一個出版商根據手稿的抄件出版 ❺❾。

《哲學原理》❻⓪是笛卡爾全面敘述其哲學的壓卷之作。除了建立於三種物質之上的宇宙圖景❻❶和渦漩理論❻❷之外,笛卡爾進一步把機械哲學擴充到磁力和重量這兩個當時最令人困惑的問題上去❻❸。

笛卡爾認為,磁現象是足可以和氣水土火相提並論的重要的自然力❻❹,值得重視。他斷言,鐵和磁石中有一種極小的孔,恰恰能

---

❺❽　*Oeuvres*, t. 1, p. 271.

❺❾　*Le monde de Mr. Descartes, ou le traitte de la lumiere*, ..., Paris: Jacques le Gras, 1664. 這一法文本在前引 M. S. Mahoney 英文本裏被重印。

❻⓪　*Principia Philosophiae*, 1644, 1647年法譯,現在通行的法文本是前引 *Oeuvres* 本。下文所引常見於 V. R. Miller 和 R. P. Miller 據法譯本做的英譯本, *Principles of Philosophy*, Dordrecht: Reidel, 1983, 必要時也參閱了 Blair Reynolds 的節譯本, *Principes of Philosophy*, Lewiston: Edwin Mellen, 1989.

❻❶　如 Pt. 3, Arts. 48–52 講三種物質粒子; Arts. 53–54 講天地組成和 matiere celeste; Arts. 141–148 講太陽系和行星的運動等等。

❻❷　渦漩的定義在 Pt. 3, Art. 46, Arts. 30–31, 33, 34 講渦漩的運動, Arts. 149–153 講地球和月亮的渦漩等等。渦漩理論的系統研究見 E. J. Aiton, *Ann. of Science, 13* (1957) 249–264; *ibid., 14* (1958) 132–147; 以及 157–172. 同一作者後來又在更大的範圍裏考察了渦漩理論,見 *The Vortex Theory of Planetary Motions*, London: MacDonald, 1972.

❻❸　笛卡爾在 Pt. 4, Arts. 133–182 用了將近五十小節討論天然磁鐵, Arts. 23–27 討論重力。

接受從磁極來的一種表面帶有特殊的溝坎的小粒子❻，這種小粒子
原來是從地球內部產生出來的，「並在地球外部尋找它們各自的途
徑」。　這些小粒子被第一類物質的渦漩帶動，運動速度極快。當兩
塊磁鐵接近時，從一個磁極奔向另一個磁極的小粒子撞擊到這兩塊
磁鐵之間的第二和第三類物質，或者說就是空氣的顆粒，將後者推
往磁極的兩側❻。我們還記得當空間出現空缺時，鄰近的物體會或
者說必將移動過來，這就是為什麼兩塊磁鐵接近到一定程度就會相
互奔趨。同極性的磁鐵不表現這種性質是因為上述小粒子所帶的溝
坎有一定的方向，並非不經選擇地進入磁鐵中的小孔❻，一如螺絲
有左旋的和右旋的一樣。

　　笛卡爾關於磁現象的理論是他的機械論哲學的典型代表❻。值
得注意的是，笛卡爾並沒有為磁力這個在當時頗為獨特的現象引進
ad hoc 即特異假定，用來解釋現象的小粒子及其溝坎是整個世界圖
景的一部分❻；整個解釋建立在常識可以接受的想像上而不訴諸任
何神秘因素。事實上，笛卡爾在另一地方❼提及磁作用時曾說，如

---

❻　Pt. 4, Art. 133.

❻　Pt. 4, Art. 138,「溝坎」法文作 cannelees，英文作 grooved。

❻　Pt. 4, Art. 153.

❻　Pt. 4, Art. 133 和 Art. 154.

❻　R. S. Westfall (*The Construction of Modern Science*, Cambridge: Camb-
　　ridge Univ. Press, 1971, pp. 36–37) 和 I. B. Cohen (*Revolution in
　　Science*, Cambridge: Harvard Univ. Press, 1985, pp. 153–154) 都以此
　　為例說明笛卡爾在理解自然，建立「機械論哲學」方面的嘗試。

❻　帶有溝坎的粒子最早在 Pt. 3, Art. 87 中定義，在 Pt. 3, Arts. 105, 109
　　中曾用來解釋星辰。

❼　Rules for the Direction of the Mind, Bk. 1, Rule 14.

果磁現象果為我們的理解力所不及，那麼它就不可能通過理性來把握，而我們就只能期待再有一種新的感官，或者神喻。

　　但是笛卡爾現在有信心用簡單明瞭的推理說明整個世界而不必等待上帝的啟示。他的信心不是簡單盲目的信仰，而是對因果關係在自然界中普遍存在的確認。這一信念最突出地表現在他對運動的分析。他指出，如無外來原因，物體常保有原來狀態❼，靜者常靜，動者常動。儘管笛卡爾本人把這一基本論斷歸為上帝，哲學和科學史仍舊認為這是笛卡爾的「無可置疑的」光榮❼。由此出發，笛卡爾提出了一整套運動理論❼；由這一套運動理論，他在《哲學原理》中進一步建立了一個自洽的明白清晰的世界圖景。這部大書出版後一年，笛卡爾寫信給友人時說❼：

> 然而，我必須對你承認，這些（運動）定律並非沒有困難。如果有機會的話，我要試圖進一步消除它們。但我的心思現在為別的想法所占據，如果你能原諒的話，我將等到以後把我的想法更加詳盡地寫下來寄給你……

他未能消除這些困難，後來也沒有寄出什麼特別重要的補充。他當然不知道，為了要消除這些困難，他必須拋棄他的理論中最重要的

---

❼　Pt. 2, Art. 37.「如無外來原因」拉丁文原文是 quantum in se est, 英譯作 as far as is in its power.

❼　參見例如 A. Koyre, *Edudes galileennes*, 3, Paris: Hermann et Cie, 1939, La loi d'inertie, p. 1.

❼　Pt. 2, Arts. 38–53.

❼　1645年2月17日致 Claude Clerselier (1614–1684)，見 *Oeuvres*, t. 4, p. 187.

以太假設而代之以他斷然拒絕的超距作用；他當然更不知道，消除這些困難重新構造自洽的明白清晰的宇宙圖景的人在兩年前已經出生，牛頓的時代已經來到了。

第二章　童年和劍橋歲月

　　1642–1664年常被定為牛頓生活的「早期」。這一劃分的理由是很明顯的。1664年以後，如在下一章我們行將看見的，牛頓將作為一個相當成熟的自然探索者出現。研究者感興趣的是，他敏銳的研究能力是如何發展起來的。

　　早年的傳記作者認為這很簡單：「因為他是個天才」。這一做法主要見於 William Stukeley (1687–1765) 的記錄❶和所謂的 Conduitt 檔案❷。Stukeley 和牛頓是同鄉，1726年放棄了在倫敦的醫務，卜居鄉間，收集了一些關於牛頓的遺聞軼事，並有機會親炙牛頓，所以他的回憶文字常為史家所重視。John Conduitt (1688–1737) 是牛頓的姻親，追隨牛頓有年，後來又繼牛頓任造幣廠總督❸，他所記資料當也可信。但現代研究者總希望用一種對史料的更細致的分析來代替這種近乎神話的解釋。

---

❶　W. Stukeley, *Memoirs of Sir Isaac Newton's Life*, London: MacMillan, 1936.

❷　Conduitt 的記錄現存 King's College, Cambridge, Keynes 檔。

❸　但這一任命並非出於牛頓。牛頓起先意屬 Samuel Clarke (1675–1729)，但 Clarke 似乎無意於此，John Conduitt 遂得此美差。他後來送給 Samuel 的兒子一千英鎊以示謝意。

對「早期」的研究在史料上有相當的困難，上述 Stukeley 和 Conduitt 的記述總還是比較簡略且常失於偏頗。從一九六〇年代初起，隨著大量牛頓早年筆記的刊行❹以及對未刊手稿的研究❺，我們對牛頓「早期」的認識有了長足的進步。牛頓不再是一個不可理解的孤獨的天才，而表現為他自己時代的產物。根據他所留下的筆記，我們可以相當準確地知道，他看過些什麼書，他受到了哪些哲學流派的影響。關於牛頓家世的研究幫助我們對於牛頓早期的心理狀態有了初步的認識❻，而對劍橋的兩位對他影響最大的學者 Isaac Barrow 和 Henry More 的分析，則提供了他早年思想發展的智力環境。我們行將看到，牛頓在接受伽里略、笛卡爾的同時，並沒有斷然拒絕現在被稱為隱秘哲學的種種觀念和做法。事實上，這對於牛頓以後的發展有特別重要的意義。

一、家　世

牛頓生於1642年12月25日，但也有書作1643年1月4日。這是因為當時正值曆制改革，歐洲大陸已採用新曆，而英國仍用舊曆，兩者差十天。科學史家一般採用前一寫法，這不但因為伽里略在是年

---

❹　J. Herivel, *The Background to Newton's Principia*, Oxford: Clarendon, 1965, 主要是和《原理》寫作有關的手稿；J. E. McGuire and M. Tamny, *Newton's Trinity Notebook*, Cambridge: Cambridge Univ. Press, 1983, 提供了牛頓早年在劍橋學習時的筆記和札記，參見下文的介紹。

❺　如 R. S. Westfall, *Never at Rest*, Cambridge: Cambridge Univ. Press, 1980; 以及 J. Herivel, A. R. Hall 和 B. J. T. Dobbs 諸氏的研究。

❻　F. Manuel, *A Portrait of Isaac Newton*, London: Frederick Muller, 1980.

去世，而他的事業的繼承人牛頓在同年出生這一戲劇性的巧合為歷史增添一點兒趣味，更因為按嚴格的歷史學做法，繫年常從傳主。牛頓既為英國人，自應採用英國當時所奉的記法。

牛頓的出生地是 Woolsthorpe，向北七英里則是 Grantham。在斯圖亞特王朝，這是個有三四百戶人家的小鎮，駐有一個主教。在內戰時代，Grantham又屢被波及，James I 和 Cromwell 都曾在此招兵買馬，所以 Lincolnshire 的這個小鎮，並不十分閉塞，外間的消息常常傳來，只不過當地人對此沒有什麼興趣罷了。

牛頓出生的房子現在還在，保存完好，供人參觀憑弔。正門狹窄矮小，進門正房頗為低矮，石地。臥室都在二樓；樓梯左邊的一間是牛頓母親的，牛頓就出生在這裏。右邊一間是牛頓的，東南角是牛頓的書房。大部分窗戶都堵著以節省「窗戶稅」。 在牛頓的時候，房產稅是用窗戶來計算的。即使以牛頓出生的時候看，這也是一座相當老的房子。最早的記錄可以追溯到1450年，房主是 Pigot，後來幾經轉手，到1623年由牛頓的祖父 Robert 買下。他當然沒有想到，因為他孫子的緣故，這座老舊簡陋的房子在以後的三百年裏會被反複維修，變成博物館，成為 Woolsthorpe 馳名於世的一個主要原因。

1705年牛頓被封爵後很花了一番功夫追尋他的先人，並列出了世系表❼。牛頓向上追溯了一百五十年，說他的先祖 John 來自

---

❼　牛頓不止一次地做過他的家世圖，有關的手稿見於 Babson, Keynes 以及 Yahuda 諸檔。1806 年 Edmund Turnor, *Collections for the History of the Town and Soke of Grantham*, ..., London: William Miller, 首先依所謂的 Portsmouth 檔刊出他的家世圖 (pp. 168–169)，以後為不少作者引用，迭有修改。R. S. Westfall 曾被 the University of Texas 授權

Wetsby，於1544年去世。這個 John 有一支頗為顯赫的後代：先是 William Newton of Gunnerby，三傳至 Sir John Newton（此公與其曾祖同名，1626年去世），以後三代均有爵位。牛頓說此 John 的長子也名 John，正是他的高祖。他在1727年去世前幾個月，還重做了這一世系圖。在圖中，這個 John 三傳至 Robert，是為牛頓的祖父。

　　根據近代學者的研究❽，比較可靠的資料實際上起於 Robert。Robert 是 Richard Newton 和 Isabel 的長子，大約生於1570年。牛頓家族累代是 yeoman，中文有時譯作「自耕農」❾，但也有說他家是「小地主」❿或是「中等農戶」⓫的。這些說法聽起來令人困惑，其實正是 yeoman 這一社會成分的各個方面：他們自己有土地，也參加耕種，生活小康；一旦王室有事，他們則會參與服務。在地

復製，見 RSW, p. 43. 另外 L. T. More, *Isaac Newton*, New York: Dover, 1934 (rpr. 1962), p. 5, 還有一個更細致的敘述。據 More 說 (More, p. 3, n. 4) 係出自牛頓的密友 Dr. William Stukeley, 通過牛頓的私人醫生 Dr. Mead 轉給 John Conduitt，也就是後來的 Portsmouth 伯爵。

❽　C. W. Foster, *Reports and Papers of the Architectural Societies of the County of Lincoln*, ..., 39, Pt. *1* (1928) 1–62. Foster 研究了牛頓家族二十四個成員的遺囑，並刊出了牛頓自己做的世系圖 MS 2, D 14. Foster 的工作為現代學者採用，如 RSW, pp. 1–56.

❾　如錢臨照先生在1987年紀念牛頓《原理》發表三百周年大會上的主題報告即採用這一譯法，見戴念祖，周嘉華《原理──時代的巨著》，成都：西南交通大學出版社，1987，第18頁。

❿　李珩譯 W. C. 丹皮爾《科學史》，北京：商務，1975，第222頁；但原文確是 small landlord，這是因為丹著《科學史》初版在1929年，恐怕未及利用 Foster 的工作。

⓫　如前引周昌忠等譯《十六十七世紀科學技術和哲學史》，第161頁。

方上他們也是有體面的人家，有權參與訟訴和其他事務。Robert
在 1594，1595，1613，1614，1626 和 1627 各年曾被選為 Colster-
worth 的教堂執事，參加教堂錢物儀式的管理。1639 年，他指定
Woolsthorpe 的房子由兒子 Isaac 即牛頓之父及其未婚妻 Hannah
Ayscough ❶ 繼承。這座房子當年價值 ❸ 約為每年三十英鎊，在當時
也是不太小的一項財產。Robert 在 1641 年去世，葬在 Colsterworth
教堂的墓地。

　　牛頓的父親 Isaac 生於 1606 年。在他之前 Robert 曾生一子，但
兩個星期後就夭折了。在他之後還有一個弟弟 Robert，生於 1607 年。
老 Isaac 繼承了父親 Robert 的產業，在 1642 年 4 月娶了 Hannah。同
年 10 月 1 日病危，立下遺囑，除一些零碎的贈送親友和當地教堂，
修橋補路的款項外，財產約四百六十英鎊全數留給 Hannah。他沒
有在遺囑上簽字，只是在該簽字的地方劃了個十字，這使得科學史
家猜想他大概根本就不識字。

　　Hannah 的娘家 Ayscough 比牛頓家地位要高一些。Hannah 的
兄弟 William 曾在劍橋受教育。老 Isaac 死後兩個月，1642 年 12 月
25 日，Hannah 生下牛頓。

　　三年後，Hannah 改適 Barnabas Smith ❹，而牛頓則由外祖母扶
養 ❺。Smith 氏是 North Witham 教區的教區長，收入頗豐。Barnabas

---

❶　在我所見到的所有資料中，牛頓的母親均作 Hannah，唯閻康年《牛
　　頓》，長沙：湖南教育出版社，1989，第 29 頁，作 Harrit，音譯作「哈
　　麗特」，似非誤印。或另有所本，誌此存疑。

❸　英國當時習慣以房產如果出租而產生的收入作該產業的價值指標，故
　　下文稱「每年三十英鎊」。

❹　前引閻康年《牛頓》（p. 30）作 R. B. 史密斯，將冠於教長名前的尊號
　　Reverend（「尊敬的……」）誤作此公的名字，當是閻先生一時誤記。

在 1597 年考入牛津大學，在 1601 和 1604 年獲學士和碩士學位。
Barnabas 和 Hannah 共有三個孩子：長女 Mary，1647年生，次子
Benjamin，1650 年生，么女也叫 Hannah，1652 年生。再明年，
Barnabas 去世，得年七十一歲。

再喪偶後，Hannah 帶著牛頓的三個同母異父的弟弟妹妹回到
娘家。牛頓與他的母親和繼父以及弟弟妹妹的關係，在六〇至七〇
年代曾頗為研究者注目 ❶。從現在僅存的一封Hannah給牛頓的信 ❷
我們知道，Hannah 不僅識字，而且多少能寫寫。Hannah 的娘家家
道中上，兩嫁夫家也稱小康。但是廣為人知的若干故事，如 Hannah
曾令牛頓輟學歸農，牛頓在劍橋當以「工作抵學費」的減費生，似
乎也表明 Hannah 對牛頓的前程未必十分在意。另一方面，我們也
知道牛頓曾把他延遲二十年發表萬有引力定律的原因歸為母親去世
所引起的過度悲傷，而且牛頓的外甥女婿 John Conduitt 也言之鑿鑿
地描述過牛頓為他母親送終時的動人場面。以現有的資料而言，似
乎還很難作出一幅完整的畫面。我們只能說，牛頓童年時代的種種
變故對他的性格想必有很大的影響 ❸，但究竟如何卻並不容易考證
清楚。

在諸同母弟妹中，么妹 Hannah 與牛頓關係最近。她的丈夫
Robert Barton 來自 Brigstock，1693年去世。當時她的情形頗為窘

---

❶ 他的外祖母 Margaret Ayscough 和舅舅 James Ayscough。

❷ 在這一方向最著名的工作是 F. Manuel, *A Portrait of Isaac Newton*,
Cambridge: The Belknap, 1968，特別是 Pt. 1, 1. Hannah and the
Fathers.

❸ Keynes MS 126, *C*, v. 1, p. 2.

❹ 參見 I. B. Cohen, *DSB*, v. 10, p. 43，並見下一節的討論。

迫，所以寫信給牛頓求助。幾經周折，牛頓給了她一百英鎊，後來
她的女兒 Catherine Barton (1679–1740) 又搬到了倫敦，與牛頓同
住在 Lermyn 街。Catherine 後嫁 John Conduitt (1688–1737)，後者
在牛頓死後曾為編撰紀念冊，在牛頓的朋友中徵集回憶錄，他自己
也寫了一份牛頓傳的草稿：四十二頁牛頓的童年生活，十六頁牛頓
在劍橋的工作，十七頁的軼事，另外十七頁談牛頓的性格，最後一
頁多一點兒是牛頓生病和臨終的情形。這一套資料，連同其他很多
牛頓的手稿在 Conduitt 夫婦死後由他們的女兒 Catherine Conduitt
（1718年生）保存。1740年，Catherine 嫁給了 John Wallop，後者
後來又襲父親的封號成為 Portsmouth 公爵，而上述資料即歸
Portsmouth 家族。牛頓親屬中的這一支之所以為後世研究者特別關
注，是因為牛頓很多手稿和一些重要的回憶錄由此得以保存，最後
大部分歸入劍橋大學❶，在一九六〇年代前一直是研究牛頓最主要
的資料來源。

---

❶ Portsmouth 檔後來在流傳中分為幾支：先是 A. A. Sykes (1684–1756)
借去了大約十一份手稿，但未歸還原檔。這一部分的檔案輾轉經
Jeffery Ekins 最後歸牛津大學 New College 收藏。而本檔的一大部分
則在1872年由 Portsmouth 五世伯爵送給了劍橋，剩下的在1930年7月
13，14日在倫敦 New Bond Street 拍賣。J. M. Keynes 先購得全部三百
二十九宗中的三十八宗，後來他又陸續增購，最後得一百三十宗，他
把這些手稿送給了劍橋的 King's College，世稱 Keynes Collection，
至今沒有全部刊出。其中相當一部分的目錄見於 B. J. T. Dobbs, *The
Foundations of Newton's Alchemy*, Cambridge: Cambridge Univ.
Press, 1975, rpr. 1984, pp. 235–248. 閻康年上引書 (p. 32n.) 作「凱恩斯
文集」，是誤解了 Collection 的意思。

二、童 年

三歲時母親離開了 Woolsthorpe，離開了牛頓，搬到七八英里外的 Smith 家去了。這件事無論怎麼樣對牛頓說來都不會是令人愉快的。到快要過十一歲生日的時候，母親又回來了。一同回來的還有三個弟弟妹妹，這件事是讓牛頓愉快還是不愉快恐怕也很難說。一年多以後，1655年，十三歲的牛頓被送到 Grantham 的學校，正式入學，但第二年即1656年又被母親從學校召回，以便能幫著家裏做些農活。據說他不喜歡幹活，在放羊的時候看書。於是在劍橋受過教育的 William 舅舅和 Grantham 學校的校長都勸 Hannah 還是讓牛頓復學。大哥的話當然還有些效力，1660年，牛頓又回到學校。牛頓小時候的確做過一些風車，流水磨坊之類的小玩意[20]，但決不是個引人注目的神童，最多是個會做模型，會畫畫的孩子罷了。一九六〇年代以後，藉著牛頓早年筆記本的刊布和所謂的心理分析學派的工作，我們對牛頓的青少年時代的了解有了長足的進展。

牛頓有不少筆記本流傳至今。已知寫於進大學之前的有兩本，常被認為是研究牛頓少年時代的主要資料來源。時代最早的是一本練習本[21]，記錄了大約三百五十個單詞，每頁分兩列，先英文，後拉丁文，寫於1659年以前，似乎是牛頓學習拉丁文時用的。其次是所謂的「Morgan 筆記本」[22]，因為頁首上方有牛頓寫的「牛頓所

---

[20] 參見 G. L. Huxley, *Harvard Library Bulletin*, *13* (1959) 348–354.

[21] 現為洛杉磯某人收藏，1936年拍賣時蘇富比的目錄說是一本拉丁詞彙練習本，記有按字母順序排列的若干英文詞，筆記本的另一邊則是一些 Epiphianus, S. Augustine 著作的摘錄。

有，E. Secker 證明，購於1659年，2便士」 ❷，所以令研究者猜想
該筆記大概寫於1659年前後 ❷。筆記本的第一部分記錄了如何做顏
料，如何從水做酒，如何抓烏鴉和小牛之類的事。研究者已經證
明❷，這些內容來自John Bate, *The Mysteries of Nature and Art*❷
一書。在這本筆記本裏，牛頓還摘錄了 John Wilkins 的 *Mathematical Magic*。John Wilkins (1614–1672) 1631 年畢業於牛津大
學，1648 年任牛津 Wadham 學院院長，1659 年任劍橋三一學院院
長，是很活躍的政壇人物。1648年刊行的 *Mathematical Magic* 想必
相當流行。這本書不見得講了多少「數學」， 像它的書名提示的那
樣，倒是講了不少神奇的事：從永動機的最新設計❷到可以燃燒一

---

❷　因由紐約 Pierpoint 的 Morgan 圖書館收藏得名。除了下文討論的內容
　　外，Morgan 筆記本還有一些和科學有關的內容，包括五頁的解三角
　　形，兩頁的哥白尼理論，另外還有些宗教節日的摘錄。容稍後再作討
　　論。

❷　E. Secker 其人不詳，想必是牛頓當時的同學或朋友。

❷　牛頓有時會事後在筆記本上添些日期之類，所以即使有 1659 年的題
　　簽，本筆記的寫作時間在牛頓研究者中仍有不同意見。參見 D. E.
　　Smith 的研究，在 W. J. Greenstreet, *Isaac Newton*, London: G. Bell &
　　Sons, 1927, pp. 171–179.

❷　E. N. da C. Andrade, *Nature*, *135* (1935) 360.

❷　John Bate, *The Mysteries of Nature and Art*, 1634 年初版，1654 年三
　　版；牛頓看的大約是第三版。

❷　牛頓後來在筆記中對永動機的構想見 Add MS 3996, f. 68 121v (430–
　　431). 參見 J. E. McGuire & M. Tamny, *Certain Philosophical Questions, Newton's Trinity Notebook*, Cambridge: Cambridge Univ. Press,
　　1983. 下文中 Add MS 3996 均出此，f (folio) 後第一個數字是牛頓自
　　己編的頁碼，第二個數字是整套手稿的順序號，第三個在括弧中的數
　　字係該印本頁次。

千五百年的燈。書中還介紹了一些力學實驗，以及諸如水車之類的機械。牛頓後來做的流水磨坊之類的小玩意兒恐怕是由此而來的。

　　牛頓閱讀 Francis Gregory, *Nomendatura Brevis* 時的四十二頁筆記引起了現代學者的特別興趣。Gregory 的這本書略同於現在「詞林」或「詞彙手冊,」把各種名詞按諸如「藝術, 貿易, 科學」,「鳥類」,「獸類」,「服飾」的題目分作幾大類, 分章按字母順序羅列。牛頓摘錄了其中的十六章。有的研究者認為❷, 牛頓有意識或下意識地選錄的這些詞, 特別是少數不見於原書的詞, 透露了牛頓十六七歲時的心理狀態。比如第十三章「家庭關係和稱謂」中, 字母 F 下列出的第一個字是 Father, 而該詞並不見於 Gregory 原書。緊接其後是「未婚同居者 Fornicator」和「阿諛奉承者 Flatterer」。字母 W 下是「妻子」,「婚嫁」,「求婚者」,「寡婦」。引人注目的是牛頓又加上了「鰥夫」和「妓女」❷, 而這兩個詞也不見於 Gregory 原書。

　　今存劍橋Fitzwilliam博物館的筆記本❸中有一段記述了五十八條他認為他應該懺悔的事, 其中第十二和第十三條明白提及他的繼父和母親, 應該可以看作是牛頓對他十一二歲時的想法的回顧❸。

---

❷　F. Manuel, *A Portrait of Isaac Newton, op. cit.*, 1968, pp. 27–34, 56–60.

❷　即 widower 和 whoore, 後一詞現在拼作 whore。案牛頓時代英語拼寫尚不嚴格, 故此。

❸　Fitzwilliam 筆記本的使用時間大約從 1662 年或更早到 1669 年 4 月以後, 也就是說是牛頓進大學以後的事。下面討論的一段寫於1662年降靈節後不久。

❸　牛頓的繼父 Barnabas Smith 死於1653年。據筆記所說, 他希望他「死掉」, 自然是在1653年之前, 即牛頓十一二歲時的事。

第十二條說他「不服從母親，不肯到小房間去」，而第十三條則承認他曾「威脅我的父母 Smith 氏說是要把他們的房子燒掉，燒死他們」。第十四條雖然沒有明白提及父母，但牛頓確實承認他曾想死還希望有些「別的人」死掉❸。

F. Manuel 據此認為牛頓早年的生活充滿了「恐懼，焦慮，懷疑，悲涼，畏縮，自貶」，從而使牛頓的性格表現出「小心謹慎，自貶自責，苦行僧式的努力，以及由壓抑引起的畏懼」❸。這一分析雖然不見得完全沒有道理，但學術界對以此為牛頓一生研究的基本出發點仍有很大的保留❸。

三、劍橋三一學院

1661年6月5日❸，三一學院，「這所劍橋大學最著名的學院在不知不覺之中錄取了它的最著名的學生」❸。

牛頓是作為「減費生」進校的。劍橋的所謂「減費生」或 sub-sizar 相當於牛津的「服務生」servitor，是以工作抵銷一部分學費的

---

❸　牛頓筆記本中的這兩頁是用一種當時讀書人中流行的 Shelton 速記符號寫的。最先由 R. S. Westfall 解讀，見 R. S. Westfall, *Notes and Records of the Royal Society of London*, 18 (1963) 1.

❸　F. Manuel, *op. cit.*, p. 54.

❸　有關討論的文獻列於 I. B. Cohen, *DSB,* v. 10, p. 86, n. 1.

❸　1661年6月5日錄取為三一學院的 subsizar，同年通過考試取得 sizar (quadrantarius) 資格。見 J. Edleston, Synoptical View of Newton's Life, in *Correspondence of Sir Isaac Newton & Professor Cotes,* .... London: John Parker & Cambridge: John Deighton, 1850, p. xxi.

❸　RSW, p. 70.

窮學生。十七世紀的劍橋一般每年收十三個減費生，三個為院長服務，另外十個或為教員服務，或承擔一些雜務。減費生可能還要為高年級學生做事。在現存的史料中關於減費生的實際情形的描述不多 **❸**，但似乎絕非什麼令人愉快的或得以自豪的經驗。牛頓為什麼以減費生的身份入學,常年來一直令研究者困惑,有的作者注意到 **❸** Humphrey Babington 其人在牛頓早年學業上的影響。H. Babington (1615–1691) 是牛頓家鄉 Lincolnshire 的一個教長，又在三一學院擔任教職。牛頓在 Grantham 讀書時正是住在他妹妹 Clark 太太家，以後的劍橋筆記本裏多次提到過他 **❸**，1687 年牛頓的大作《原理》問世時還曾專門送他一本 **❹**。所以猜想牛頓以減費生的身份去劍橋是出於他的設計，或竟是去當他名下的減費生，也許不見得一定是無稽之談。

　　不管怎麼樣，牛頓是進了三一學院。他開始很為與同住的同學合不來而苦惱，直到兩年後結識了 John Wickins **❹**，情形似乎才稍許好了一點。Wickins 比牛頓小兩歲，他們同住了多久，住在三一學院的什麼地方，均無考。

　　牛頓在三一學院的生活見於他的 Fitzwilliam 筆記本。我們知道他有時上上小酒店，玩玩紙牌。紙牌上的輸贏也都仔細地記在筆記

---

❸　J. Edleston 摘錄了三一學院 1660–1661 年的校規，使我們知道減費生要去為教員拿飯菜之類，原文見 J. Edleston, *op. cit.*, p. xli, n. 2.

❸　RSW, p. 73.

❸　Fitzwilliam 筆記本，*op. cit.*, RSW, p.70, n. 12.

❹　他收到此一禮物時說他恐怕「至少還要研究七年」，才能理解書裏的一個問題。

❹　見前引 J. Edleston 的書，xliii 頁注13以及對注13的注。其中引用了牛頓1686年7月27日致 Halley 的信。

本上，有時牌運不佳，連輸十五先令。但他手頭似乎還寬裕，常還有些錢借給別的同學。

三一學院的生活，最重要的當然還是學術生活，還是牛頓之所以為牛頓，最令研究者注意。問題的核心是牛頓在學問上的發展：一六六〇年代初，儘管有證據說他是「沉靜多思」**❷**，他畢竟只是一個在一所鄉村學校受過不到三年正規教育的孩子。科學史家感興趣的是，由此開始的四年的劍橋生活是如何把他一蹴而就地造就出來的。追尋這一神奇發展的主要線索除了上面提到過的 Fitzwilliam 筆記本之外，就是編號為 Add MS 3996 的筆記本。

Add MS 3996 又稱「哲學筆記本」**❸**，封面裏頁上有「牛頓，三一學院，1661 年」幾個字。牛頓去世時參加整理遺物的 Thomas Pellet 又加上了「不適於刊行，1727年9月26日」幾個字。整本筆記實際上是兩個關係不大的部分組成：最初的三十頁和最後的四十頁是牛頓看書時的摘錄；當中的四十八頁是他寫的三十七條札記，總稱 *Quaestiones quaedam philosophicam* 或「若干哲學問題」。這四十八頁文字在研究牛頓思想的早期發展上極為重要，下一小節將作稍微詳細的專題討論。對我們現在感興趣的「劍橋年月」說來，牛

---

❷ Sober, silent, thingking... 這是 Vincent 太太在一七二〇年代末在 Stukeley 採訪牛頓軼事時的回憶，參見 W. Stukeley, *Memoirs of Sir Isaac Newton's Life*, London: Taylor & Francis, rpr. 1936, pp. 45–46. Vincent 太太小牛頓三歲，牛頓在 Grantham 讀書時曾住在她的繼父 Clark 氏家裏。在和 Stukeley 的談話中，Vincent 太太還稱牛頓當時對她頗有愛慕之心，而她卻未予考慮。但這一佳話僅見於此，未得其他史料支持。

❸ A. Rupert Hall最先注意到這套資料對於牛頓研究的重要性，見*Cambridge Historical Journal*, 9 (1948) 239–250.

頓的讀書筆記使我們有可能了解到他進入學術世界的最初情形。

首先是亞里士多德的 *Organon*，希臘文，但標題用的是拉丁文。這本亞氏的名著❹，討論思維法則。我們知道，在差不多同時，牛頓還買了 Robert Sanderson 的一本邏輯學，即1618年初版的 *Logicae artis compendium*，牛頓買的可能是這本書1641年的重印本。這恐怕是 William 舅舅的主意，他當年在劍橋時用的也是這本書。

緊接著亞里士多德是 Johammis Magirus 的 *Physiologiae peripeteticae*，或《逍遙學派物理學》。這是一本介紹亞氏自然觀的書。從筆記判斷，牛頓沒有讀完這本書。在他的筆記本裏，牛頓抄錄了一些亞里士多德關於宇宙論方面的論述，長達十頁。在這一些摘錄之下，牛頓劃了一條線，然後寫下了伽里略的拉丁文名字Galilaeus，然後又抄錄了一些關於星雲大小的數據❺。

值得注意的是，牛頓學術生涯是從亞里士多德開始的。亞里士多德的理論是他所接觸到的第一個嚴整精深的知識體系，這一體系旨在用理性整理世界萬物紛繁的現象，由現象追溯原因；同時又對思維作出規範，使之符合理性的要求，從而能擔負起整理現象追尋原因的任務。在這一意義上，牛頓將是亞氏的當之無愧的繼承人。

---

❹ 雖然早在 Porphyry 時代本書已作為亞氏著作流傳，並有多種注釋本，可是因為這本書在其他公認的亞氏著作中從未被明白引用，它的真偽受到了現代學者的嚴重質疑。但在牛頓時代，這一真偽問題尚未提出。

❺ Add MS 3996, ff. 16r–26r (361–375). 這一段摘錄被斷代為1661–1663年，見 J. E. McGuire & M. Tamny, *op. cit.*, p. 15.

四、「若干哲學問題」中的笛卡爾

「若干哲學問題」中占突出地位的是笛卡爾，他至少被直接或間接地引述了十五次。從年齒上說，笛卡爾長牛頓將近五十年；從學問上說，在牛頓進入劍橋時笛卡爾的學說正風靡歐洲大陸。在牛頓以後漫長的學術生涯中，他將要處處與笛卡爾作戰，但是現在，他好像還非得先好好讀讀笛卡爾不可。

笛卡爾對於思想界，尤其是關於科學和自然的哲學探討，貢獻殊偉。我們還記得❹，笛卡爾把「存在」劃分為兩個主要世界，一是精神存在 res cogitans，一是物質存在 res extensa，如果把它們直譯出來，就是「思維的東西」和「延展的東西」。譯文雖然不夠雅馴，於原意卻還算貼切。按笛卡爾，「思維」和「延展」正是這兩大部類的本質屬性。這種劃分的一個實際結果是把任何和心靈有關的東西從 res extensa 裏驅逐了出去，自然科學的工作對象由是明白確立。但這種對兩個世界的斷然劃分又提出了它們的關係問題，這是近代哲學中認識論的新起點。

這兩者的聯繫自然是感覺，即人的感官為人提供的消息。這是沒有疑問的。問題是，笛卡爾不放心的是，我們怎麼知道感官所傳達的消息是真實的呢？笛卡爾通過他著名的懷疑推理展示了論證的力量。笛卡爾從 cogito ergo sum，我思故我在，推出了上帝的存在，從而證明了物質世界中理性的存在。

對於笛卡爾來說，物質世界是一部大機器，而宇宙的基本構成單元是極細小的微粒。這些微粒處於不斷的運動之中，慣性保持其

---

❹　參見第一章第三節。

運動，碰撞改變其運動。所謂的 res extensa 可以分為三類，一是發光的，如日月星辰；一是不透光的，如地上萬物；一是透光的，精細微妙，充斥宇宙，無所不在。因其無所不在，其中的微粒在運動中必然要去占據別的微粒所在的空間，迫使後者移動，而後者要移動讓位，又必須迫使第三個微粒移動。於是次第移動，造成循環。這種微粒的環形運動形成了渦漩，笛卡爾以此機制構造了用以解釋天體運動的圖景。利用賦予上述微粒的各種特性，如形狀，表面的溝坎孔壑，運動的方式快慢，笛卡爾還系統地解釋了光，重力和磁現象這些最令當時的學者們困惑的主題。

　　牛頓是在1664年的上半年，在 Henry More 的介紹下注意到笛卡爾的。牛頓所用的是笛卡爾《哲學著作集》1656年第三版**❼**。牛頓摘錄了笛卡爾關於創世，關於靈魂和關於心物二分的論述**❽**。牛頓注意到，

　　　　必然的存在是它自己的原因，換言之，這種存在就像山顛是
　　　　山谷的原因，三角形是其內角和為兩直角的原因一樣（不是
　　　　從權勢來的，而是從它們本性的特殊性而來的）。**❾**

牛頓在這一則筆記下列出了十一個頁碼，這在「若干哲學問題」中

❼　R. Descartes, *Opera philosophica*, 3rd ed., Amsterdam: Elzevir, 1656. 研究者注意到牛頓所藏的本書有折角的書頁頁次恰與本筆記中引用的頁次相合，故能斷定牛頓當年使用的正是這一版本。

❽　Add MS 3996, f. 83 129r (447–449).

❾　Add MS 3996, f. 83r (463–465).「必然的存在」原文是 a necessary being，這兒的譯文從賀麟王太慶譯黑格爾《哲學史講演錄》，第四卷，北京：商務，1978，第77頁。

有些不尋常，事實上，牛頓從別人的書中摘錄時一般不列出來源。
在同一則筆記中，牛頓還寫下了概念和外界客體的關係。牛頓寫
道，

> 概念對於外在客體來說不過是一個空洞的名字或叫法，但對
> 於心靈來說……卻是一個真正的實在，或者叫做理念智能的
> 一種狀態，就好像印章上的文字對印章來說不過是一種刻劃，
> 印到臘封上，就成了臘封的一種狀態。❺⓪

這兩段文字寫在「若干哲學問題」的八十三頁上，同一頁下方是一
段比較完整的筆記，談論上帝創世。據考證❺①，後者大概寫於1664
年年中。這兩則筆記所反映的牛頓早期的認識論令研究者吃驚，因
為文中提到的「蠟—印章」比喻顯然不是笛卡爾認識論的主要論點，
而且也不見於牛頓一本正經地引用的那些書頁之中。笛卡爾倒的確
用過這一比喻，但牛頓在1664年似乎沒有可能讀到笛卡爾的這一論
述❺②。其實，「蠟—印章」的說法在西洋哲學傳統中頗為常見❺③，現

---

❺⓪　同上條。

❺①　J. E. McGuire and M. Tamny, *op. cit.*, p. 13.

❺②　笛卡爾的論述見於 Rules for the Direction of the Mind, Bk. 1, Rule 12,
　　　其主要部分直至1701年才在笛卡爾的《遺著》*Opuscula posthuma* 中
　　　發表。在此之前本文曾以 Regulae ad directionem ingenii 為題在笛卡
　　　爾生前友好中傳閱，而1664年前後牛頓顯然不在此一學術圈內。參見
　　　Laurence J. Lafleur, Introduction, *Rules for the Direction of the Mind*,
　　　Indianapolis: Bobbs-Merrill, 1961.

❺③　例如 Plato, *Theatetus*, 191C8 ff; Aristotle, *De anima*, Bk. II, 12. 424^a 20
　　　ff.

在大部分牛頓研究者認為牛頓大概是通過 Henry More 的介紹從 Hobbes 的著作中了解到這一比喻的。

如果說「蠟—印章」一段是牛頓早年的認識論的基礎，那麼「必要的存在」則可看作他的本體論。在笛卡爾哲學中，「必要的存在」常指上帝，這一「存在」常是笛卡爾冗長推理的合理性的基本保證。不太準確地說，在笛卡爾看來，任何事物必須有其理性前提。如此倒溯上去，總要有個起點，而這一起點的存在不需要有任何前提，換言之，它必須自己是自己的原因。如果沒有這樣一個起點，後面的通過推理得出的整個體系就會坍塌。這一存在是「自證其真」的，這就是上帝❺❹。

牛頓對笛卡爾的自然哲學涉獵甚廣。J. E. McGuire 和 M. Tomny❺❺仔細研究了牛頓在閱讀笛卡爾時在書上所做的記號，並與「若干哲學問題」的札記做了對比，發現牛頓注意的論題有關於物體和物質本性的如「感官不能向我們提供客體的真實存在」，「物體的本質不在於輕重，軟硬，或顏色，而在於其廣延性」或「空間和實物的廣延性的差別」等等；關於方法論，關於為什麼宇宙物質的運動必然是一種渦漩，以及什麼是第一，第二和第三種質；關於在渦漩中運動的物體有脫離中心的「離心傾向」等等，還有關於光學❺❻和力學❺❼的討論。

---

❺❹　Descartes, *Opera*, AT. VII, *Responsio ad primas objectiones*, pp. 111–115.

❺❺　*Op. cit.*, pp. 142 ff.

❺❻　例如 Add MS 3996, f. 18 96v (361) 討論光和熱的關係。

❺❼　例如 Add MS 3996, f. 59 117r (419–421) 論運動，Add MS 3996, f. 25 100r (371) 討論空氣。

　　在筆記中牛頓對於笛卡爾的渦漩宇宙模型提出了一連串問題❸，涉及笛卡爾的三種質的運動形式，以及「第三種質」的發光問題。他還企圖通過對早潮晚潮的測量來發現「渦漩的壓迫形式」❺。在另外一些札記中❻，牛頓對笛卡爾在《哲學原理》第二篇第五十五章中討論的渦漩又提出了一系列問題，特別是渦漩理論如何解釋彗尾。因為按笛卡爾的說法，彗尾應當是彎曲的❻。牛頓在稍後的札記中，我們看到數十次的彗星觀察記錄，從1664年底一直延續到次年春天❻。

　　牛頓在「若干哲學問題」中似乎沒有對笛卡爾❻多次論及的圓周運動以及與之相關的向心力離心力的概念作出明白的反應。這似乎表明牛頓關於運動的想法要到稍晚的1665年才形成，而且大部分的文字都見於 Waste Book。

　　牛頓在本筆記中還有不少關於光的產生，傳播，和顏色的本性的文字❻，為行文方便，這部分內容將歸入下文討論「光學」時一併處理。

---

❸　Add MS 3996, f. 11 93r–93v (355–357).

❺　Add MS 3996, f. 49 112r (405).

❻　Add MS 3996, f. 6 90v (349–351)，下文關於彗尾的討論在 f. 12 93v (357).

❻　Descartes, *Principia*, Pt. 3, At. 136.

❻　本手稿 f. 12 93v (357) 有牛頓在1664年12月10日和17日對彗星的觀察記錄，f. 55 115v (413–415) 有1664年10月8日，12月9日和23日，24日，27日的觀察記錄，f. 56 115v (415–417) 繼續有12月28日到30日的記錄，以後 f. 57, f. 58 還有1665年1月和4月的記錄。

❻　Descartes, *Principia*, Pt. 2, Ats. 8, 9, 39, 57, etc.

❻　其中最主要的有 f. 32 103v (381–383) 等等。

「若干哲學問題」涉及了近十部笛卡爾的著作❻，而以對《沉思錄》和《哲學原理》的討論最為豐富。笛卡爾的《哲學著作集》沒有包括他的主要數學著作《幾何學》。牛頓是通過 Frans van Schooten 的拉丁文注釋本學習笛卡爾數學的。這本書非常難懂，但牛頓似乎是通過自學把它讀完的❻。據說牛頓不喜歡歐幾里德，以至於在和 Isaac Barrow 面談時對歐氏幾何學不甚了然❻。

五、劍橋：Henry More 和 Isaac Barrow

在三一學院中，Henry More 和 Isaac Barrow 以對牛頓的影響為後世牛頓研究者所特別注意。

Isaac Barrow (1630–1677)❻是在1645年進三一學院的，那年他

---

❻ 計有 *Meditations, Philosophical Principles, Discourse on Method*（包括 *Meteorology* 和 *Dioptrics*), *Treatise on the Passions of the Soul, Objections*, 以及 *Replies to the Meditaitons*.

❻ 這是 J. Conduitt 的說法，見 Keynes MS 130.10, f. 2v, *op. cit.*, RSW, p. 99, n. 89.

❻ 這段軼事見上引 J. Conduitt，牛頓還對 Antonio-Schinella Conti 提起過類似的故事。閻康年前引書（第32頁）引述了 RSW 的敘述，但說「巴羅 (I. Barrow) 發現他（牛頓）……對笛卡爾的幾何相當了解，……」並由此出發與 D. T. Whiteside, *The Mathematical Papers of Isaac Newton*, v. 1, p. 18 的引文作了考異。案 RSW 和 Whiteside 兩書均本 Keynes MS 130.10, f. 2v, 原文是 "the Doctor (Barrow)...never asked him (Newton) about Descartes's Geometry...."（Barrow 博士……從未問及笛卡爾……）當無異可考。

❻ Mordechai Feingold, Isaac Barrow: divine, scholar, mathematician, in *Before Newton: the Life and Times of Isaac Barrow*, New York: Camb-

才十五歲。三年後升為研修員，1663年被選為 Lucas 講座教授主講數學，1673年起任三一學院院長。據修道士 A. S. Conti 說❻，牛頓告訴他 Barrow 有一次拿了一道關於擺線的難題來問牛頓，牛頓只用了六步當場證完交還 Barrow。後者大為吃驚，認為牛頓的學識大大超過了自己，遂辭去了 Lucas 教職，起身讓賢。因為 Conti 和牛頓確有來往，牛頓也確實向他口述過自己的一些故事，而且 Conti 的書上距牛頓去世並不太遠，這則軼事似乎可信。但現代研究者❼多認為這是牛頓誇大其詞甚至杜撰故事。牛頓晚年以皇家學會會長之尊，以《原理》一書的輝煌，似乎沒有必要求此虛榮。但我們現在的確知道，他常常為了虛榮做些完全沒有必要的事。

牛頓和 Barrow 的交往起於1664年。牛頓是作為一名獎學金的候選人去 Barrow 那兒接受考試的。因為不懂歐幾里德，所以 Barrow 對他印象平平。Barrow 並不是牛頓的導師，但他的工作深深地影響了牛頓卻是不爭的事實，其中最重要的當是 Barrow 自1664年3月14日起所擔任的 Lucas 講座。

Lucas 講座教席之設起於 Henry Lucas (d. 1663)，他早年就讀於劍橋，後來擔任過荷蘭公爵 Henry Rich 的秘書，後者從1628年起任劍橋的校長凡二十一年，至1649年被殺頭。Lucas 好像也是個有學問的人❼。牛津大學在1619年由 Henry Savile 設立了 Savilian

ridge University Press, 1990, pp. 1–104.

❻　Antonio-Schinella Conti, *Prose e poesi*, Venice, 1739–1756, v. 2, pp. 25–26, *op. cit.*, RSW, p. 206, n. 85.

❼　參見例如 RSW, pp. 206–207 的分析。

❼　我們對於 Henry Lucas 的生平所知甚少，但從他曾長期代表劍橋參見國會會議，從他的三千二百卷藏書也頗當一代之選，當與劍橋有相當的淵源。

講座教席，很是讓劍橋人羨慕。於是，Lucas 在1663年的遺囑裏承諾向劍橋捐獻一項每年足以產生一百英鎊的地產，以此項收入設一教席。當時規定，擔任 Lucas 講座教授的學者「每學期必須在幾何，天文，地理，光學，靜力學或數學方面授課，每年必須有十篇演講送呈劍橋大學圖書館存檔」。上文提及的 1664 年的講座，正是 Barrow 榮膺 Lucas 教授後講授的以自然科學為主題的課程，這在當時的劍橋還是件新鮮事❼❷。Barrow 的第一講通論數學，第二到第六講討論幾何學，再後的六講處理比較特殊的幾何學問題。以此為基礎彙編而成的《幾何學講義》稍後在1670年出版❼❸。

　　近年來的研究表明，Barrow 和牛頓的私人關係似乎並非如早先研究者所認為的那麼密切❼❹，Barrow 對牛頓的影響主要還是在數學思想上而不是在人事關係上。廣為流傳的說法如 Barrow 是牛頓的導師，如 Barrow 為了讓牛頓得到 Lucas 的教職而辭職，都為更細致的考證所拒絕。

　　Barrow 是一個熱誠的保皇黨人，Cromwell 時代他在意大利遊

❼❷　劍橋在此之前設類似教席是 Henry VIII 下令建立的 Regius 教席，時在1540年，距 Lucas 教席已是百二十年之前的事了。

❼❸　Londini, Gulielmi..., 1670. 下文所引 M. Kline 的書 (p. 346) 作1669，誤；而 C. B. Boyer 的書正作1670。是書有英譯 *The Geometrical Lectures*, tr. J. M. Child, Chicago & London: The Open Court, 1916.

❼❹　參看 RSW, pp. 99–102. 稍早的研究如 A. R. Hall, *The Scientific Revolution, 1500–1800: The Formation of the Modern Scientific Attitude*, London: Longmans, 1954, p. 247, 和 C. C. Gillispie, *The Edge of Objectivity*, New Jersey: Princeton University Press, 1960, pp. 118–119, 都肯定了這兩位 Isaac 之間的關係。在1983年徹底改寫1954年初版時，Hall 稱 Barrow 和牛頓的關係是 "uncertain", 見 *The Revolution in Science, 1500–1750*, London & New York: Longmans, 1983, p. 307.

學，在 Pisa 結識了 Giovanni Alfonso Borelli，後者正在做圓錐曲線的研究，在 Florence 結識了 Carolo Renaldini，後者當時正在撰寫《代數學》。離開意大利以後，取道小亞細亞，經法國回到英國。不久，英皇復辟，Barrow 回到劍橋繼續他對學問的鑽研。他畢生的熱情和渴望常在神學方面，即便在做數學研究時亦復如是。對 Barrow 來說，數學是他走向上帝的路，他以這樣的熱情來看待數學❼：

> 啊！上帝，你是何等偉大的幾何學家！這門科學威力無限，新的定理層出不窮，甚至凡人也能翱翔其間！你在一剎那之間完成了所有的定理，不見斧鑿，神妙無跡！

他本來想獻身於神學研究的，但未能如願以償。而 Charles II 的復辟卻使他當上了 Regius 教授❼，教授希臘語和文學。利用這一職務，Barrow 很是想對劍橋的教學做一些改革，可是頗不成功：劍橋的學生不欣賞他們以前沒有聽到過的東西。從他的改革方向來看，他是深受笛卡爾的影響，但決不想用笛卡爾的「時尚之學」來取代亞里士多德。他服膺於笛卡爾，是因為後者既是哲學家又是數學家。

作為數學家，Barrow 的工作，例如《幾何學講義》，所反映出來的他的主要學術興趣，是當時數學研究的主流；他研究曲線，特別是圓錐曲線，它們的切線的求法，它們所圍區域的面積的求法等

---

❼ A. Napier, ed., *Theological Works of Isaac Barrow*, v. 1, p. xlvii.

❼ Regius 教職初設於 1540年，1654 年共和時，擔任此職位的 James Duport 被迫離職，由 Walph Widdrington 接任。在復辟後，Widdrington 被認為是「篡奪」，但 Duport 又不願意重回舊任，於是 Barrow 被任命為劍橋的 Regius 教授。

等。在他的時代，「所有對微積分學做過一部分先導工作的數學家
中，沒有一個比之於 Fermat 和 Barrow 所做的更接近於新分析學
了」❼。雖然我們決不能說 Barrow 已經有了近代的，或者哪怕是
最簡單粗糙的微分概念，但他對於求切線，以及求切線的逆運算就
是求面積之類的問題，確實已經有了完整的看法。對於我們行將討
論的主題特別有意義的是他引進了一種他稱之為特徵三角形的圖
形，顯示了曲線pp′如何同切線pp′漸漸一致的奇蹟，被認為是代表
了他「那個時代的思想」❽。

在數學思想上，Barrow 倡導回到「數和幾何概念的古典運用」，
而不愛採用數列極限的方法。牛頓顯然繼承了這一觀念。這種重視
在運動和幾何學中把握連續變化的量的觀念比起數列來更有物理上
的直觀性。在這一意義上，牛頓是幸運的：他最初接觸的，導向微
積分方法的 Barrow 幾何學，對於他馬上要研究的行星運動來說，
簡直是再合適不過的了。

Barrow 所代表的，是十七世紀上半葉數學發展的主流。這一潮
流的肇始當然可以推到很久遠的時代，但在十七世紀中把它推向高
潮的，卻是1661年笛卡爾的《幾何學》第二版❼。這本書的拉丁文

❼　Carl B. Boyer, *The Concepts of the Calculus*, New York: Columbia
University Press, 1939. p. 185; 上引文取自上海師範大學數學系中譯
本，《微積分概念史》，上海：上海人民，1977年，第195頁，唯中譯
本是根據該書第二版譯出的。

❽　Morris Kline, *Mathematical Thought from Ancient to Modern Times*,
New York: Oxford University Press, 1972, p. 346; 上引文取自北京大
學數學系中譯本，《古今數學思想》，上海：上海科技，1979，第二冊，
第53頁。

❼　這本書的英譯在 1954 年由 Dover 重印過，所以不難找到；法文原版

版最初由笛卡爾的密友 Frans van Schooten 主持在1649年出版，為歐洲不諳法語的學者提供了整套的笛卡爾數學。但是笛卡爾在出版時對原書做了很多奇怪的刪節，以防別人「不失機會地說我所寫的都是他們早已經知道的東西」，這本書因此變得非常難讀。Van Schooten 在第二版中很是加入了一些他自己撰寫的注釋，大大增加了這本書的影響。Van Schooten 本人在圓錐曲線方面頗有建樹，又與當時在法國工作的 Ch. Huygens 交厚，曾經主持出版過 Viéte 的數學著作集，做這樣的注釋無疑是能愉快勝任的。我們還記得牛頓在1661-1662年間閱讀笛卡爾時，用的正是這個注釋本。這就使我們容易理解為什麼他進了劍橋，一開始對數學的認真研究，就轉入了 Barrow 的方向。

Henry More (1614-1687)[80] 和牛頓一樣來自 Grantham。他在 Eton 和劍橋的 Christ 學院獲得學位以後，自1639年起在 Christ 學院繼 Joseph Mede 正式擔任教職，直至去世。儘管經歷相當簡單，他的思想卻是他同時代學者中最複雜的一個，在這個意義上，他的傳記作家 A. R. Hall 稱他是 "Man of Paradox". 他篤信上帝，但又和被當時自然哲學家所不齒的隱秘怪誕的江湖術士交往密切，從而使得他本來最純正的哲學變得與眾不同；他在哲學上歸屬於所謂的劍橋柏拉圖學派，而在把笛卡爾介紹到英國學術界方面，他又是十七世紀數一數二的重要人物。

要理解 More，首先要注意到的，是對上帝的熱誠的信仰貫穿了他的一生。從生活上說，More 要求甚低：「他除了書以外什麼都

La géométrie 出現於1637年，已是不太容易見到的書了。

[80] A. R. Hall, *Henry More: Magic, Rreligion, and Experiment*, Frome: Butler & Tanner, 1990.

不要，心靈享受著無求無欲的平靜」**❸**：

> 我和地上的猛獸一起遊戲，獅子像溫順的家犬一樣輕輕地舔
> 我的手，巨蟒閉著嘴靜靜地盤坐在我的膝上。我和天堂裏的
> 飛鳥一起玩耍，所有的鳥兒歌息在我的手臂上一起歌唱。所
> 有這些都是真的，並非我在迷幻的景象中所見。

這不是浪漫的幻想，不是文學家的誇張，這是一個沉靜的哲學家的
真實感受。正是在這一點上，More 和笛卡爾有基本的共識。論者
以為，如果逐字逐句地看，More 從來不是笛卡爾的信徒，但如果
從大的方面來分析，從整個世界觀來看，More 從來沒有走出過笛
卡爾的王國**❷**。

　　More 是英國研究笛卡爾的先驅之一，他一方面把笛卡爾的學
說介紹到了英格蘭，另一方面又以更加徹底的神學觀點和更嚴格的
邏輯對笛卡爾進行了批判。在1648–1649年間，More 在同笛卡爾的
通信中系統地提出他的論證。首先，他認為笛卡爾以「廣延」即有
可度量的大小來定義「物 res」太空泛。因為「上帝似乎確確實實是
廣延的」**❸**，不然上帝就不是無所不在的了。所以，More 認為，
實物和精神都是廣延的，只不過廣延的方式不同罷了。More 認為，
這兩者的差別實在在於，前者是不可入的，即一實物一旦在空間占
據了一個地位，別的實物就不能再占據這一位置了；而精神不具有
這種不可入性。精神雖然在空間上是廣延的，但並不排斥其他的精

---

❸　*Ibid*., p. 85.

❷　*Ibid*., p. 147.

❸　*Lettres de M. Descartes..., Oeuvres*, Paris, 1903, t. 5, p. 238.

神或實物來占據同樣的位置。

　　More 就關於原子是否存在的問題對笛卡爾提出了反駁。笛卡爾認為，實物在本質上是廣延的，物質充滿整個空間，或者說空間就是物質廣延的度量，而沒有物質的空間即「虛空」是不存在的。從這一想法出發，笛卡爾進一步認為物質應當是無限可分的，這是物質的廣延性所要求的。笛卡爾認為，如果承認有不可分的原子存在，就實際上否定了上帝的全能。More 不同意笛卡爾的說法。他說，所謂的原子不可分，是指原子不能被我們這一世界中的任何力量所擊破，即不能被上帝所創造出來的任何力量所擊破，而不是上帝本身不能將原子擊破。所以，笛卡爾的論證並不能成立。More爭辯說，上帝當然是無所不能的，但是還有很多事上帝並不做，比如說上帝不說謊：上帝並不是不能說謊，但他不說謊。

　　笛卡爾對 More 的批評有過很誠懇的反駁❽，本書當然不能細緻地追尋這一爭論的各個方面。對於現代讀者說來，這一爭論中雙方的推理方式和徵引的論據一定顯得很奇特。但是這絕非詭辯，也非兒戲，這是大約三百五十年前人類對於自然、真理和人所廁身其間的世界的最精深的探討。笛卡爾要做的是完成「心」和「物」的二分，所以他要強調有形的物和無形的精神之間的差別；More 則更多地繼承了古代希臘柏拉圖和Democritus 的哲學傳統，著眼於原子存在的假定，進而著力區分「空間」和存在於空間之中的「物」。我們以後有機會看到，這些貌似空泛的論證對牛頓理論的發展建立自有其各自的貢獻。

　　就關於上帝的討論而言，從 Thomas Aquinas 起，就有兩個主要的方向。一是把信仰貫徹到底，如同《聖經》所一直強調的那樣。

---

❽　*R. Descartes à Henry More*, 5, II, 1649, pp. 267 sq.

於是上帝本身就是真理，信就是福，因此並沒有什麼「為什麼」可言，而上帝本身的行為，即便有理性存在其中，對我們人說來也仍舊是不可窺測的[85]。另一方向則力圖把信仰納入理性，力圖通過理性的考察來說明，或者更進一步證明上帝的存在和他的全能。笛卡爾[86]，More，以及稍後的 Spinoza，都更接近第二個方向。這一方向上的研究，最終將導致理性凌駕於上帝之上，換言之，上帝必須通過理性的批判才能獲得存在的准許。於是對地面上的石塊土堆，對蒼穹中的星辰氣霧的考察都有了神聖的意義。哥白尼，Tycho 和 Kepler 所孜孜追求的，在我們看來是客觀世紀的真實圖景，而在他們自己看來，卻是上帝為提示他自身的存在而展示的理性，或者是通過理性的追求而提示上帝存在。

但是，在一六六○年代的最初幾年牛頓坐在俯視康河的三一學院他自己的房間裏閱讀 More 的《論靈魂之不朽》時，事情並非如此顯而易見。從「若干哲學問題」中可以看到的，是牛頓對 More 關於原子存在的論證的有趣補充[87]。二十一二歲的牛頓以年輕人特有的信心寫道：「原始物一定是原子，傑出的 More 博士已經在他的關於靈魂不朽的書裏無可辯駁地證明了」。牛頓用形式邏輯的定理對此提出了一個「補充證明」。他證明的大意是，一物必有有限的廣延。如果能被無限劃分，即可得無限個廣延有限的「部分」即劃分

---

[85]　例如 Job 38–39 上帝回答約伯的著名篇章。

[86]　例如 Descartes, *Meditations*, I, 最後一段, *Discourse on Method and Meditations*, tr. L. J. Lafleur, Indianapolis: Bobbs-Merrill, 1960, p. 78, p. 80; 下文的 Spinoza，參見 Baruch Spinoza, *Ethics: Treatise on the Emendation of the Intellect and Selected Letters*, tr. S. Shirley, Indianapolis: Hackett, 1992, pp. 44–45.

[87]　Add MS 3996, f. 3 89r (341).

的結果。把這些「部分」重新組合成整體，就產生了無限個有限的廣延之和，而這一總和必為無限，從而與「廣延有限」的大前提矛盾。

1650 年笛卡爾去世，More 的討論驟然失去了對象。同一年，More 結識了他的學生和好朋友 John Finch 的妹妹 Anne，開始通信。次年，Anne Finch 嫁給了 Conway 子爵，成為 Conway 夫人。More 給她寫過很多長信討論哲學和神學，而她也成了他在劍橋的生活，在公共事物和與鬼神交往方面最大的鼓舞和靈感的源泉。而與子爵一起為「消磨時間」而閱讀的笛卡爾的《論靈魂的激情》，又啟發了 More 寫出了《論靈魂之不朽》。1659年出版時，More 把他的這部最重要的著作獻給 Conway 子爵。

More 對於非物質的，隱秘的，超自然事物的興趣可能來自 Conway 夫人。這在當時並不像我們現在想像的那麼怪誕不可思議。我們知道，Joseph Glanvill 也從同樣的渠道得到了同樣的影響。著名的術士 Francis Mercury van Helmont 在他逗留在英國的很長的時期中，大部分時間都和 Conway 夫人在一起。另一個奇人，劍橋的 Ezekiel Foxcroft 的母親正是 Conway 夫人的貼身秘書。我們以後還有機會看到，這位 Foxcroft 還是牛頓研究煉金術的主要指導者。1670年，通過 More 這兩位隱秘幻術的主要代表在劍橋結成朋友，後來又一同在 Conway 夫人那兒做了關於探求啟示錄本質，證明靈魂先於肉體的存在和猶太神秘教的實驗❽。

但 More 又絕不同於這些術士。牛頓出生那年，他刊行了 *Psychodia Platonica*，又稱「靈魂之歌」，歌頌時空的廣闊無垠。他在這一階段的著作中還批判了煉金家 Thomas Vaughan。我們不能

---

❽　*Ibid.*, p. 100.

確切地知道 More 是不是從哥白尼的原著中了解新天文學的，但他
似乎仔細閱讀過伽里略的《對話》❽。1647 年刊行的《哲學札記》
多處引用了伽里略❾，包括不少天文學的觀測數據，也包括對於
Tycho 體系的解說，甚至於還有金星位相的圖解，以及行星運動中
的留和逆行。他稱讚哥白尼，稱其假說「本身就極其合適和天才」。
他也分析了伽里略的潮汐理論，並頗不以為然；他還提到了重物的
下落，但好像完全沒有理解伽里略的工作。

六、「若干哲學問題」中的科學

　　重物下落的實驗同樣也引起了牛頓的注意。在他的三一學院筆
記本裏❾，記錄了伽里略的工作：

> 　　根據伽里略的實驗，一個重 100 佛磅（以倫敦的度量標準是
> 78磅）在5秒鐘裏下落100佛尺（或49.01 Ells，即66碼）。

在牛頓的筆記中，還有一些據信是從伽里略的書裏摘錄的關於星雲

---

❽　　*Dialogo di Galileo Galilei Linceo*, 1632, 這是 More 用的版本。現在通
　　　行的是 Drake 的前引英譯本。

❾　　參見 A. R. Hall, *op. cit.*, pp. 275–276.

❾　　Add MS 3996, f. 68 121v (429). 下文所描述的實驗見 Galileo, *Dia-
　　　logue*, tr. S. Drake, p. 223, 中譯見前引中譯本，第289頁。文中「佛磅」
　　　原文是 lb. Florentine, 譯文是我杜撰的，「佛尺」Florentine brace 亦然。
　　　Ell 係古尺名，約合 45 英寸。下文所列的數據與真實情形相差很大
　　　（～53％），這可能是伽里略寫書時隨口舉的一個例子，也可能是當時
　　　的計量技術尚不足以完成這樣的實驗。

大小的數據。可以看出，牛頓仔細閱讀過伽里略的《對話》，很可能還有《兩門新科學》。在伽里略去世前後，他的實驗——實證方法，正是崇尚「培根科學」的英國學者的一個熱門話題。

在英國科學家當中，牛頓閱讀得最多的恐怕要算 Boyle 了。Robert Boyle (1627–1691) 出生在一個貴族家庭，從小享受到很好的教育：先是在家由私人教師輔導，再是著名的 Eton 公學，再是由專人陪同遍遊歐洲大陸。牛頓出生的那年他正在意大利的 Florence 閱讀伽里略的《對話》。回英國以後，他建造了一臺抽氣機。利用這一新設備，Boyle 做了很多關於空氣的實驗。這些實驗記錄在 1660 年以 New Experiment Physico-Mechanicall, Touching the Spring of the Air and its Effects 為題發表，確立了 Boyle 在實驗科學研究方面的地位。在「若干哲學問題」裏，牛頓多次提及 Boyle 關於真空的實驗[92]，擺[93]，他還注意到聲音在真空中要「弱得多」[94]。

Boyle 對空氣的彈性的理論解釋表現了清晰的機械論哲學的傾向。他認為，空氣可以「想像成如同羊毛那樣層層重疊起來的細小物體的堆積」，每一個這種「細小物體」都像「一個細小的彈簧」，所以空氣的微粒和羊毛的絨毛一樣「都容易屈服於外部的壓力……」[95]。留意笛卡爾關於化學親和力和磁力的解釋，我們很容易發現 Boyle

---

[92] Add MS 3996, f. 20 97v (367).

[93] Add MS 3996, f. 23 99r (371).

[94] Add MS 3996, f. 37 106r (391). 這兒說的「弱得多」顯然是因為在 Boyle 的實驗中真空程度不夠高的緣故。

[95] Thomas Birch ed., *The Works of the Honourable Robert Boyle*, London, 2nd ed., 1772, v. 1, p. 11. Boyle 的這一篇重要論文未聞有中文全譯，上引譯文見前引周昌忠等譯《十六十七世紀科學技術和哲學史》，北京：商務，1985，第270頁。

的思想同大陸機械論哲學的關係。從牛頓的摘錄來看，在 1664–1665年間，他仔細閱讀了這本機械論哲學最重要的代表著作❾，同時還閱讀了 Boyle 的其他著作，包括剛剛出版的 *Experiments and Considerations Touching Colours* (1664)❾和 *New Experiments, and Observations Touching Cold* (1665)❾. 這些當時最新的學術進展想必對牛頓的自然觀有重要的影響。

「若干哲學問題」還記錄了 Digby 的高論❾。Kenelm Digby (1603–1665) 是十七世紀上半葉英國的一個奇人，三歲時父親因故被殺了頭，以後從叔父長大，在牛津受教育。稍長，與當時著名的美女 Venetia Stanley 秘密結婚，隨後潛往地中海完成一項秘密使命，名聲大噪。他是世代的天主教徒，1630年忽改信英國國教，三年後妻子去世，大受打擊，又重新歸依天主教，並退出公共事務，專心向學。他是皇家學會最早的會員之一，與笛卡爾和 Pierre Fermat 等法國哲學家數學家有很多聯繫，在文學，宗教和哲學方面都有著作。1658年用法文撰文論「同情」在治愈傷口上的作用❿，對煉金術也很感興趣。Digby 的思想更多地傾向於隱秘作用。儘管當時大陸機械哲學的研究者對任何稍帶神秘傾向的東西都嗤之以鼻，但他

---

❾　在本筆記中，牛頓直接或間接地援引 Boyle 關於空氣彈性問題的研究凡七處，例如 Add MS 3996, f. 4 89v (343), f. 6 90v (349), f. 23 99r (371), f. 25 100v (373), f. 37 106r (391), f. 47 111r (401) 和 f. 67 121v (427).

❾　間接援引近十次，如 Add MS 3996, f. 23 99r (371) 等。

❾　如 Add MS 3996, f. 18 96v (363) 等。

❾　Add MS 3996, f. 39 107v (393).

❿　這本書在當時非常著名，有「無數的」英，德，荷蘭，拉丁文譯本。參見 M. B. Hall 的 *DSB* 條目注釋。

們的哲學卻也還不是無所不能的，所以訴諸隱秘因素的解釋也總是有生存的餘地。

Joseph Glanvill (1636–1680) 出生在一個清教徒家庭，早年在牛津受教育，和牛頓差不多是同時代的人。他的自然觀很混雜，研究過用礦泉水治病，並就採礦和冶金問題向皇家學會提交過論文[101]。這種對工業生產和工藝的「功利主義」研究在當時的英國頗合潮流，是一種社會注目的時尚[102]。他的代表作是1661年刊行的《教條化的虛誇》，牛頓所讀的就是這本當時頗為風行的書[103]。牛頓注意到，清新的空氣，攝食，喝適量的甜酒有助於發展想像力，而酗酒，暴飲暴食，學習過度，心神不安則對之有害，但如果把極度的熱情傾注到思索想像之中，可能會使人發瘋。牛頓特別摘錄了書中所說的，人通過高度凝煉想像力可以影響約束引導別人的思想[104]。在另一處[105]，牛頓摘錄了 Glanvill 的書上相當長的一段[106]，討論如果把一個輪子劃分為二十四份，各以字母如 a, b, c, ... 標記。在輪子旋轉時，每一部分自然必須在前一部分移開，騰出位置時才有可能移動。牛頓問道，當輪子旋轉時，某一特定的部分，比如用字母 b 來標出的

---

[101] 這是稍晚 (1667–1668) 才在 *Philosophical Transactions of the Royal Society* 上發表的兩篇論文的主題。因為上述皇家學會學報到1666年才創刊，所以 Glanvill 在這方面的工作可能是稍早幾年的。用礦泉水治病之類見於1669年的一篇文章。

[102] 例如 A. 默頓，《十七世紀英國的科學，技術和社會》，范岱年等譯，成都：四川人民，1986，第223、351頁及以後。

[103] Add MS 3996, f. 43 109r (397).

[104] 牛頓所引的故事在 Glanvill 的書1661年版的第196–198頁。

[105] Add MS 3996, f. 59 117v (419).

[106] 原文在該書第26頁。

那部分，是在其原來位置上呢還是不在？如果在，那麼下一個部分，部分a，何以得以移入b所占據的位置；如果不在，難不成b早就離開了自己的位置麼？

　　Glanvill 的書在初版時似乎引起過很大的注意，其中對因果關係的看法為稍後的 Locke 所引用。他認為，要討論的是觀察結果的序列而不是什麼確實的關係❿。論者認為⓫，Glanvill 的哲學是一種新教條主義和理性主義的姻聯，強調懷疑和在科學中拋棄中世紀和古代學術的權威。他再三強調科學的進展不會同宗教發生衝突。在強調面對日常生活所提供的經驗事實方面，他顯然不同意笛卡爾的「虛幻的物理學」。

　　在牛頓從 Woolsthorpe 的農舍踏進劍橋大學三一學院大門後的最初一兩年裏，他所接觸到的就是這麼一個環境。一方面，大陸理性主義，機械論物理學和與之相連的哲學正勢不可擋地在英國思想界擴散，另一方面，英國傳統的哲學，神秘主義的思潮還有很大的影響力。這兩種本質上不相容的自然觀，在1661–1664年前後，在年輕的牛頓的筆記本裏平靜地耽在一起，相安無事。從牛頓的思想淵源來說，這兩者所構成的張力將要決定他一生工作的主要特點，方向和成果。我們稍後有機會看到，正是在這一時期，牛頓在他用以記錄數學和力學的成果的 Waste Book 中寫下了「論反射」，這被認為是牛頓在力學方面的最初研究。

---

❿　Glanvill 也因此被認為是 David Hume 懷疑論的濫觴，見 Richard H. Popkin, *Journal of the History of Ideas*, *14* (1953) 292–303.

⓫　Herbert Butterfield, *The Origins of Modern Science*, Rev. ed., New York: The Free Press, 1965, pp. 196–197; 此書有中譯《近代科學的起源》，張麗萍等譯，北京：華夏，1988，上引內容見第163頁。

第三章　神奇年代

　　牛頓自己曾說，1665–1666 年是他的創造力最為旺盛的時期。他所開列的屬於這一時期的工作幾乎覆蓋了十七世紀科學所有的主要方面，也包括了他以後近三十年中發表的大部分成果，而且所有這些又都是在幾乎與外界，尤其是學術界完全隔絕的情形下做出的，確乎神奇。

　　在這一章的以後幾小節中，我將依次考察牛頓在 1665–1666 年間在顏色理論，力學和萬有引力方面的工作。我將力圖說明，這些工作是當時科學研究主流的一部分，是對十七世紀上半葉的科學事業的發展，又是牛頓天才的最初顯現。但是我也將力圖說明，在神奇年代，牛頓並沒有解決他所說的任何一個問題：他的確提出了他將要解決的各個問題，並把正了解決的方向。就這一點來說，1665–1666年的確是神奇的：一個二十三歲的，只受過八九年正規教育的青年，竟然一蹴而就地站到了這個偉大的科學時代的最前端。

一、神奇年代

　　1665年夏，英格蘭發生瘟疫，劍橋大學因此暫停了學校的日常活動，讓學生教員各自回家。牛頓於是回到了闊別四年的 Woolsthorpe。這以後的十八個月是牛頓在科學上創造最豐富的時期。牛頓後來回憶說，

> 1665年初，我發明了級數近似法和把任何冪二項式化成這樣的一個級數的規則。同年5月，我發明了 Gregory 和 Slusius 的切線法，而在11月間得出了流數的直接方法。次年1月得出顏色理論，繼而在5月間，得出了反流數法。在這一年裏，我開始考慮延伸到月球軌道的引力，並且在搞清楚怎樣估算在球面內運動的球狀物體對於球面的壓力以後，從開普勒關於行星公轉周期同它們到各自軌道中心的距離成 3/2 次方比的定律中推出，把行星保持在它們的軌道上的力必與它們繞之旋轉的中心到行星的距離的平方成反比；我於是比較了把月球保持在她的軌道上所必須的力和地球表面的萬有引力，發現此兩力差不多密合。這些都是在1665和1666那兩個瘟疫年份做的，因為在那些日子裏，我正在發現旺盛的年代，對於數學和哲學的研究，懷有比以後任何時候更大的興趣。❶

這段被幾乎所有談論牛頓早期發展的著作所引用的文字，實際上是牛頓 1718 年給 Pierre des Maizeaux 的一封信中的一段。這時 Maizeaux 正在編寫一本《通信集》❷，收集了 Leibniz, Clarke, Conti, 當然還有牛頓的若干通信。他把這個集子的前言的清樣寄給牛頓，

---

❶　Add MS 3968.41, f. 85r. 後半段譯文在翻譯時參考過李珩的譯文，見氏譯丹皮爾《科學史》，北京：商務，1979年，第222–223頁。

❷　Recueil de diverses *Pieces sur la philosophie, la religion naturelle, ... par Messieurs Leibniz, ...*, Amsterdam, 1720.

而牛頓覺得有必要對他在不少方面的優先權再作強調，於是給
Maizeaux 寫了相當長的一個「答覆」。這個「答覆」使得 Maizeaux
大幅度地修改了他原來寫的前言，而上面這段著名的文字則成了後
來把1665–1666年定為牛頓的「神奇年代」❸的主要依據。

　　除了1666年3月到6月在劍橋住過一段時間之外，從1665年8月
到1667年4月，他完全耽在家鄉他渡過他童年的地方。有些作者認
為❹，在四年緊張的學校生活和搜索枯腸的冥思苦想之後，突然的
放鬆和寧靜的鄉間氣氛，必定大大幫助了牛頓，使得他的創造性得
以肆意發揮。

　　按我們現在所熟悉的科學分類，牛頓的工作可以大致劃歸三個
主要的方向。首先是關於顏色的理論和實驗。牛頓利用三稜鏡分解
日光得到了連續光譜。特別值得注意的是，這一工作在 1669–1671
年的發展中，牛頓系統地綜合了實驗和推理方法，使這一方法後來
成為科學方法的典範。

　　在1665–1666年間，牛頓還考察了物體的運動。日後讓牛頓永
垂不朽的運動定律和用以解釋行星運動的萬有引力定律都在這一時
期形成雛形。和以往的自然哲學家不同，他的工作不是猜想，而是
建立在數學分析之上的；和以往的天文學家也不同，他的工作不是
一種力圖描繪現象的數學模型，而是建立在物理原理之上的數學解

---

❸　1666年英國海軍在須德海燒毀頑敵荷蘭商船一百二十多艘，而倫敦又
　　從延燒十天的大火中迅速復興重建。英國作家 John Dryden 遂稱是年
　　為 Annus mirabilis 即「神奇年代」。後來科學史家借以形容牛頓在當
　　年的工作。F. Manuel, *A Portrait of Isaac Newton* 以此為一章，稍後
　　R. S. Westfall, *Never at Rest* 亦循此例，以後竟為俗成。

❹　F. Manuel, *A Portrait of Isaac Newton*, Cambridge: Belknap, 1968, Pt.
　　1, 4.

釋，這一解釋可以用天文觀測來驗證。牛頓的這一工作，為以後三個世紀的力學和天文學的發展規定了方向。

第三個方面是數學。牛頓在這兒所處理的，是他那個時代大多數學者熱烈關心的核心問題。但要把對於這些核心問題的研究真正變成完整的科學，還有很長的路要走。為達到這一目的地的關鍵手段，即處理變化的量和極限情形的數學工具還不完備。如果說牛頓的很多假說曾經被他以前的或和他同時代的學者提到過，那麼，牛頓的光榮在於他利用數學工具給出了嚴謹的推導。這些數學工具，特別是「流數」和「反流數」的概念，是牛頓對當時已有的數學理論所作的重大的發展和創造。我們現在看見的，題為「利用運動來解若干問題」的手稿❺，是牛頓在這一方面的最早工作，大約寫於1666年10月。手稿以八個命題開頭，考察了點以不同的速度沿這些曲線運動的情形。根據牛頓在命題 7 裏的解釋，這兒的「速度」事實上已是很接近微商的概念；而作為命題 7 的逆命題的命題 8 則討論了相當於我們今天所說的積分。這些概念經過半個多世紀的時間，在十七世紀末最終變成了數學分析理論。在這一手稿的後半部分，牛頓利用他的新方法討論解決了十七個問題，其中十三個是純數學的，另外四個❻則顯示了牛頓把新方法運用到引力分析上的努力。

從現代歷史學家看到的資料判斷，牛頓在上面這段回憶文字裏

---

❺ Add MS 3958, ff. 49–63, 即 HH I, 1, 原藏 Portsmouth 檔，1888年整理時歸入Sec I（數學），1962年在 A. R. Hall, *The Unpublished Scientific Papers of Isaac Newton*, Cambridge: The University Press, 1962, pp. 15–64 重印。

❻ 事實上是五個。科學史家一般稱四個，是因為這五道題中的兩道沒有按順序編號。見 A. R. Hall, *op. cit.*, pp. 58–59。

提到的事大致可信，他確實在這些方面進行了研究。但是，研究的成果遠非如他所說的那麼成熟。現代研究者因此常對「神奇年代」的說法有所保留。I. B. Cohen 稱之為 scenario❼，R. S. Westfall 稱之為「神話」❽，而 D. T. Whiteside，在引用了兩位現代最深入的牛頓研究者的成果的基礎上，得出結論說❾「難於證明」(有神奇年代)。事實上，牛頓一生特別是晚年，曾為發明的優先權問題和 Robert Hooke, G. W. Leibniz, 以及其他很多別的學者鬧得不可開交，在作上面一段回憶文字時他當然決不肯作絲毫妥協的表示，以使得他的競爭者有可乘之機。

二、1665–1666：手稿 Add MS 3975, ff. 1–22 中的光學

1665–1666 年間，牛頓在光學方面的注意力主要集中在白光的分解上。太陽光是最典型的物理學所謂的白光。當白光從空氣進入玻璃或水之類的介質時，常現出彩虹一樣的顏色，這種現象叫做白光的分解。我們現在知道，這種現象的出現涉及光的兩個性質。一是光從一種介質進入另一種密度不同的介質時光線的傳播方向會發生偏轉，二是不同顏色的光線的偏轉程度不同。前者叫折射，後者叫色散。

---

❼　原係意大利語，意為「生造的情節」，見 *Scientific American*, *244* (1981) 179.

❽　Myth, 見 RSW, p. 143.

❾　D. T. Whiteside, *Notes and Records of the Royal Society of London*, *21* (1966) 33.

　　玻璃碎片在陽光下顯得五彩繽紛，當然能激發詩人的想像，但是對十七世紀辛辛苦苦磨製鏡片的學者來說，這實在是令人惱火的事：通過顯微鏡或望遠鏡得到的物象被莫名其妙地加上了五顏六色的花邊，產生了畸變。這個問題吸引了當時很多學者的注意。據牛頓自己說❿，他正是在磨製鏡片時注意到這一問題的：

　　　　1666年初，（那時我正在從事磨製一些非球面形的光學透鏡），我做了一個三角形的玻璃稜鏡，以便試驗那些著名的顏色現象。為此，我弄暗了我的房間，並在窗板上開了一個小孔，讓適度的太陽光進入房間，然後我把我的稜鏡置於光的入口處，使光由此折射到對面的牆上。起初我看到那裏產生的那些鮮豔濃烈的顏色，頗感有趣，但經過較周密的考察之後，我驚異地發現它們是長條形的；而根據公認的折射定律，我預期它們的形狀應該是圓的。

這是牛頓在六七年以後對他1665–1666年間工作的回憶。令人吃驚的是，上文中「那時我正在從事磨製一些非球面形的光學透鏡」云云顯係誤記。因為根據 Fitzwilliam 筆記本中牛頓的收支記錄，他購買磨製鏡片所必須的材料工具是在1667年的春天。現代研究者❶ 因

---

❿　牛頓致 H. Oldenburg，1672年2月6日，Add MS 3970, f. 460r. 本信原件已佚，這是牛頓在劍橋的同學 John Wickins 保留的一個抄件。該信同年2月19日發表在 *Phil. Trans.*, 80, pp. 3075–3087. 現代研究者常用的是 *C*, v. 1, pp. 92–102, 所載的版本。這是這封信的一個抄件和上述 *Phil. Trans.* 版的一個校勘本。中譯見上海外國自然科學哲學著作編譯組譯《牛頓自然哲學著作選》，上海：上海人民，1974，第81頁。關於這封信的較為細致的討論見下一章第二節。

此對於牛頓關於顏色和太陽光的工作是不是純粹從現象開始的歸納分析，常有保留。

事實上，折射現象早在托勒密時代就有研究❷。九百年以後，Ibn al-Haytham 又把這一研究進一步深入❸。Al-Haytham 認為，光以極大的速度傳播，如果碰見物體，其傳播就會受到阻礙。不透明物體的阻礙最大，所以光無緣透入；透明物體的阻礙小些，光能穿過表面，進入物體，但仍受物體中的物質阻礙，運動因此減慢。唯這種阻力只發生在和物體表面相垂直的方向上，所以當光以斜角照射在物體上時，必須把光的運動分解為兩個相互垂直的分量來分析。Al-Haytham 認為，既然阻力只發生在與表面相垂直的方向上，光的運動應當只在這一方向上受阻變慢，而平行於物體表面的運動依舊不變。根據運動的平行四邊形合成法則，光的運動方向於是發生偏轉。

笛卡爾的做法和 al-Haytham 一脈相承❹，不過他更加明白地把光想像為小球，由此出發對光的折射作了細致的分析❺，從而把光

---

⑪　A. E. Shapiro ed., *The Optical Papers of Isaac Newton*, London: Cambridge Univ. Press, 1984, v. 1, pp. 10–11.

⑫　參見 A. Lejeune, *Annales de la Société Scientifiques de Bruxelles*, s. 1, *60* (1940) 93–101, 托勒密的研究見於 *Optica*, V, 19, 31, 33.

⑬　Ibn al-Haytham, *Optica*, VII, 8, ed. Risner, pp. 240–242, 綜合性的介紹見 H. J. J. Winter, *Centaurus*, *3* (1954) 201.

⑭　事實上，我們知道笛卡爾的確受過阿拉伯學者如 Ibn al-Haytham 等人的著作的影響，參見例如 A. I. Sabra, *Theories of Light from Descartes to Newton*, London: Oldbourne, 1967, p. 12, 但細致的情形還有待考究。

⑮　參見 La dioptrique, 這是氏著《論方法》的一個附錄, Second Discourse:

現象納入了他的機械論哲學體系。

　　根據笛卡爾物理學，不同的顏色是用上述小球的不同的旋轉方式來解釋的。色散顯然使笛卡爾演繹哲學遇到了困難。在論虹的形成的專篇論文裏❶，笛卡爾對虹的分析明顯地採用了從現象出發的分析方法，這和他一貫提倡的從少數不證自明的原則出發以邏輯推演建立體系的做法頗為不同。他首先注意到，不僅是雨後，而且在噴水池邊，都可以看見虹霓現象。於是他正確地推想，虹霓是小水珠折射太陽光形成的。他於是把一個球形玻璃容器貯滿水，當作「一個非常大的水滴」， 用以研究陽光穿過這水滴時的情形。他發現，當水球的下邊緣到眼睛的連線和陽光照射的角度為42°時，水球下邊緣「就呈全紅色並比其餘部分更亮」， 而「將該角稍微縮小時，這顏色不是立即全部消失，而是好像先把自身亮度較差的兩個部分，可以從中看到黃色，藍色和其他顏色……」接下來笛卡爾把一個水珠的情形推廣到很多很多水珠的情形，從而解釋了虹霓的出現❶。

　　　Of Refraction, Paul J. Olscamp 英譯, Indianapolis: The Bobbs-Merrill, 1965, pp. 75–83. 中譯見於蔡賓牟譯《物理學原著選讀》，北京：商務，1986， 第281–289頁，唯其所依據的英譯本 W. F. Magie ed., *A Source Book in Physics*, New York: McGraw-Hill, 1935, 稍嫌老舊。

❶　*Meteors*, VIII, 英譯見前引 P. J. Olscamp 譯本，pp. 332–345. 細致的討論見 C. B. Boyer, *The Rainbow*, 1959, rpr. Princeton: Princeton Univ. Press, 1987, pp. 200 ff.

❶　笛卡爾相信他是第一個得到這一結論的學者。事實上，波斯人 Kamal al-Din al-Farisi 和日爾曼人 Theodoric of Freiberg 在他兩百多年前就完成了類似的實驗。參見 D. C. Lindberg, *Theories of Vision from Al-Kindi to Kepler*, Chicago: Univ. of Chicago, 1976, rpr. 1981, p. 123 和 A. I. Sabra, *op. cit.*, p. 62, n. 56. 上文和下文所引的笛卡爾，均用前注所列蔡譯，個別字句稍有改動。

　　但是他同時還認識到，「既然還有許多其他射線也能在球形容器處於其他位置時經兩次折射和一次或兩次反射後射入眼中，那為什麼只有我在上面提到的射線顯現顏色呢」？ 為此，笛卡爾問道，是否還有其他方法可以使顏色出現？「我記起稜鏡或三角玻璃也能表現同樣的顏色」。笛卡爾接著描述了他用稜鏡重新造出虹的實驗。他注意到陽光通過稜鏡以後表現出多種顏色，他指出這是虹產生的原因。

　　牛頓 1665–1666 年間用稜鏡所做的實驗是笛卡爾工作的繼續❶。在所謂的「化學筆記本」❶❾裏，牛頓記錄了他的實驗設置。他讓從小洞裏射入房間的光束通過稜鏡，並在稜鏡後面 260 英寸的牆上得到了長約7–8英寸，寬2¾英寸的太陽光光譜❷。在此以前，在大約寫於1664年的一則筆記中，牛頓曾經注意到過「不同顏色的不同折射」❷❶，但這兒我們所看見的顯然是更完全的表述。牛頓還做了進一步的實驗以排除稜鏡本身的製造缺陷，並證明了這也不是由把太陽圓面簡化為一個光點而造成的差錯。最後，利用了「三個或更多的稜鏡」，牛頓又成功地把已經被分解了的白光重新合成，從

❶　事實上，早在1664年牛頓就注意到了笛卡爾關於光的解釋和「小球」的比喻，見 Add MS 4004, f. 1v & ff. 1v–2r, 該手稿後來刊於 D. T. Whiteside, *The Mathematical Papers of Isaac Newton*, v. 1, pp. 551–544, 555–558. 牛頓後來在1726年8月31日對 Conduitt 說他在1665年8月買了一塊稜鏡「以試驗笛卡爾關於顏色的書裏所提到的實驗」。見 Keynes MS 130.10, f. 2v, 或 *MP*, v. 1, pp. 15–19.

❶❾　Add MS 3975, ff. 1–22. 全文見 J. E. McGuire and M. Tamny, *op. cit.*, pp. 466–489.

❷　Add MS 3975, f. 2. 這在技術上並不容易，討論見上引書, pp. 242–262.

❷❶　Add MS 3996, f. 70 122v (435).

而從相反的方向證明了白光是多種顏色的光的混合體❷。

　　但是，牛頓在這份寫於他「創造年代」的手稿裏沒有對上述實驗及其結果作任何理論上的分析，也沒有對其所以然作任何解釋，甚至於沒有作概括性的小結。所有這一切，都還要等到六年以後，才出現在1672年2月他提交給皇家科學院的關於光學的報告中。牛頓之所以沒有在「神奇年代」完成他的顏色理論，原因可能是多方面的。但最重要的，恐怕是他當時尚未完全脫離笛卡爾對光的機械論解釋的影響，也還需要時間重新考察 Huygens 和 Hooke 關於顏色是光在不同物體上的不同反映的修正說。雖然史料尚不允許我們作明白的判斷，但牛頓對於顏色的研究並不是獨立於當時研究潮流的神來之筆，應當是很明白的了。

三、1665–1666：手稿 Add MS 4004 中的力學思想

　　和十七世紀大部分歐洲學者一樣，牛頓對笛卡爾的物理學深感興趣。我們還記得，笛卡爾給出的世界圖景是一個物質充斥的宇宙，各種各樣的物質微粒緊密地排列在一起，不留一點空隙。其最細密精致的部分是「第三類物質」，叫做 matiere subtile 或「精細物質」。凡是通常我們所能看見的物體如星辰日月所沒有占據的地方，都由這種「精細物質」所充填。從這個意義上說，笛卡爾宇宙又是一個連續的物質整體。宇宙間的所有變化，最終可以歸結到這種物質的運動。因為這種物質是連續的，所以其某一部分的運動必然造成全

---

❷　Add MS 3975, f. 12.

體的運動：a 部分的運動必然使得 b 部分前來彌補由此運動產生的空位，而 b 的移動又同樣造成 c 部分前來彌補空位。依此類推，c 又造成 d 的移動，d 則造成 e，e 則 f，如此無窮無盡，直到所造成的空位恰為 a 所填充。不難想像，這樣所形成的運動構成了一種封閉的環。這就是笛卡爾物理學所謂的 vortex 或渦漩。既然精細物質充斥宇宙，無所不在，既然它們的運動是一種渦漩，不難想像，被裹脅其中的日月五星也自然地一起作圓周運動。這可以粗略地看作笛卡爾的宇宙圖景。理解這一圖景的要點在於，物體的運動是相對於它相鄰的物體而言的；物體運動如果發生改變，那一定是由於在和相鄰物體的接觸中發生了運動的傳遞。

我們還記得牛頓最早的關於運動的筆記和他關於「受迫運動」的種種議論。那時候，他聽起來還是在用亞里士多德物理學的觀念在分析問題。雖然在那以後運動主題幾乎不見於他在三一學院筆記本裏的海闊天空的討論，我們仍舊知道他一定還在孜孜追求探索。就在為瘟疫離開劍橋的前幾個月，他在所謂的 Waste Book 裏寫下了一則「論反射」的札記[23]。科學史家相信，這段文字是牛頓力學發展的最早記錄。

Waste Book 實際上是牛頓的繼父 Smith 神父用來記錄神學問題，或者還有他自己的神學經驗的一個筆記本。Smith 氏寫下的最早的記錄是1612年5月12日。可是在以後的四十幾年裏，他好像沒有充分利用這本筆記本；到他去世的時候，這本一千一百九十四頁的大本子大部分還是空白的。牛頓很可能是在五〇年代繼父去世時得到了這一本子，然後用來作為自己的札記[24]。在封面上有牛頓手

[23]　Add MS 4004, f. 10 ff. 即 H II b.

[24]　這本筆記本最早在1727年牛頓去世時被 Thomas Pellet 著錄，1888年

寫的 "Waste Book" 兩字，其意義頗為費解，大概當時大家認為這
是一本沒有什麼用處的本子也未可知。但是我們現在知道，這可不
是一本「廢書」，其中很多則札記實際上「蘊藏有牛頓最早的科學
和數學觀念」㉕。六〇年代中，John Herivel㉖把 Waste Book 中關
於力學，尤其是和《原理》有關的部分整理出來作了系統的研究，
牛頓早年的力學思想的發展脈絡由是漸呈清晰。

　　筆記本的第十頁上牛頓列出標題「論反射」㉗，頁邊寫有「1664
年1月20日」㉘。這是一則研究碰撞的札記。牛頓在這兒研究了大
小㉙和運動各個不同的兩小球在碰撞前後的運動情形。這一論題曾
是笛卡爾物理學的一個主題㉚。從論題和討論問題的方式可以清楚

　　　　被編入劍橋手稿目錄，檔案號為 Add MS 4004, 1965年 H. W. Turnbull
　　　　編輯 *Correspondence* 時再被提到，但未聞有全面的研究，僅其力學部
　　　　分被抽出彙編成書（見下 J. Herivel）。

㉕　I. B. Cohen, *The Introduction to Newton's Principia*, Cambridge: Har-
　　vard Univ. Press, 1971, p. 12.

㉖　John Herivel, *The Background to New-ton's Principia*: *A Study of
　　Newton's Dynamical Researches in the Years 1664－1684,* Oxford: the
　　Clarendon Press, 1965.

㉗　Add MS 4004, f. 10, 即 H II b, Of Reflection, *op. cit.*, pp. 132–135. 案
　　牛頓時 Reflection 或指光的反射，或指物體在碰撞中反彈。本文常以
　　上下文文義為依據，分別譯作「反射」或「反彈」。

㉘　這是 Add MS 4004 中僅有的一兩則表明日期的札記。可是大部分研究
　　者都把它讀作「1665年1月20日」，即假定牛頓寫下這一日期時用的是
　　舊曆。細致的討論見上引 J. Herivel, pp. 92–93.

㉙　原文是 bulke，其意義介於今日的重量和尺度之間，帶有很重的笛卡
　　爾物理學的色彩，今故譯為「大小」，希望能傳達這種模糊的意義。

㉚　R. Descartes, *Principles of Philosophy*, Pt. II, Arts. 36–40.

地看出，牛頓是從笛卡爾開始他的新力學的。

在這一頁的反面❸，牛頓寫下了十三條「定義」：例如「移動」被定義為「一量從延展❸的一個部分轉移或轉換到另一部分」；而「力」則被定義為「一物對於另一物的壓迫或擠壓」❸。我們再一次注意到牛頓在描述運動時使用的是和物體相連的「延展」的說法，而力也只有在兩物體相接觸時才有定義。抽象的空間概念和超距作用的力的概念還完全沒有蹤影。和我們以前所注意到的一樣，這一則札記再一次提示了牛頓力學和亞里士多德和笛卡爾的血緣關係。

下面兩頁牛頓引進了一套公理——命題系統❸。從文義上說，這似乎是上面「定義」的直接延伸，但從寫作時間上考證，當較前文晚半年左右❸，這在牛頓的概念使用上可以清楚地看出來。

公理 1 表明牛頓已有了完整的慣性定律：一量一旦運動，將永不止息，除非有外因阻止之。公理 2 補充說，一量將常在同一直線上運動，不改變方位快捷，除非有外因改變它。在稍後的公理 100 中，牛頓把這兩條公理合併成更完善的形式❸：每一事物自然保持它現有狀態，除非有外因介入……一物體一旦運動，即常處於同一速率，運動量和方向的運動上。

公理 4 談論運動和力的關係，或可視為日後的運動守恆定律的

---

❸　Add MS 4004, f. 10v, 即 H II c, pp. 136–139.

❸　原文是 Extension，是笛卡爾哲學用語，直譯作「延展」，頗為笨拙且不易解。雖然牛頓在別處 (Add MS 3958 (5), f. 81) 確實將本詞與「空間」space 連用，但在本例中，以上下文考察，似不宜遽然改變原意。

❸　J. Herivel, *op. cit.*, 定義1, p. 136 和定義 9, p. 138.

❸　Add MS 4004, ff. 10v–12, 即 H II d, pp. 140–150.

❸　J. Herivel (p. 93) 將其寫作時間定為1665–1666.

❸　H II e, p. 153.

最朦朧的形式：為消滅一物中某一定量的運動所需要的力恰等於要
產生這一運動所需要的力。牛頓在公理5，6 和 23 中還發揮了相類
似的觀念。

公理 20 論受環狀約束的小球的運動。使科學史家困惑的是，
就在這同一本筆記本的第一頁，Smith 神父列出的小標題「神」的
下方，也有一則札記，討論受約束的小球的圓周運動❸。從論述內
容看，這段札記顯然晚於我們上面討論過的 MS II c 和 MS II d，當
屬於較成熟的年代，即1665-1666年間。但牛頓在使用繼父的筆記
本時為什麼突然跳過了十頁不寫，後來又為什麼反過來再用這十頁
寫一則札記，至今令人不解。在這一段文字中，牛頓先假定小球在
外切於環形約束的四邊形框邊上「反彈」，說明小球的運動因此受
到了「修正」，亦即從直線運動改變為在框內反覆衝折的折線運動。
然後把想像中的外切 4 邊形變為 8 邊形，16邊形，乃至1000邊形，
乃至無窮多邊形，從而得出了作圓周運動的小球的受力情況。在公
理20中，牛頓斷言如果沒有這種約束，小球將沿著切線方向飛離中
心。正是由於外加的約束的「不斷的修正和反彈」，小球才離開它
原來運動的方向，保持和中心的等距離運動。

如果這段札記確實是在1665-1666年寫的，那的確有些神奇。
我們看見牛頓正在小心翼翼地逼近新物理學的核心概念，那就是
「力」。牛頓現在似乎已經模糊地認識到，力是運動改變的原因。在
公理104中❸，牛頓寫道，「這就說明，為什麼對於有些運動物體需
要強有力的原因，而對有些則只要稍弱的原因，來加強或減緩其速
度。這一原因的實際作用通常叫做力」。稍下，公理108說「根據自

❸　Add MS 4004, f. 1v, 即 H II a.

❸　Add MS 4004, f. 12, 即 H II e, p. 156.

然的啟示，相同的力在相同的物體中引起相同的變化」。 就把力和
「變化」聯繫在一起而言，這一表述似乎可以被看作日後第二定律
的最初形式。

關於兩物體的相互作用，牛頓在同一手稿裏表現了相當成熟的
認識。在公理 121 旁邊的頁邊上❸，牛頓寫道，關於物體在反彈中
的相互作用力，而該公理本身則多少類似於日後的第三定律：「……
因此，它們（案指碰撞所涉及的兩物體）在它們的運動中一定承受
了相同的變化」。 牛頓接著舉例說明他所說的「變化」：「如果兩物
體 p 與 r 相遇，各自的阻力相同，p 給予 r 多少壓力，r 也給 p 相同
的壓力」。

手稿 Add MS 4004 所記錄的是1665年初至1666年牛頓關於力
學的思索，當是牛頓力學的最初和最原始的形態。除了當時學界已
經熟知的慣性定律即以後的以牛頓命名的第一定律之外，第二和第
三定律也有了模糊的形象。如果我們認為這就是牛頓力學，那麼
1665–1666 這十八個月對於這個二十三歲的大學生而言的確是神奇
的。但是，如果對這套手稿作稍微細致一些的考察，我們就不難發
現，這些語錄式的陳述中夾雜著大量的歧義紛繁的詞字❹，有些是
亞里士多德的，有些是笛卡爾的，更有些是借用的日常詞彙。我們
還不難注意到，不少定義，如定義 2 和 3，不僅冗長，而且費解。
事實上，這種用詞上令人困惑的情形，正是概念本身令人困惑的反
映。牛頓現在直覺地感受到的自然現象，離開嚴格的科學還很遠。

---

❸　Add MS 4004, f. 13.

❹　除去在正文註釋中提出過的，我們還可以舉出 crouding 和 press (Def. 9, f. 10, 即 H II c)，hinder 和 help (Ax. 104, f. 12, 即 H II e)，celerity (Ax. 111, f. 12, 即 H II e)，mutation (Ax. 121, f. 12, 即 H II e) 等等。

力學的下一步發展，有待於概念上的突破。

我們還可以清楚地看到，當牛頓談論力和運動的變化時，例如在公理118的表述中，他的數學工具不夠：比例和複比例在描寫變化的量方面顯得非常笨拙。如果沒有數學上的進一步突破，力學的下一步發展也是一句空話。我們行將看到，在1665–1675的十年中，牛頓關於力學的工作竟可以簡單地歸為兩個方向，即概念和數學工具的發展。牛頓自然不是未卜先知地在這兩個方向上努力，但是力學日後的發展的確肯定了他努力的方向。

四、月地檢驗

利用萬有引力概念說明天體運行的規律，進而驗之以月球的運動，是牛頓一生貫穿始終的事業，也是牛頓引以為驕傲的一項成就。據牛頓自己說，這一工作開始於「1665和1666那兩個瘟疫年份」，而廣為流傳的蘋果的故事更使這一努力家喻戶曉。

月球繞地運行是久為人知的事實。早在古典文化發軔之初，亞里士多德❹就注意到天體的運動有兩個明顯的特點。一是所有的天體都作圓周運動，二是所有這些運動都是永恆的，經年累月不見衰竭。反觀地面上的任何東西，不是上升如裊裊炊煙，就是下落如高山墜石，沒有一件能自由地作圓周運動。而且，不管運動持續多久，終有止息的一天。亞里士多德由此認為，天地萬物實在是兩大類：一是「月上」，是為日月星辰，一是「月下」，即我們日常所見的種

---

❹ Aristotle, *De Caelo*, J. L. Stocks 英譯，I, 2–3, 268b14–270a12; II, 12; 等等。綜合性的敘述見 G. E. R. Lloyd, *Early Greek Scinece: Thales to Aristotle,* New York: W. W. Norton, 1970, pp. 109–112.

種物事。自第谷觀察彗星，打破了月上月下的界限，天體運行的原因和機制始為一個問題。開普勒以為是磁力，笛卡爾解釋作渦漩，但或不能形成自洽的理論，或無法和已有的天文觀測資料相印證，因此常不能令學者滿意。特別是十七世紀中葉以後，笛卡爾的渦漩學說受到了普遍的質疑，運動的慣性定律漸為學術界所了解接受，「月球為什麼不飛離地球」即成了大問題。因為按慣性定律，任何物體如無外因干涉，當作直線運動，所以月球的圓周運動就需要一個解釋。

牛頓至遲在 1665 年初就對圓周運動的本質有了認真的研究❷。他注意到，實現圓周運動的一個必要條件是必須持續不斷地修正運動方向。牛頓最初把這種修正想像為一個環狀的框，運動中的小球被限制在其中，不斷地在框的內壁上反彈，於是該小球沿圓周切線方向飛離的「傾向」不斷地被克服，小球遂沿著環形路線運動。

對於月球，要實現其圓周運動，不使它沿切線方向飛離，也需要一個能時時修正其運動方向的因素。牛頓很自然地想到讓引起蘋果下墜的力充當這個因素。如果這力能延伸到月球軌道，那麼月球也會像蘋果一樣落向地心；如果月球下落的距離恰為地球表面的彎曲所抵銷❸，月球就會既不飛離，也不落向地球，而能始終和地面

---

❷ 參見例如上一小節討論過的 Add MS 4004, f. 1v.

❸ 有一些牛頓研究者認為，牛頓關於月球繞地運行的解釋可能來自伽里略，見 Stillman Drake，《科學》1980年12期，第76–83頁。查《兩大世界體系的對話》，伽里略確實提到（中譯本第257頁；S. Drake 英譯，第199頁及以後），拋射體的運動是沿著「地平線進行的，而如果拋出物的重量不使它向下彎曲，則將以均速沿地平線繼續運動」。 伽里略尚未有十分的把握把上述對拋射體的論證運用到月球上去。在另一個地方（中譯本第303–304頁，英譯本第234頁及以後），伽里略說，「如

保持相等的距離，即在一個環繞地球的圓形軌道上運行。這正是我
們所熟知的現象。

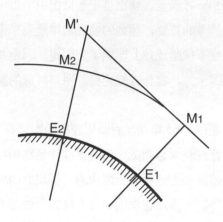

附圖

如果沒有「下墜」這一修正，在一段時間後月球當從 M_1 點沿切線方向運
動到 M'。但因月球「也如蘋果一樣落向地心」，它實際上是出現在 M_2 點，
或者說「下落」了 $M'M_2$ 這段距離。又因地球表面對應於 M_2 的 E_2 點也
較原來對應於 M_1 的 E_1 點向下彎曲了相同的距離，那麼從地球上看，月
球與地球的距離 M_2E_2 正等於原來的 M_1E_1。

牛頓進一步分析說，既然月球繞地運行的周期即一個恆星月是
已知的，那麼利用月球到地球的距離，可以算出月球在其軌道上運
行的線速度。這個速度引起的月球脫離圓軌道，沿切線方向飛離地

果他能夠教給我什麼是使地上萬物落下來的原因」，他就能說明地球
和月球的運動。但是他說他對通常大家說的「引力」的本質毫無所知，
所以不願意用它來解釋天體的運動。我們知道牛頓的確讀過倫敦1661
年出版伽里略上述著作（Thomas Salusbury 版），但目前尚無的證表
明牛頓的想法確實從此而來。

球的「傾向」也可以通過計算得出。既然上文要求這種傾向應當恰恰被月球的「下落」所抵銷，那麼引起蘋果下落的重力延伸到月球軌道時想必恰恰等於上述離心傾向。假定重力是按距離的平方反比規律變化的，它延伸到月球軌道時的大小也就能通過計算得出。如果這一結果恰與月球的離心傾向相合，則月球的運動就得到了定量的說明。

　　牛頓晚年多次向人說起❹，他是在他的花園裏，看見蘋果落地而悟出上述對月球運動的解釋的。最詳細的記錄見於 William Stukeley (1687–1765) 的回憶錄❺。Stukeley 在1726年4月15日造訪

❹　按發表順序來說，最先提及蘋果故事的是一個在劍橋受教育但是對牛頓的工作持否定態度的怪僻的人，Robert Greene (1678?–1730)，見氏著 *The Principles of the Philosophy of the Expansive and Contractive Forces...*, Cambridge, 1727, p. 972. 他說他是聽 Martin Folkes (1690–1754) 說的，後者在牛頓任皇家學會會長時擔任過一年副會長 (1722–1723)。因為 Greene 其人很不為人所知，所以通常認為是伏爾泰第一個報導了這一則軼事，事在 *Elements de la philosophie de Newton, divices en trois parties*, 1738年初版，現在比較容易看見的重印版本是 *Oeuvres*, Paris, 1830, t. 38, p. 196, 他說他是聽牛頓的外甥女 (Catherine Barton, 1679–1740) 說的。但伏爾泰沒有明確說是蘋果樹，只是說「有些果子從樹上落下 (tomber des fruits d'un arbre)」。在他1734年匿名出版的 *Lettres ecrites de Londres sur les Anglois et autres sujets* 中已有類似的故事，但沒有提及故事的來源。細致的討論見於 D. McKie and G. R. de Beer, *Notes and Records of the Royal Society*, 9 (1952) 46–54.

❺　William Stukeley, *Memoirs of Sir Isaac Newton's Life*, Hastings White ed., London, 1936. 這份九十頁的回憶錄寫於 1752 年，但始終沒有刊印。1931年 Stukeley 的後人 Oliver S. F. St. John 委託蘇富比將手稿拍賣，後為皇家學會所得，卒於1936年出版。以此原因，牛頓的早期研

牛頓。共進晚餐後，「天氣頗暖，我們走到花園裏喝茶。他和我兩人坐在蘋果樹的樹蔭裏，在談論中，他告訴我，多年以前，正是在這樣的情形下，萬有引力的概念出現在他心中。當時恰有一只蘋果從樹上落下來，而他又恰恰在沉思之中……」

牛頓的解釋方案比亞里士多德基於「天體運動的完美和永恆」的哲學和笛卡爾的渦漩學說有一個明顯的長處，即他的理論是數學化的，從而可以利用數學進行推理，而結果也可以利用觀測和實驗來檢驗。

細看牛頓的說法，知要完成驗證，首先要算出月球脫離地球的「傾向」即我們現在所謂的離心力；然後要能證明重力是按平方反比的規律起作用的。

據牛頓後來說[46]，他在1666年前後就知道怎樣估算上面所說的「傾向」即離心力了。從現存的手稿看，牛頓確實很早就注意圓周運動了。本節開始時討論過的牛頓關於小球在環形約束下的運動，見於 Waste Book，時間當在 1665 年初。稍後[47]，他計算了地球運動引起的離心力和重力之比[48]。牛頓並沒有採用我們現在所熟悉的

究者如 David Brewster 都未及利用這一材料。下面的引文見於是書第19–20頁。

[46] 見牛頓1686年6月20日和7月14日致 Halley 的信。在前一封信中，牛頓回憶說平方反比定律是他在「十五年前或更早」發現的，見 C, v. 2, pp. 435–441, esp. p. 437; 後一信中他說，應該是「十八年或十九年前」，op. cit., pp. 444–445.

[47] J. Herivel 把這份手稿定為1665–1666年，並且「肯定早於1669年」。見氏著 Background, p. 93.

[48] Add MS 3958, f. 45, 即 H III，這份手稿有時被叫做 Vellem 手稿，最初的介紹見於 A. R. Hall, *Annals of Science*, *13* (1957) 62; 後來 J.

離心力公式 $a = v^2 / r$，這兒 v 是物體的運動速度，而 r 是所論圓周的半徑。現在的牛頓研究者猜想，在這些早年的工作中，牛頓用的大概是 Waste Book 中增加外切多邊形的邊數，逐漸逼近圓軌道的方法，這一方法後來同樣出現在《原理》的證明中[49]。在一六六〇年代中期的另一份手稿[50]中，牛頓對圓周運動中飛離中心的傾向做了計算，並試著以這一算法解釋月球的運動。他寫道，「在不同的圓周（運動）中，飛離中心的傾向為直徑除以運行周期的平方，……」[51]稍作變換即可得上述v^2 / r的表達。這使不少牛頓研究者[52]相信牛頓在1666年前後確有獨立算出離心力的能力。

要完成月地檢驗另一個必須的前提是力的平方反比定律。這個定律的來源頗為離奇。Ismael Bullialdus (1605–1694)[53]在1645年發表了 *Astronomia Philolaica*，討論開普勒定律。他不同意開普勒對驅動行星運動的力只是在一個平面上傳播的推測。他認為，如果有這種力的話，其作用應當是散布在各個方向上的，因此，其大小也應當隨其距太陽的距離的平方減弱，正如光在傳播中強度按距離的平方減弱一樣。儘管 Bullialdus 的書曾經是學者了解開普勒的主要

Herivel 又做了較系統的研究。

[49] *Principia*, Scholium to Prop. 4, Theor. 4, 參見 Florian Cajori 的英譯本，Los Angeles: Univ. of California Press, 1962, p. 47. 如無別注，下文 *Principia* 均指 Cajori 譯本。

[50] Add MS 3958 (5), f. 87, 即 H IV a.

[51] *Op. cit.*, 2. Corollary.

[52] 參見 A. R. Hall, *op. cit.*, p. 68, 他似乎同意 R. Dugas, *La mecanique au XVIIe siecle*, Paris: Dunod Editeur, 1954, p. 360, 的說法。

[53] 參見 Max Jammer, *The Concept of Force*, Cambridge: Harvard Univ. Press, 1957, pp. 92–93.

媒介之一，這樣一種基於類比的推理方式對一六六〇年代的學術界仍舊沒有什麼說服力。據牛頓自己說，他是「從開普勒關於行星公轉周期同它們到各自軌道中心的距離成3/2次方比的定律中」推出平方反比定律的。如果前幾段關於離心力計算的討論成立，那麼牛頓的這一說法屬實的可能性就很高。因為平方反比定律可以通過合併開普勒的上述定律和離心力公式簡單地得出。由此可見，牛頓在1666年利用他已有的知識作「月地檢驗」是可能的。在事後大約五十年，牛頓說他當時「發現此兩力差不多密合」**❸**，也就是說他曾做了定量的估算。

從上文關於月地檢驗描述可知，要算出月球飛離地球的傾向即月球的離心力，必須知道恆星月的長度以及月球到地球的距離；要根據平方反比定律算出延伸到月球軌道上的重力的大小，則必須知道地球表面的重力值即我們今天所謂的重力加速度和月球到地球的距離。利用牛頓當年可能採用的這些經驗數據的具體數值**❸**按月地檢驗的思路重作計算，結果似乎不能算作「差不多密合」。 而按我們關注的 Add MS 3958, f. 87 的「系」給出的算法算**❸**，地面重力加速度為27英尺／秒^2，而實際測量值是32英尺／秒^2，相對誤差幾達1/6 (15.625％)，自然也不能說是「差不多密合」。 事實上，現代牛頓研究者重做的估算與牛頓當時的人的回憶錄更相一致**❸**。

---

❸ 參見本章**❶**。

❸ 按 Add MS 3958 (5), f. 87, 恆星月取27天7小時又43分；月地距離取60個地球半徑；按 W. Whiston, *Memoirs*, London, 1749, v. 1, p. 35 和 H. Pemberton, *A View of Sir Isaac Newton's Philosophy*, Dublin, 1728, Preface, 牛頓對地球的大小採用緯度每度60英里，按 Vellem 手稿即 Add MS 3958, f. 45, 1英里取作5000英尺。

❸ 參見 A. R. Hall, *op. cit.*, p. 69.

其實，要真正用月地檢驗來驗證萬有引力定律，除了當時的數據，尤其是地球半徑值嚴重偏小外，還有一系列的理論問題。首先，在整個估算中，地球和月球均被當作一個數學點處理，這一做法的合理性的嚴格證明還要再等將近二十年才最終完成❸。其次，按牛頓當時的物理學，碰撞是唯一的可以想像的力的作用。因此，要假定引力能延伸到月球軌道，必須對力的本質有所說明❸。我們行將看到，為此牛頓還要再努力十幾年。事實上，理論和估算兩方面所反映出的這麼多的問題甚至使牛頓考慮過除引力之外其他因素作用的可能。但是牛頓在這兒所遭遇到的複雜和艱難終於逼使他暫時放開了對引力和天體運動問題而轉向了其他問題的研究。

❺ *Op. cit.*, Whiston 和 Pemberton，前者說牛頓「頗感失望」，後者說計算結果「未能於預期相合」。

❸ 完整的證明見於《原理》第一篇，第十二節，命題75，英譯本第197–198頁。I. B. Cohen (*DSB*, v. 10, p. 90) 根據牛頓 1686 年 6 月 20 日給 E. Halley 的信，*C*, v. 2, p. 437，認為牛頓很可能直至1685年夏天才完全作出這一證明。一個利用現代數學表達方式的證明見於 R. Resnick & D. Haliday, *Physics*, New York: John Wiley, 1977, Ch. 16, Sec. 6, 本書有鄭永令等中譯本，《物理學》，北京：科學出版社，1980，上引證明在第一卷第二冊，第503–505頁。

❸ 伽里略曾正面拒絕過把「引力」作為天體運動的原因的假定。當 Simplicio 作此建議時，伽里略的代言人 Salviati 說，「你錯了，……你應當說誰都知道它叫做『引力』。 我問你的不是它叫什麼名字，而是它的本質，而你對它的本質和你對那個使星球運動的原因，同樣地毫無所知……」（英譯本第234頁，中譯本第303頁）。

五、手稿 Add MS 3958.81 和 Add MS 4003 中的空間和力的概念

要把力的作用延伸到月球軌道上去，僅僅破除亞里士多德和笛卡爾的觀念還是不夠的。1666年夏天牛頓在蘋果樹下徘徊時，考慮得更多的恐怕不是如何摧毀這兩位大師的體系，而是如何建立與之抗衡和競爭的新體系。

手稿「運動定律」❻❶共有八頁，由小標題分為三個部分，即「移動單一物體的情形」，「物體如何被反彈」和「關於運動的一般評論」。 牛頓一開始就定義運動。他說，物體離開一個地方或空間的一個部分，通過中間的空間而進入另一個地方，就是運動。然後是運動的平行四邊形相加法則，然後是我們今天稱之為剛體的物體運動和轉動，以及兩個轉動運動的相加。對於旋轉的物體，牛頓注意到，「每一物體保持相同的圓周運動的量和速度，除非有別的物體阻礙之。而且，它們還保持相同的旋轉軸線……」

細致的考證表明「運動定律」寫於1667年前後❻❶。除了關於運動的定義外，我們在這兒看見的，還多是對運動的比較直觀的描述性的解釋。要真正深入下去，他還必須回到哲學上來。寫於同一時期或稍晚的一份標題叫做「論引力和液體的平衡」的手稿❻❷，表現

---

❻❶　Add MS 3958, ff. 81–83 有標題作 The Lawes of Motion, 即 HH II 2.

❻❶　A. R. Hall 認為在1666年，見 *Unpublished Papers, op. cit.*, p. 157, 但 J. Herivel 認為在「1668–1669 年間」，「肯定在 1669 年前」，說在 *Background, op. cit.*, p. 93.

❻❷　De gravitatione et aequipondio fluidorum (Add MS 4003), 即 HH VI,

了牛頓在清理力學的基本概念方面的真正異乎尋常的努力。這是一篇相當長的文章，從文章的標題看，牛頓本來好像是想寫一篇關於浮力的札記，但不知為什麼他一開頭就轉向對笛卡爾的猛烈批判，他說笛卡爾的理論是「荒謬的」，不僅推論混亂，而且也不合於事實。但是，要摧毀笛卡爾也不是這麼簡單。

首先是空間的問題。既然要排除笛卡爾的無所不在的 matiere subtile，既然要否定亞里士多德的「月上」和「月下」的分野，那就必須回答，你所說的「延伸」是什麼意思呢？你所說的「運動」和「方向」又是什麼意思？對於笛卡爾來說，「延伸」就是依次通過無數個渦漩，「運動」就是運動物體穿過那無所不在的 matiere subtile 的海洋，改換它們的相對位置；對於亞里士多德來說，「方向」就是指向地心的，萬物自然奔趨的方向，或者和地心相反，指向蒼穹的方向：上下既明，萬物才有次序。它們可以向上運動，也可以向下運動，或者向別的方向運動，而這一方向可以很容易地通過和「上」或「下」的比較描寫出來。現在的問題是，如何重新定義這些本來對任何人說來都不需要定義的東西呢？

從直覺考察，「空間」的確不是一個困難的概念，比如說一間一無所有的極大的房間，就提示了空間的樣式。但是稍微仔細的考察就顯示出上面的空間樣式正是亞里士多德或笛卡爾所談論的空間，它的存在是靠「房間」的存在保證的。有了這樣一個有上下左右四四方方的房間樣式，我們才有一個安全的，可以想像的「空間」可言。你或者可以想像，這房間不斷地伸展，變得越來越大；但如果拋棄房間的概念，你怎麼想像一無所有的虛空在延伸，你怎麼能談論一無所有的虛空的種種性質呢？

---

pp. 121–156. 按 A. R. Hall (p. 90) 的考證，本文寫於1664–1668年間。

現在牛頓所要的，就是這樣一個不依賴物體而存在，自己是自己的原因的空間。這有些麻煩。

要討論虛空的確不容易。牛頓寫道，「關於虛空原該無甚可說，更不必談虛空的性質，可是我們對延展卻真有格外清晰的觀念，所謂延展就是抽提掉物體的樣式和性質，而只剩下空間在長寬高各方向上均勻地無限地伸展出去……」 **⑥** 為了弄清楚牛頓的意思，讓我們先回到上面關於「大房間」的討論中來。在笛卡爾哲學中，所謂空間，完全依賴於「房間」這樣一個實物。在這個房間的牆角，牆和牆以及牆和地板相交，形成三條相互垂直的線，分別是這房間的長寬高的度量。如果牆面和地板慢慢消去，剩下來的就只有三條相互垂直的線，標識著一個一無所有的虛空。

我們必須馬上指出，上面的說法只是便於想像而已，而且從本質上說，這種比擬並沒有真正擺脫笛卡爾的「依賴於物體」的前提。事實上，空間是至大無外的，為了真正建立起這樣的概念，牛頓只能採用從部分定義整體的辦法。他說，所謂空間是可以劃分為部分的，而這些部分的交結部就是「面」； 面又是可以劃分的，兩個面的交結部就是「線」； 再把線劃分成兩段，其交結部就是「點」。線和面都可以無限地延伸，空間於是展現為無限的。

牛頓自己都承認，這樣無限的虛空是很難想像的。「但是」，牛頓爭辯說，「我們可以理解這種無限的延展……我們總能理解，一定還有比我們所能想像的更大的延展存在」 **⑥**。牛頓正面批評了笛卡爾否定無限的論述**⑥**。牛頓認為，笛卡爾之所以否認空間的無限

---

⑥ *Op. cit.*, pp. 99–100，「虛空」原文是 nihili，英譯作 nothing；「空間」原文作 spatij，英譯作 space，英譯均見 p. 132.

⑥ *Op. cit.*, p. 134.

性是因為他無法把這種無限性同上帝的無限完美協調起來。牛頓認為這不是個問題,因為無限只有被賦於完美的事物時才是無限完美。無限的智慧是最高品位的完美,但無限的愚昧是最低品位的完美**⑥**。

牛頓關於空間的無限性的論述的重要之處在於這種無限性是空間的一系列性質的基礎。空間是無限的,所以空間是真正靜止的,於是牛頓為所有的運動找到了一個最終的絕對的參照物**⑥**;空間又是所有事物存在的場所,事物在其中延續,而空間本身是永恆的**⑥**。牛頓認為,這兒我們所看見的,正是上帝的完美永恆和無所不在。

那麼「存在」是什麼呢? 牛頓接著寫道,存在就是「不比物體更不實在的東西」**⑥**,「或者它們很可以被叫做實物」。

有了空間,有了物體以後,牛頓轉向了「力」的概念。牛頓在這兒遭遇的困難可以從他的用語中清楚地看出來。和上面關於空間的討論不一樣,對現代讀者說來,牛頓突然變得很不像我們所熟悉的牛頓。「力」, 牛頓寫道,「是運動和靜止的決定性的因素**⑦**。有產生或消滅或改變有些物體運動的外力,也有內因,物體已有的運動或靜止因之得以保存, 物體得以繼續保持其狀態, 抗拒阻力」。在這裏,牛頓明顯地採用了亞里士多德的運動的衝量概念來解釋運動。

---

⑥ R. Descartes, *Principles of Philosophy*, Part I, Art. 26.

⑥ *Op. cit.*, pp. 135–136.

⑥ 性質之三:「空間是靜止的」, 性質之五:「位置, 距離和物體的運動是相對空間各部分而言的」。

⑥ 性質之四和性質之六, *op. cit.*, p. 136, 137。

⑥ *Op. cit.*, p. 140.

⑦ 原文是 causale principium (p. 114), 英譯是 causal principle (p. 148), 「決定性的因素」似過於「現代化」,但斟酌良久, 未得佳譯。

緊接著，「定義 6」是笛卡爾的 conatus（傾向）：是被阻礙著的力，或受到阻礙的力；「定義 7」則又是亞里士多德的 impetus（衝量）：是作用在一樣東西上的力。「定義 8」是關於慣性的：慣性是物體內部的力，如無慣性，物體的狀態就會易於被外來的激發力所改變。所有這些力，牛頓寫道，要從「強度 intensio」和「延展 extensio」兩方面來測量：前者是力的「量的程度」，後者則是其「作用的時間或空間之量」。而此二者之積則是力的「絕對度量」。

　　和空間的概念相比，力的概念要困難得多了。這些定義的晦澀拗口，用詞的任意含混，各個不同的哲學體系中的術語在不同的意義上的夾雜使用，正是作者艱難探索的痕跡。和抽象的絕對空間概念不同，在1665–1666年間，牛頓似乎並沒有完整的超距作用的力的概念，他還徘徊在亞里士多德的，中世紀的和笛卡爾的概念的陰影中。我們還要再等一兩年，才有機會看見按平方反比定律❼並且不需要任何媒介就能起作用的力的概念出現在牛頓的手稿裏。

---

❼　On Circular Motion 即 Add MS 3958, ff. 87, 89.

第四章　七〇年代

　　繼「神奇年代」的十二三年，即 1667–1679，事實上是一個消化，充實和發展1665–1666年間種種創造的重要時期，但這一時期的工作無論在研究主題上還是方法上都迥然不同於「神奇年代」：馳騁的想像和天才的猜測逐步轉變為嚴謹的實驗和推理。首先是數學和光學，然後是煉金術和物質理論，最後是力和作用，牛頓想要知道的，是整個自然的作用。這種研究既然步步深入，十七世紀學術兩大潮流，笛卡爾的基於理性的機械論和淵源或可上推至中世紀甚至更早的隱秘哲學，就表現出越來越尖銳的對立。牛頓敏銳地看到，機械論哲學「為了用力學來解釋一切事物，他們就虛構了一些假說……」❶換言之，機械論並不能最終地掃除隱秘原因，只不過是用一些別樣的說法來掩飾問題的實質罷了，因此，引進力的概念，並不見得一定是不可想像的。

　　放棄充滿介質的宇宙圖景，突破相互作用只發生於接觸和碰撞的限制，是牛頓對笛卡爾物理學的重大革命。但是，笛卡爾絕非可以隨便打倒的等閒之輩，否定機械論果然解決了一些困難的問題，但同時也造成了一些新的困難。作用不一定要以接觸為前提也不一定發生於碰撞過程之中，那麼它是怎麼實現的呢？在回答這個不容

❶ *Opticks*, p. 369, 中譯在《著作選》第185頁。

迴避的問題時，牛頓用的是一種全新的考慮方式。牛頓明確地把理論的出發點和歸宿都放在現實世界之中。實驗以及實驗所提供的經驗事實成了在這種衝突中堅實的立足點。實驗前的設計和完成以後的分析，從眾多的現象出發的歸納和建立在公理之上的演繹，使得牛頓的工作成為後世科學方法論的典範。

一、數學：引進變化的量

1667 年 4 月，瘟疫的危險好像已經過去，牛頓和別的同學一樣回到了劍橋。從他筆記本裏保存的收支帳目來看，他這時的生活並不緊張，有時和幾個「相識」上上小酒館，有時也玩玩紙牌，而且還有不太小的輸贏❷。這有點讓人小感不解，因為他正面臨一場至關重要的考試，以取得研修員❸的資格。如果不幸失敗，他大概除了回家務農之外沒有什麼別的機會了。儘管評審委員中有來自 Grantham 的同鄉 Humphrey Babington，可是他的表現也實在是太胸有成竹。他花了不少的錢去買衣服和各種「工具」，甚至包括一架小的「車床」，好像他當時就知道他要在劍橋住一輩子一樣。

後來的事實證明，他是對的。1667 年 10 月 2 日他獲得副研修員資格，五個半月以後進一步得到研修員職位，再四個月，1668 年 7 月 7 日，獲碩士學位。這一切好像是安排好的，這些考試好像是例行公事，但是重要的是，牛頓從此有了一份收入，在劍橋有了一處住所，從而可以安下心來做研究了。

---

❷　參見 RSW，p. 178 f. 這是 R. S. Westfall 根據 Fitzwilliam 筆記本描繪出來的情形。

❸　Fellow 譯作「研修員」頗有不妥，容更覓佳譯。

牛頓這時的研究興趣是「神奇年代」問題的自然延伸，即數學，光的散射，以及天體的運動。而無論是散射還是月球軌道，都明白地把他引向日後所謂的分析學的研究：對於光說來，折射反射都是相對於透鏡的法線而言的，而要求法線又必須知道鏡面上相關點的切線；對於圓周運動說來，所謂的「傾向」Conatus 正是指向切線方向。回到劍橋的最初半年裏，牛頓寫了兩篇札記❹，內容都和圓錐曲線的研究有關。稍後，大約在 1667–1668 年間❺，他又寫了 Enumeratio curvarum，但是真正重要的文字是1669年7月底完成的「論分析」De analysi。

　　十七世紀數學發展的一個重要方面是引進「變化」概念。笛卡爾和 Pierre Fermat (1601–1665) 在坐標幾何方面的工作為研究曲線奠定了基礎❻。這種研究極大地為力學和光學研究所促進，求速率、求切線、求極大值和極小值以及求面積，是當時迫切要求解決的課題。當牛頓在 Woolsthorpe 考察光的散射，考察月球的軌道時，他會不可避免地遇到這些問題，自然也多多少少作了研究。他好像

❹　Problems of Curves, *MP*, v. 2, pp. 175–184 和 De solutione problematum per motum, *ibid.*, v. 2, pp. 194–200. 留意第二篇札記不是先前提過的 October 1666 Tract，儘管篇名類似。October 1666 Tract 見於同書 v. 1, pp. 400–448.

❺　RSW, pp. 197–198, 作 1668 年，「也可能 1670 年」; D. Gjertsen, *The Newton Handbook*, London: Routledge & Kegan Panl, 1986, p. 314，遲作1667年。

❻　微積分創立的時代背景參見 Morris Kline, *Mathematical Thought from Ancient to Modern Times*, New York: Oxford Univ. Press, 1972, Ch. 15 and 16; 本書有中譯，見 M. 克萊因《古今數學思想》，北京大學數學系譯，上海：上海科技，1979，第二冊，第十五和十六章。

沒有把他的研究成果系統地寫下來，但肯定在劍橋的同事間討論過。

　　在一六六〇至一六七〇年代，數學專業雜誌還遠未成為數學家們討論切磋的主要場所，學問的交流是靠「通信」完成的。John Collins (1625–1683) 是這種通信的一個主要中轉站。Collins 出生在一個平常人家，沒有機會受到很好的教育，但他酷愛數學，堅持在工餘同英國的和歐洲大陸的數學家通信。1669 年初，他收到了 N. Mercator 把對數展開為無窮級數的論文 ❼。同以往一樣，他把這篇論文轉寄給了他的數學家朋友們，包括在劍橋的 I. Barrow。6月20日，I. Barrow 告訴 Collins，「我的一個朋友有一天給我帶來了一篇論文，文中有一套同 Mercator 先生類似的計算方法，但（其適用範圍）非常普遍……」 ❽十天以後，應 Collins 之請，Barrow 把牛頓的論文寄給了他。但是直到8月20日，Barrow 才公開了牛頓的名字，在這以前他一直把文章的作者稱為「我的朋友」：「……他的名字叫牛頓，是我們學院的一個研修員，很年輕，……但在這些方面有非凡的能力和天才……」 ❾這是倫敦數學界第一次聽說牛頓的名字。

　　De analysi 或〈運用無限多項方程的分析〉❿所討論的，用我

---

❼　Nicolaus Mercator (1620–1687) 是皇家學會會員，1668 年完成論文 *Logarithmotechnia*，把對數 log (1+x) 寫成關於 x 的冪級數。

❽　*C*, v. 1, p. 13.

❾　*Ibid*., pp. 14–15.

❿　De analysi per aequationes numero terminorum infinitas, 中譯名從上海師範大學數學系譯《微積分概念史》(C. B. Boyer, *The Concepts of the Calculus*, New York: Hafner, 1949)，上海：上海人民，1977，第 202 頁。這篇論文最初刊於 William Jones ed., *Analysis per Quantitatum Series Fluxiones ac Differentias...*, London, 1711; 現在為研究者採用的英譯本在 *MP*, v. 2, pp. 206–247.

們現在的數學語言來說，是 $y = ax^{m/n}$ 的積分。牛頓分三步解決這個問題：先用 x 和 x 的「極其微小的增量」o 來討論上述方程對應的曲線與 x 和 y 軸圍成的面積，利用二項式展開，然後忽略帶有o的高次項，牛頓得到了這一函數的積分表達式。接著牛頓討論了多項式的積分，提出了「逐項積分」的法則，最後他討論了形式比較複雜的函數，把它們展開為級數，然後再逐項積分。

　　數學史研究者認為 [11]，這一步使「我們可以認為微積分已被引出」。三個月以後，1669年10月29日，牛頓當選為劍橋的 Lucas 教授，成為劍橋八個講座教授之一，這在二十七歲的牛頓來說，實在是對他的數學能力的明白肯定。但是，同時還必須看到，牛頓當時還沒有清晰的無窮小概念，o 的高次項還是莫名其妙地被拋棄掉的，而牛頓自己在這一手稿中也承認，這「只是簡短的說明，而不是精密的證明」。

　　1671 年 7 月20日，牛頓寫信告訴 Collins 說他又有了新的著作。他說的是一篇長達一百六十頁的文字，後來常被稱作 *De methodis* 或《流數法與無窮級數》[12]。在這篇論文中，牛頓系統地討論了微商，積分和它們的應用；引進了諸如 ẋ, ẏ, ẍ, ... 等獨特的符號，明白地把變化率稱為「流數」，引進了「無窮小增量」或「瞬」即 moment 的概念。牛頓此時的無窮小概念，按 Boyer 的說法，可能是「類似

---

[11]　C. B. Boyer, *op. cit.*, p. 192, 中譯本第203頁。

[12]　De methodis fluxionum et serierum infinitorum, 即 Add MS 3960.14, 原稿第一頁已佚，所以無從知道牛頓用的是什麼題目。這一篇名是 1736年第一次刊印本文時其英譯者 John Colson 加的；中譯名仍從上引 C. B. Boyer，中譯本第205頁。現在採用的原文及其英譯見 *MP*, v. 3, pp. 32–353.

於速度概念」之類的東西。在這一篇文字中，流數常不是單獨地，而總是在比例中考慮的。這樣，無窮小量就更接近一種變化的概念，而不是一個很小很小因而可以忽略的量了。牛頓的這些文稿直至他去世都沒有發表，但是由於 Collins 的幫助，數學界對他的工作仍頗為了解和讚賞。1671年12月21日，皇家學會會員，Salisbury 的主教 Seth Ward (1617–1689) 提名牛頓為皇家學會會員，次年1月11日皇家學會接納了這個年輕人。

　　無窮小量和與之相關的極限概念是分析學的核心，而這些概念與傳統數學概念的本質不同在於它們是變化中的量。對牛頓來說，從最早的 October 1666 Tract 起，「通過運動解決問題」就是一個著眼點。點的運動形成線，線的運動形成面，面的運動形成體等等；另一方面，力學的研究所要求的有關速度和面積的解，又常是變化的量。從運動出發考察問題，或者問題的考察最終要歸結到求解運動上，對牛頓來說應當是自然的。但是數學的優美和力量又常在其抽象性。如果拘泥於具體問題的求解，則又不能進一步得出普遍適用的理論。牛頓是幸運的，他一方面面對十七世紀關於力，運動，和天體的大問題，一方面接受了 Barrow 及其同事對於曲線，特徵三角形，和「最後比」研究的影響，因而比別的任何人都更清晰地理解問題的關鍵所在。

　　理解無窮小量的關鍵在於極限概念，其中的困難與其說是數學的，不如說是哲學的。現在數學家要處理的，不是若干個數，而是很多很多的數；不是它們的某種固定的排列，而是一種無窮延伸的排列；不是某個很小很小的量，而是一個不斷變化的量。這是自數學在古希臘產生以後的一次真正的革命。無怪乎牛頓總是覺得還要再考慮一下。1672年5月，牛頓通知 Collins 他有一個小冊子可供同

行傳閱，但兩個月以後牛頓仍舊沒有寄出他的文稿，也不能肯定地
說出大概什麼時候他才能寫完 ❸。

二、光和顏色的本質

從時代劃分來看，牛頓在光學研究方面的文字可以很清楚地分
為三段。早期即大學時期特別是 1665–1666 年，他直接承繼了笛卡
爾的工作，而主要的興趣常在顏色，以對白光的分解為高潮，但記
錄尚稱零散 ❹；中斷四五年後開始本節行將討論的第二期，到1675
年頗為不愉快地結束；以後二十年他似乎完全沒有回到這一方向上，
直至1694年起才再有零星文章，最後到《光學》的發表，或可視為
第三期，但以創造性而言，自又去前兩期甚遠，甚至可以說是第二
期的遲到的總結了。

在前一章裏我們曾有機會討論了牛頓早年的工作。儘管在六○
年代的最後幾年裏，牛頓的注意力越來越為數學問題所吸引，他對
於光學的研究並沒有停頓。劍橋 Lucas 教職的一項工作是給大學生
上課，牛頓自然也不能例外，而他最初開出的課就是光學。劍橋慣
例，任課教授要把講稿送交大學圖書館。牛頓在 1670–1672 年間擔
任光學課時似乎曾計劃把講稿連同上文提到過的 De analysi 一同發

---

❸　*C*, v. 1, p. 215.

❹　牛頓早年的光學筆記共十三則，較重要的有 *MP*, v. 1, pp. 551–554;
　　Add MS 3996, ff. 69 122r–74 124v (430–441) 和 Add MS 3996, ff. 91
　　133r–v (452–457) 的「論顏色」; A. Hall, *Ann. Sc.*, *11* (1955) 36–43 中
　　重印的「論折射」，即 Add MS 4004; 以及 Add MS 3975, ff. 1–22
　　(466–489).

表。但稍事考慮以後，又改變主意，生怕因此破壞了他享有的「自由和寧靜」❺。注意到牛頓作出這一決定恰是1672年5月，當時他的光學論文和反射望遠鏡正遭受來自各方面的嚴重質疑，我們有理由相信牛頓真是因為害怕再起爭端而擱置他的《光學講義》❻的。

《光學講義》分成兩部分，一為「光線的折射」，一為「顏色的起源」。在講稿的第一部分中，牛頓從光線有不同的折射率出發，討論了折射的測量，被折射兩次的光線的性質以及光線在弧形表面的折射現象。第二部分承繼第一部分，討論不同顏色的光通過稜鏡後在牆上，在人眼中的反映，還分析了光通過不同質或不同邊界的媒體時的行為。不難看出，牛頓1670–1671年間向劍橋學生講授的，正是他在四五年前在家鄉茅舍裏做的實驗的心得。

據牛頓自己說，他在發現光的色散以後就認識到「『折射』望遠鏡的完善程度之所以是有限的……」❼這是促成他著手建造反射

❺　1772年5月25日致 J. Collins, *C*, v. 1, p. 161.

❻　ULC, Dd. 9.67, pp. 1–77, *Opticae*. 另一份手稿，Add MS 4002, pp. 1–128, 據 Portsmouth 手稿整理者 H. R. Luard 等人的判斷是本文的初稿，說在 *A Catalogue of the Portsmounth Collection...*, Cambridge, 1888, Sec. VII, no. 16, p. 48. 本文在牛頓生前未及發表。1727年牛頓去世後，該講稿的第一部分由一位不知名的人譯成英文，同原文一起在倫敦刊行，是為 *Optical Lectures read in the Publick Schools of the University of Cambridge AD 1669...*, 現在通行的拉丁—英譯對照本見於 *The Optical Papers of Isaac Newton*, Cambridge: Cambridge Univ. Press, 1984, v. 1, pp. 280–604, 前述「初稿」見於同書 pp. 46–279。對這兩份手稿細致的比較研究見於 Allen Shapiro, Synopsis of the Lectiones opticae and Optica and their major differences, *op. cit.*, pp. 26–41.

❼　Add MS 3970, f. 461v, 中譯見前引《著作選》第85頁，譯文稍有改動。

望遠鏡的主要原因。由 Fitzwilliam 筆記本知，1669年，他花了不少錢購置了磨製反射鏡面所需要的藥品和設備[18]，並動手做了一架放大倍數為四十的反射望遠鏡[19]。利用這架長僅六英寸的小裝置，牛頓清晰地看到了木星的圓面及其衛星，還看到了金星的位相，這通常要用六英尺的折射望遠鏡才能觀察到。稍後，他又建造了一架更好的，1671年年底送到皇家學會，並在次年年初的會議上展出[20]。

　　望遠鏡的發明和建造是牛頓第一次為優先權問題所困擾，事實上，各種各樣類似的困擾將伴隨他一生。先是 Robert Hooke (1635–1703) 提出，他早在1664年就做成了一架類似的儀器，「長一英寸左右」。但真正的麻煩發生在5月，一個法國人 Denis 寫信給皇家學會[21]說早在1663年，蘇格蘭人 James Gregory 就描述過反射望遠鏡，而法國人 Cassegrain 還畫出了反射望遠鏡的裝置圖。James Gregory (1638–1675) 曾在意大利留學，後來在 St. Andrews 教數學，同 J. Collins 一直保持著密切的通信聯繫[22]。在1663年出版的 *Optica promota* 第九十二到九十四頁上，他描述了反射望遠鏡的構造。皇家學會的秘書 H. Oldenburg 在5月2日寫信告訴了牛頓，而牛

---

[18]　參見 RSW, p. 196.

[19]　牛頓在1669年2月23日給一個朋友的信裏詳細地描寫了他的望遠鏡，見 *C*, v. 1, pp. 3–4.

[20]　現代研究者對牛頓把望遠鏡送到皇家學會展出一事頗有不同意見，細緻的考證見 A. A. Mills and P. J. Turvey, *Notes and Records of the Royal Society*, *33* (1979) 133–155，他們認為並無證據表明牛頓曾在皇家學會展出過他的望遠鏡。正文僅根據通行的說法，未及進一步的考究。

[21]　*C*, v. 1, pp. 150–151.

[22]　今存 Collins 給他的信有一百多封，而他回 Collins 的也有四十幾封。

頓在第二天回信❷說他確實知道 Gregory 的書，但是 Gregory 也好，Cassegrain 也好，都未能成功地建造出這樣的望遠鏡，並羅列了七條上兩種設計的缺點。

其實牛頓的真正優勢並不在望遠鏡本身，而在於他對此進行的理論分析，即和望遠鏡差不多同時送交給皇家學會的〈關於光和色的新理論〉❷。

這封長信可以分成四個部分。在一個簡短的歷史回顧以後，牛頓敘述了他關於白光分解的實驗。光束射入黑暗的室內，通過三稜鏡的作用形成了光譜。牛頓報導說，光譜距稜鏡22英尺，光譜最大長度為13 ¼英寸，寬2 ⅝英寸。他注意到光譜的寬度對小孔所張的角為31'，「與太陽的（角）直徑相當」，但其長度所張的角為2°49'，「比這直徑的張角大五倍還多」❷。他認為太陽光通過稜鏡後形成「長條形」的投影與預期不符。牛頓於是利用已有的理論作了種種假定，考察了諸如「玻璃的不平或其他偶然的不規則性」，「玻璃的厚度」，「來自太陽不同部分的光線」對投影的影響，並通過實驗將它們一一排除。根據笛卡爾關於光的本性的假說，光是一種「球形的物體」，所以在經過稜鏡時其傳播的途徑會發生彎曲。牛頓同樣對此做了試驗，但「看不到它們有這樣的彎曲」。於是他再設計了一個「判決性實驗」：讓光線先通過一個稜鏡發生折射，「我把第一

❷　Newton to Oldenburg, May 4, 1672, *C*, v. 1, pp. 153–155, 下文引文在 p. 154.

❷　牛頓於1672年2月6日送交皇家學會，旋刊於同年2月19日出版的 *Phil. Trans., 6*: 80 (1672) 3075–3087; 常見的英文本在 *C*, v. 1, pp. 92–102; 中譯見前引《著作選》第81–96頁。

❷　*C*, v. 1, p. 93; 中譯在第83頁。

塊稜鏡拿在手中，並緩緩地將它繞軸轉動，從而使得像（即光線被第一塊稜鏡折射產生的光譜）的各個不同部分……依次通過」一面紙屏上的小孔。牛頓又使通過這小孔選擇出來的光線再投射到第二塊稜鏡上以「觀察第二塊稜鏡會把它們折射到牆上什麼地方」。 牛頓發現「被第一個稜鏡折射而射向像的一端的光確實在第二個稜鏡中比射向另一端的光經受了大得多的折射」。 牛頓於是得出結論，「（太陽）光本身是一種折射率不同的光線的複合混合物」。

這一點一經認定，折射望遠鏡的改善就不可能是無限的。光通過透鏡產生的色差使得建造得無論多麼精密的折射望遠鏡都不能產生無限精細的像。在文章的第二部分中，牛頓據此討論了反射望遠鏡和顯微鏡。在緊接著的第三部分中，牛頓回到光學的理論問題，解釋顏色的起源。

他分十三段闡述他的「學說」。 他認為，顏色不是光在物體上誘導出來的，而是光自身的一種性質。同一大小的折射程度對應於一種顏色，對於只有一種顏色的「單色光」， 沒有「迄今所能觀察到的任何原因」可以改變它的顏色或折射率。他進一步提出，不同的顏色實際上是不同的光的混合，

> 正像你看到當藍和黃的粉末細致地混合時，對肉眼看來是綠的，但是那些成分的粒子的顏色並沒有因為混合而真的發生了變化，只是混合了而已。[26]

他利用這一基本的假說解釋了稜鏡的分光現象和雨後的虹，以及 R. Hooke 早先提出的一個「出人意外的實驗」。 Hooke 曾報導說[27]，

[26] *C*, v. 1, p. 98; 中譯在第89–90頁。

把裝著透明的紅色溶液的容器和裝著透明的藍色溶液的容器重疊在一起，它們看起來就不透明了。牛頓認為，這只是因為光線不可能同時既是紅色的又是藍色的，所以當兩個容器重疊時，沒有一種光線能通過這些「透明的」容器。

　　這些實驗和相關的理論解釋對皇家學會諸人說來真有令人耳目一新的感覺。牛頓幾乎立即就收到了肯定的答覆。2月8日皇家學會秘書 Henry Oldenburg 寫信告訴他，「光和色」一文已成為大家「唯一感興趣的題目」，並「一致同意，……這一論文應當立即付印」❷。皇家學會還接受了牛頓在他的長信結束時的建議，請學會的一些學者❷，「從容細致地」做一個進一步的實驗，用一個大的透鏡把被稜鏡分解了的白光重新會聚起來，再「合成」出白光。牛頓對他自己的工作信心十足，「我將非常高興聽到他做成功了什麼，……並且如果我的確犯了什麼錯誤，我就……承認它」❸。

三、光是波動嗎？

　　牛頓這份自信的瀟灑並沒有能保持多久。文章發表的一個星期以後，批評陸續出現，而且迅速擴大，不久就形成了一場一面倒的批判。這些反對意見大致可以分為兩類：一針對實驗本身，一關於

---

❷　R. Hooke, *Micrographia...*, London, 1665, p. 73. 牛頓早年在筆記本裏 (Add MS 3958.1, f. 1) 曾詳細摘錄過 Hooke 的這一實驗。

❷　*C*, v. 1, pp. 107–108.

❷　據 Thomas Birch 說，三個參見者為 Seth Ward, Robert Boyel, 以及 Robert Hooke，見 *History of Royal Society*, London, 1756–1757, v. 3, p. 9.

❸　*Op. cit.*, v. 1, p. 102; 中譯參見前引譯本第96頁，譯文稍有改動。

實驗結果如何解釋。

首先是大陸科學家，特別是法國人 ❸，持完全的懷疑態度。I.
G. Pardies 在 1672 年 3 月 30 日和 5 月 11 日兩次寫信給皇家學會提
出 ❷，太陽光通過稜鏡產生的投影變長是由於來自太陽各部分的光
線的入射角不同造成的，也可能是天上的雲造成的，而實驗結果完
全可以用已有的屈光學定律和折射定律解釋，因而關於白光是不同
折射率的光線的混合物的假說是不必要的。稍後 F. Linus 寫信 ❸ 給
皇家學會報告說未能重複出牛頓的實驗。牛頓對於這一類批評開始
還作了一些解釋和說明 ❸，但後來對這些責難顯然使牛頓越來越難
以忍受，最後他索性對 Oldenburg 說，「我記得你把 Line （義案指
Linus）的信給我看時我就告訴你，我認為書面答覆是毫無意義的，
因為這不是關於推理的爭論，而是我是不是真的做成功過這個實驗，

---

❸ 細致的討論見 Henry Guerlac, *Newton on the Continent*, Ithaca: Cor-
nell Univ. Press, 1981，特別是 Ch. 5, Newton in France, The Delayed
Acceptance of His Theory of Color.

❷ *C*, v. 1, pp. 130–133 和 pp. 156–158，原文是拉丁文，附英文摘要。後
來，經牛頓解釋，Pardies 在6月30日寫信給皇家學會表示滿意，見 *C*,
v. 1, pp. 205–206.

❸ *C*, v. 1, pp. 334–336, 1675 年 2 月 15 日。這兒的日期均從本書所用的
Correspondence of Isaac Newton 取英國記法，正文中同此。

❸ 對 Pardies 有兩個回答，即1672 年 4 月 13 日致 H. Oldenburg, *C*, v. 1,
pp. 140–142, 後發表在 *PT, 84* (1672) 4091–4093, 和同年 6 月 10 日致
H. Oldenburg, *C*, v. 1, pp. 163–168, 後發表在 *PT, 85* (1672) 5014–
5018; 對 F. Linus 有三個回答，即 1675 年 1 月 25 日發表在 *PT, 110*
(1675) 219的信，同年11月13日致 H. Oldenburg, *C*, v. 1, pp. 356–358,
後發表在 *PT, 121* (1676) 501–502, 以及 1676 年 2 月 29 日致 H. Old-
enburg, *C*, v. 1, pp. 421–425, 後發表在 *PT, 123* (1676) 556–561.

……這不靠辯論解決，而只要再做一下這個實驗……」❸。

第二類的批評集中於牛頓對實驗結果的解釋，以 R. Hooke 為代表。Robert Hooke (1635–1703) 在他的時代是僅次於牛頓的科學家，發明家，1662年被選為皇家學會實驗部主任。「在為皇家學會工作的四十年和死後的四十年裏，Hooke 一直被認為是英國最偉大的科學家之一；在以後的兩個世紀中，他卻又幾乎完全不為人知」❻。這是因為他的為人和脾氣不令人愉快，一生處處與別人競爭，時時為發明的優先權問題與牛頓爭吵，頗不得與他同時和後世的學者的偏愛。在1665年發表的《顯微術》❸裏，他承襲笛卡爾的做法，稱光「不過是穿過同質的，均勻的，並且透明的介質的一種衝動或運動」❸。作為復驗牛頓光學論文三人小組的成員，Hooke「經數百次試驗」，對實驗部分未生任何異議，但對於「解釋現象的假說」，則「還看不出有任何不可拒絕的理由使我非把它視為當然的解釋」❸。

Hooke 倒也不是故意刁難，他自有不能同意的道理。牛頓在他的文章中指出，

　　……不同種類的光線混合在一起，……能使顏色看起來好像

---

❸　*C*, v. 1, p. 356.

❻　Margaret Espinasse, *Robert Hooke*, Berkeley: Univ. California Press, 1956, p. 1.

❸　本書有現代重印本：Robert Hooke, *Micrographia*, New York: Dover, 1961，下面討論的他的顏色理論見是書「觀察63」。

❸　見他的 *Micrographia*, p. 56, 62。牛頓摘錄過 Hooke 的這些論述，見 Add MS 3958, f. 1, 即 HH VI, p. 403.

❸　*C*, v. 1, p. 110.

起了變化，……正像藍色和黃色的粉末細緻地混合時，對肉眼說來是綠的，但是那些成分的粒子的顏色並沒有因為混合而真的發生了變化❹，只是混合了而已。……既然顏色是光的性質，……那麼我們怎麼能設想這些光線同樣也是性質呢，除非一種性質可以是其他性質的主體並且承載它們，這實際上就應當稱作實體。❹

牛頓在這兒很吃力地說明，光是一種「實體」即性質的承載物，但不一定是一種「物體」， 我們通過物體的「可感知的性質」知道它們是實體❹。牛頓在這篇論文裏談論的「光線」的方式強烈地暗示了光不是一種性質，這與 Hooke 對光本性的看法，以及當時占主流地位的光是媒體的一種狀態的波動說有不可調諧的矛盾。Hooke 自然不能輕易讓步。

　　對 Hooke 有利的一個證據是光通過薄膜時產生環狀色彩的現象，油膜，肥皂泡以及早先 Hooke 觀察和記錄的平面玻璃和透鏡相

❹　牛頓必定很早就有以各種顏色的粉末比各種顏色的光線的想法。在他1670 年前後寫的《光學講義》中也有提到 (*Lectiones opticae*, Lecture 4, 51, 英譯見前引 A. Shapiro ed., *The Optical Papers of Isaac Newton*, v. 1, p. 109). A. Shapiro 根據牛頓早年的筆記 Add MS 3996, f. 91 133r (455) 認為牛頓的想法來自 R. Boyle, *Touching Colours,* Pt. 1, Obs. 17, pp. 238–239, 或 R. Hooke, Micrographia, Obs. 10, p. 78. 但是牛頓的《光學講義》直到他身後才發表，所以 Hooke 所看見的應該是上引2月6日的信。

❹　*C*, v. 1, pp. 98–100, 中譯在前引《著作選》第89–93頁。

❹　實體的原文是 substance，物體的原文是 body，此處譯文從前引中譯本。

貼時所顯示出來的色環，有力地提示了光的波動性。牛頓應用單色
光改進了這一實驗。利用精細的測量，他發現，明暗條紋的排列呈
算術級數的規律，明條紋出現在 1, 3, 5, 7, 9... 的位置，暗條紋則出
現在偶數級數的位置。牛頓❸發明了一種「猝發理論」來解釋。牛
頓假定光在傳播時交替的發生折射和反射的傾向，當光線穿射薄膜
時行經的距離恰是這種間隙的奇數倍時，反射發生作用，於是觀察
到明亮的條紋，否則即呈暗線。儘管牛頓的解釋頗不為大家接受，
他的實驗,尤其他從實驗中引出的數學規律確實給人以很深的印象，
這一現象後來常被稱為「牛頓環」，其實 Hooke 的確是先於牛頓研
究記錄的 ❹。

　　光現象明顯的周期性和諸如衍射之類的性質迫使牛頓認真考
慮 Hooke 的意見。他後來寫道:「如果不借助於以太的脈衝，我就
不知道怎樣能很好地去說明透明薄片或皮層的各種顏色。」❺但是牛
頓覺得先前的關於光是實體的說法也有十足的證據，他於是傾向於
一種折衷的假說❻:

　　　假定光線是從發光物質向各方面發射出去的小的物體的話，
　　那麼當它們碰到任何一種折射或反射表面時，就要在以太中

❸　牛頓比較完整的敘述在 *Opticks*, Bk. 2, Pt. 3, Props. 12–20, pp. 281 ff.

❹　Robert Hooke, *op. cit.*, Obs. 58. 真正第一個記錄這現象的是意大利人
　　F. M. Grimaldi (1618–1663)，細致的考究見 E. N. da C. Andrade,
　　Proc. Roy. Soc., *201A* (1950) 439–473.

❺　*C*, v. 1, p. 363, 這是牛頓1675年12月7日寫給 H. Oldenburg 的信。中譯
　　在前引《著作選》第98頁。

❻　牛頓必然很喜歡這一假說，他在1672年6月11日和1675年12月7日給
　　Oldenburg 的信中兩次引述，見 *C*, v. 1, p. 174, 363。

引起振動，正像石塊被投到水中時要引起振動一樣。我還假
定，這些振動將按照激發它們的上述顆粒性光線的大小和速
度不同而有不同的深度或厚度。

不難注意到，牛頓和 Hooke 的分歧在於如何解釋現象。這個問題的
發生，是因為人類對自然的認識已經進步到了這樣一步：科學所處
理的對象已不再是感官所能直接把握的了，對現象的解釋也不再是
僅僅通過一個正常人智力的直覺想像就可以完成的了。從物理上說，
牛頓和 Hooke 所各執一端的，是光的微粒性和波動性。當顯然不能
相容甚至顯然相互排斥的假說都得到實驗的有力支持時，物理學家
的創造力和想像力就會面臨嚴重的挑戰。牛頓的折衷方案是對這種
挑戰的一個回答。值得特別注意的是，牛頓始終把對假說的最後判
決放在實驗：

> 誰不知道光學和其他許多數學化了的科學同樣依賴物理原
> 理，就好像它們同樣依賴於數學論證一樣；而一種科學的絕
> 對可靠性不可能超過其原理的可靠性。我對這些有關顏色的
> 命題提出的證據正是從實驗來的，因而是物理的……❹

牛頓認為，這種實驗應當有能力判斷誰是誰非，所以他把它們叫做
「判決性實驗」❹。像他用兩塊稜鏡判斷白光是由折射率不同的光

❹　*C*, v. 1, p. 187. 中譯參見《著作選》第96–97頁，原譯文稍有誤譯，已
　　斟酌改正。

❹　Experimentum crucis. F. Bacon, *Novum Organum*, Bk. 2, apho. 35, 最
　　先提到科學中有 instantia crucis，蓋指科學發展時的關鍵時刻。牛頓

線組成的，即是一例。

　　事實上，在科學史上很少有真正的「判決性實驗」。本世紀 H. Geiger 和 E. Marsden 關於 E. Rutherford 核型原子的實驗或者可以算是一例❹，上世紀元素鎵的發現或者可以算是另一例❺。但是，諸如光的本性這樣複雜的問題，絕非一兩個實驗所能「判決」的。物理學為最終完成對光的「波粒二象性」的理解還要再努力三百年，而其困難程度當然遠遠不是牛頓當年所能稍許想像了。

四、煉金術或「尋找哲人汞」

　　比光學花去牛頓更多時間精力的是關於物質的研究，或者可以叫做化學，或者可以叫做煉金術。但是牛頓所做的，既不是我們今天所謂的化學，他並不一般地研究化合或分解；也不是我們想像中的煉金術，他好像也不十分醉心於點石成金。

用的這個詞先見於 R. Hooke, *Micrographia*, 1665, p. 54, 他誤以為 Bacon 就是這個意思。牛頓從 Hooke，仍訛用其意。李成儀等譯《發現者》(D. J. Boorstin, *The Discoverers*, New York: Random House, 1983)，上海：上海譯文，1995，第578頁將此一術語譯作「苦實驗」，可謂其名其妙。

❹　參見例如 G. L. Trigg, *Crucial Experiments in Modern Physics*, Van Nostrand Reinhold, 1971, Ch. 5, 本書有中譯，尚惠春等譯《現代物理學中的關鍵性實驗》，北京：科學，1983。

❺　鎵是門捷列夫根據元素周期律預言的一個元素，當時他叫它「埃卡鋁」即「鋁加一」的元素。俟其發現，元素性質和發現途徑一如門氏所預言，化學元素的周期律遂為不移之定律。參見例如 M. E. Weeks, *Discovery of the Elements*, Easton: Journal of Chemical Education, 7th ed., Ch. 15, esp. pp. 646–648.

　　牛頓很早就對於化學頗感興趣❺。據 Fitzwilliam 筆記本❺，牛頓在1669年去倫敦時買了不少研究化學所必須的設備，包括兩只爐子。他還買了 Lazarus Zetzner 收編的十七世紀主要煉金家的著作集 *Theatrum chemicum* ❺，煌煌六巨冊。雖然在後來的回憶錄裏有人提到❺在劍橋與牛頓同住一個宿舍的 John Wickins (d. 1719) 頗留意化學，牛頓是不是因為他的影響才研究煉金術似乎還很難說，因為在他們同住的最初幾年，這兩位性情各異的年輕人相處得並不好❺。牛頓去世時留下的一千七百五十二本藏書中，有一百三十八本煉金術著作，三十一本化學書，占藏書總量的9.5％❺。1936年蘇富比拍賣牛頓的手稿時，關於煉金術和化學的有一百二十一項，約六十五萬字❺，其中有一篇他甚至同意發表❺。以牛頓的個性看，

---

❺　牛頓的「化學辭典」，MS Don. b. 15，共十六頁，約七千字 (English words)，寫於1667–1668年，包含諸如「汞齊」、「坩堝」和「昇華」等化學詞彙，也有諸如「龍血 sanguinis draconis」之類的煉金術術語。

❺　*Op. cit.*, RSW, p. 196.

❺　Lazarus Zetzner ed., *Theatrum chemicum*, 6 vols., London, 1659–1661, 這本書在1602年初版，後來屢有增補。大部分研究者認為牛頓用的是該書1659–1661年的再版本。

❺　J. Conduitt 1726年8月31日的回憶，在 Keynes MS 130.10, f. 3v.

❺　見 J. Wickins 之子 Nicolas 的回憶，*op. cit.*, L. T. More, *Isaac Newton*, New York: Dover, 1962, p. 206.

❺　J. Harrison, *The Library of Isaac Newton*, Cambridge: Cambridge Univ. Press, 1978, p. 59.

❺　Betty Jo Teeter Dobbs, *The Foundations of Newton's Alchemy*, Cambridge: Cambridge Univ. Press, 1975, Appendix A, pp. 235–248.

❺　是為「論酸」De natura acidorum，刊於 John Harris 主編的 *Lexicon technicum*，原文是拉丁文，刊出時附英文譯文，事在1710年。現在容

若不是有十分的自信，他是決不會把想法公諸於眾的。從年代上說，這些文字的寫作起自1668–1669年，斷斷續續一直到1696年，整整延續了二十六七年。

當研究者最初接觸到這些原始資料時，他們覺得很困惑❺❾。這些文字的寫作年代，正是牛頓創造力最旺盛的時期。他關於光學，力學和天文學的研究後來構成了所謂現代科學的基礎，而這些文字所提示的牛頓形象似乎與整個畫面格格不入。比較早的研究者傾向於把牛頓在這一方向上的研究歸入更加理性的，和牛頓的光學力學研究相彷彿的分析上去❻⓪，但稍後的研究強有力地表明❻❶，情形並非如此。

牛頓對煉金術和化學的興趣也見於不少他同時代人的回憶錄和早年的傳記。據他的助手 Humphrey Newton 說❻❷，

易找到的版本是 *C*, v. 3, pp. 105–114, 或 I. B. Cohen, *Isaac Newton's Papers and Letters on Natural Philosophy*, Cambridge: Cambridge Univ. Press, 1958, p. 244.

❺❾ 例如牛頓傳的早期作者 David Brewster 寫道，「一個有如此洞察力的人，……竟會去抄寫最不值得重視的煉金術歌訣，去注釋顯然是騙子和傻瓜寫的著作……」見氏著《牛頓傳》，v. 2, pp. 374–375.

❻⓪ M. Boas and A. Hall, *Archives internationales d'historire des sciences*, *11* (1958) 151–152.

❻❶ 其實 John Maynard Keynes 早在1946年就提出，牛頓未必能完全歸於「冷峻的理性」，見 *Newton Tercentenary Celebrations*, Cambridge: Cambridge Univ. Press, 1947, p. 27, 但凱氏既非專業史學家，而當時牛頓研究尚未進入現代階段，故其說竟未能引起足夠的注意。

❻❷ Humphrey Newton 是牛頓 Grantham 的同鄉人，但和牛頓卻不是親戚。他在1685–1690年間為牛頓做「書記」，或者說一種介於抄寫員和秘書之類的職務。雖然牛頓說他「不知道自己在寫什麼」，（案指他謄寫《原

特別是在春天或落葉時節，他（牛頓）常常六個星期一直留
在實驗室裏，不分晝夜，爐火總是不熄。實驗室裏……只有
坩堝用得最多，他用它來熔融各種金屬。他間或也會去查閱
他實驗室裏放著的一本霉舊的書，我想書名是 *Agricola de
Metallis*[63]，而金屬的嬗變是他研究的主題，……

這雖然是一六八〇年代的情形，但我們知道 Humphrey 所提到的爐
火早在十幾年前就已熊熊生起，而有關金屬嬗變的筆記也可以追溯
到1668年或更早[64]。

　　牛頓關於煉金術的手稿可以大致上分成四組[65]。第一組是牛頓

理》和《光學講義》），他卻是牛頓最重要的創造時期的最直接的目證。
他很崇拜牛頓，1728年得一子，以牛頓名名之。他的回憶為 J. Conduitt
記錄，收在Portsmouth檔，後為Keynes購得，檔案號Keynes MS 130。
下面的引文見於 Lyman C. Newell, Newton's Work in Alchemy and
Chemistry, 在 *Sir Isaac Newton, 1727-1927: A Bicentenary Evalu-
ation of His Work*, Baltimore: the Williams & Wilkins Co., 1928, p.
212.

[63]　在牛頓的藏書中有三本 Agricola，其中 *De re metallica libri xii* 是
1621 年在 Basileæ 出版的，1727 年的 *Huggins List* 和1767 年的
Musgrave Catalogue 均有著錄，今藏三一學院，少數書頁上有折角，
Humphrey 蓋指此。

[64]　Add MS 3975, ff. 32r-41v.

[65]　下面採用的是 B. J. T. Dobbs 的分類，見氏著 *The Foundations of
Newton's Alchemy*, pp. 129-134. J. M. Keynes 原來還有一個分類，也
為四組，是為①摘錄，②翻譯，③索引和詞彙表，如 Alchemical writers
收煉金術士一百一十三人，De scriptoribus 著錄作品八十多種，④牛

摘錄的已刊著作，如 Keynes MS 17 出自 George Ripley 爵士1649
年出版的著作選，而 Keynes MS 64 則是 Basilius Valentinus 的著
作如 *Currus triumphalis antimonii* 的摘錄。第二組是牛頓在1668–
1675年間摘錄的別人的未刊資料，如 Keynes MS 22 摘自十六世紀
英國煉金術士 Edwardus Generosus 的《健康寶籍概要》。第三組裏
包含很多牛頓自己的材料，一部分是當時流行的「處方 recipes」，頗
可付諸試驗；另一部分如 Keynes MS 51 和 Keynes MS 52 是「哲
學意味更加濃重但操作細節較少的」文字。Eirenaeus Philalethes的
影響很為研究者注意❻。Keynes MS 19 可以大致斷為1669年，其
中談論Philatethes的「揭秘Secrets Reveal'd」，還探討了Sendivogius
和 d'Espagnet 的煉金術的基礎。其餘的多為晚期文字。大部分牛頓
對煉金術的早期研究歸在第四組，如 Keynes MS 58 可能寫於
1670–1675年間，而 Keynes MS 18 則可能在1675–1680年間。MS
18 又名「鎖匙」以及可能寫於1672年的 Dibner MS 1031 ❼ 被認為
是牛頓早期煉金術思想的代表作。

　　牛頓為什麼要花這麼多時間，這麼多精力在煉金術和化學的研
究上呢？他研究的目的是什麼呢？現有的資料和研究尚不足以作出
正面的無疑義的回答❽。但是，從十七世紀前半期劍橋的學術氣氛

頓自己的文字，如 Clavis = Keynes MS 18 和 Praxis = Babson MS 420
　（非 Keynes 檔）。

❻　B. J. T. Dobbs, *op. cit.*, pp. 179–182.

❼　Sotheby Catelogue, No. 113，後輾轉歸Smithsonia，全文見Betty J. T.
　Dobbs, *The Janus Faces of Genius*, Cambridge: Cambridge Univ.
　Press, 1991, App. A.

❽　研究者如 Betty J. T. Dobbs 斷言牛頓的工作是「一個求真知的統一的
　計劃」，而煉金術的研究是其中的一個成分，見前引書，pp. 18–19。

來看，牛頓的做法實在沒有什麼特別。在劍橋，對牛頓影響很大的 Isaac Barrow 和 Henry More 從來沒有排斥過談論自然中隱秘因素的可能性。

I. Barrow 對笛卡爾的機械論哲學持明顯的保留態度。他一方面讚賞笛卡爾世界圖景的清晰直捷，另一方面❻也覺得笛卡爾過分地排除了非物質的因素如靈氣 vital spirit 或靈魂 soul。他覺得世間萬物大概應該是由兩個部分，即精神的和物質的部分組成，前者靈逸飄忽，後者重濁厚拙。

Henry More 可能是牛頓煉金術思想的另一個來源。More 並不一般地反對笛卡爾的機械論哲學，他也談論微粒之類的概念。但是，對於物質本身及其運動，More 認為❼，機械論的解釋還不能說明所有的現象，特別是磁現象和引力。他提出了一種「無形物質 Substance incorporeall」，把世界萬物各種現象的產生歸之於「自然精神 Spirit of Nature」，這一精神統領萬物及其運動。這種東西並不能物化，而其本原應該就是上帝。

現代研究者還認為❼ Barrow 和 More 以及 Ezekiel Foxcroft (1633–1675) 是牛頓和所謂的 Hartlib 學派的聯絡紐帶。正是通過他們牛頓得以讀到很多隱秘幻術的手稿，而這些人共同形成了一個研

但這一說法未必能得到普遍的贊同。

❻　W. Whewell 和 Osmond 都有類似看法，為 B. J. T. Dobbs 所引用，見氏著 *The Foundations*, op. cit., pp. 100–101. 下面講靈魂的一段見於 I. Barrow, *Works*, v. 4, p. 101, 但 Barrow 是用「這些哲學家認為……」的形式說的，儘管他自己似乎也這麼認為。

❼　H. More, *The Immortality of the Soul*, ..., London, 1659, pp. 457–458, p. 469.

❼　Betty J. T. Dobbs, *op. cit.*, pp. 112–113.

究隱秘幻術的「大圈」。

在牛頓時代，金屬被認為是由相同的基質構成的，各種金屬僅在於這些基質的搭配比例不同。適當地改變這種比例，即可以得到各種不同的金屬。他們所說的基質是「硫」和「汞」，但絕非通常的 S 和 Hg，而是一種「硫精 spirit of sulphur」和「哲人汞 philosophic mercury」。通常的硫和汞結合生成辰砂即硫化汞 HgS，「硫精」和「哲人汞」的混合則生成金屬。如果比例適當，就可以得到黃金，白銀或任何別種金屬。所以第一步，是要提煉出真正的「硫精」和「哲人汞」，第二步是找出相關的神秘的比例，第三步是通過某種方式使「硫精」和「哲人汞」按這種既定的比例結合起來。

牛頓的工作是沿著這一方向發展的。一六六〇年代末，牛頓的精力集中在從金屬汞中提煉出「哲人汞」來。他試了兩個方法，一是把汞和另一種金屬溶解在類似於硝酸的一種水溶液 aquafortis 或「強水」中，得到汞齊，再進一步抽提出樣品，稱為「濕法」；另一條途徑是把升汞和氯化銨混合，加熱得到樣品，稱為「乾法」。從現代化學的眼光看，他得到的就是金屬汞；但十七世紀煉金術士認為，此汞非彼汞，這兒得到的該是真正的「哲人汞」。我們上面用了幾行文字描述的這兩個過程耗去了牛頓的很多時間，直到 1696 年，他才比較有把握地認為他自己的確發現了完成這一神秘過程的合適的比例。

牛頓關於煉金術和化學的工作對於後來相關科學的發展有無貢獻似乎還沒有到下結論的時候。就現有的研究來看，好像可以說相當有限。對於牛頓後來的精神崩潰，倒是有研究說❼和汞中毒很

---

❼　L. W. Johnson and M. L. Wolbarsht, *Notes and Records of the Royal Society*, *34* (1979) 1.

有些關係；他常年與各種毒物為伍，沉溺在汞，砷和硫磺的蒸氣煙
裊之中，有些猜測甚至把他的去世都歸為中毒，也不見得全無道理。
然而對於科學發展真正有深遠意義的，是他在這些研究中形成和發
展的物質相互作用的觀念。這些觀念不久就將在他的力學研究中發
揮重要作用，幫助他突破笛卡爾機械論哲學的藩籬。這一神秘主義
和機械論哲學的聯姻，使牛頓有可能重新構造「力」的概念，成為
力學發展上的重要轉折點。

五、什麼是力？

從遠古時代，力的概念就是和生命體相連的。據考證⑦，早在
第十九王朝，即西元前十四至十三世紀的 Memphis 時代，埃及人
就有了「抽象的力的概念」。 前四世紀的《墨子》則把力作為和人
體相關的一事⑭來討論。對於那些不見形體的力的作用如風暴雷電，

⑦　M. Jammer, *The Concept of Force*, Cambridge: Harvard Univ. Press,
1957, pp. 18–19. M. Jammer 的論斷基於 Papyrus Harris 500，並參考
了 J. J. Hess (1888), F. L. Griffith (1900), W. Spiegelberg (1922), 和
Hans Bonnet (1952) 的研究，詳 Jammer 的引證。

⑭　見〈墨經〉經上二十一：「力刑之所以奮也」。本段常為治中國科學史
者所重視，詮釋紛然。譚介甫將「奮」訓為「加速度」， 進而認為中
國人在前四世紀已有了類似牛頓第二定律的觀念，見《墨辯發微》，北
京：科學，1958，第65–66頁。方孝博同意這一詮釋，並引《列子・
說符》以張其說，見《墨經中的數學和物理學》， 北京：中國社會科
學，1983，第51–52頁。但陳美東認為這不過是說「力是人體所具有
的使運動發生轉移和變化的手段」，見杜石然等《中國科學技術史稿》，
北京：科學，1982，上冊第121頁。戴念祖也認為這兒談不上什麼「加
速度」概念，只是說「力和重是相當的」。見《中國力學史》，石家莊：

古人則常歸於超自然的人格神。但有少數現象確實既不能訴諸能動
的生命體，又似乎不能納入神的一統畫面，解釋遂遭遇困難。磁現
象即為一例。

W. Gilbert 是全面描述磁現象的第一人。1600 年初版的《論
磁》**⑦**常被看作是近代實證科學的典範。全書六冊，百十五章，凡
與磁力磁石有關的各個方面都有基於實驗的討論。至此，磁不再只
見於馬可孛羅從中國帶回的神奇的磁羅盤 **⑦**，而是一種普遍的自然
現象了。

約略同時，亞里士多德的世界圖景被十六世紀天文學的種種發
現所動搖：「月上」「月下」的分野被打破，「天體何能運動不息」
則成了有意義的問題；既然萬物並非都在孜孜然奔赴各自的「自然
位置」，重物下落也成了需要解釋的現象。

開普勒大概是第一個試圖解決這個問題的學者。在1609年出版
的《新天文學》中，他談到了 **⑦** 一種 species immateriata，或者一
種「非實物的」東西。這種東西類似於光，從太陽發出，依平方反
比的規律衰減。開普勒認為行星由此被驅動繞日環行。同樣，地球
也有這一 species immateriata，該物事以同樣的方式使月亮繞地運

河北教育，1988，第27–28頁。綜合經文字面考究和科學發展的整個
畫面，鄙意以為陳說戴說近是。

⑦　W. Gilbert, *De Magnete*, London, 1600. 本書初版極為少見。專家估計
印數遠少於同年出版的莎士比亞初版，見 Derek J. de S. Price 為 *De
Magnete* 英譯本重印版寫的前言，New York: Basic Books, 1958, p.
viii. 該書英譯初版見於1900年，譯者達十人之多。

⑦　W. Gilbert, *op. cit.*, p. 4.

⑦　J. Kepler, *Neue Astronomie*, 1609, Eng. tr. M. Caspar, Munchen, 1929,
p. 34.

行❼❽。至於天體的更複雜的運動，開普勒進一步訴諸磁力。早在 Gilbert 工作發表之前，開普勒就對磁現象深感興趣，在得到更多的數據以後，他完成了基於磁作用的對行星橢圓軌道的解釋❼❾。

開普勒恐怕是第一個企圖分析天體「為什麼」能運行不息的天文學家。與他同時的笛卡爾，作為代表一個時代的哲學家，則力圖在更大的尺度上對整個宇宙的運動作統一的說明和解釋。他的基本圖景是精妙物質 matiere subtile 的渦漩，與開普勒的說法頗有類似之處，但笛卡爾在他的主要著作如 *Le monde* 和《哲學原理》中從未直接引述過開普勒。除了其他種種可能的原因如開普勒的工作過於數學化，重要的一點在於笛卡爾斷然拒絕任何神秘的東西。笛卡爾機械論的精髓在於，力的作用一定涉及作用者和被作用者的機械接觸。對於笛卡爾來說，運動的改變是通過碰撞實現的，談論抽象的力是沒有意義的。開普勒之訴諸磁力沒有達到機械論解釋的基本要求。

要用機械論認可的機制解釋天體運動，笛卡爾學說中的無所不在的精妙物質就成了一種必不可少的東西。整個宇宙必須為之充滿，任何運動或衝動由此可以到處傳播。因為精妙物質的微粒連成一片，構成一個整體，其中一個部分的位移必然引起另個一部分的位移，於是整個宇宙的運動即呈首尾相連的環形，即笛卡爾所謂的「渦漩 vortex」。

牛頓從大學時代起❽⓪即通過這一圖景來理解力和運動。在三一

---

❼❽ *Ibid.*, p. 234.

❼❾ 見氏著 *Epitome Astronomiae Copernicanae*, 1618, 1620 以及1621年分三次刊出。參見 J. L. E. Dreyer, *A History of Astronomy from Thales to Kepler*, New York: Dover, 1953, pp. 394–398.

學院筆記本裏，他最初討論的就是笛卡爾的「第一物質」❶。他大
段摘錄了笛卡爾《哲學原理》❷對這一神秘介質的討論，但同時對
太陽推動渦漩和渦漩裏帶著彗星的運動❸提出了問題，表現了牛頓
對機械論解釋的最初的困惑。

　　把這種精妙物質的圖景運用到重力上，牛頓設想了一種穿行於
物體的孔穴之間的粒子流❹。這種粒子流在射向地球的方向上運動
得快一些，在離開地球的方向上則慢一些；射向地球時它們穿入物
體的孔穴，離開時則不。這種粒子流不斷地把物體推向地面，於是
物體表現出重量。這種在今天看來頗為怪誕的說法在牛頓當時並不
見得很離奇，笛卡爾、R. Boyle❺，和 K. Digby 都有類似的理論。

　　但是牛頓比機械論哲學家更前進一步的地方在於他和實驗或
實踐的聯繫。我們還記得，對於笛卡爾說來，邏輯上嚴整，圖景上
直觀，表達上「清晰確定」是真理的最重要的標準。但是牛頓好像
馬上就要把他的想法付諸實用。他設計了一只飛輪❻，飛輪上方一
半被一物件遮蔽。牛頓希望造成重性的粒子流由此被屏蔽，飛輪因

❽⓿　Add MS 3996, f. 12 93v (357) 記錄了1664年12月10日和17日的彗星。

❽①　Add MS 3996, f. 1 88r (337–339).

❽②　Add MS 3996, f. 11 93r (354–355). 牛頓所引的是 *Principia philoso-*
　　phie, Pt. 3, Ats. 54, 55, 64–78, 82, 84, 85, 86–92.

❽③　Add MS 3996, f. 12 93v (357). 牛頓在這兒談論的運動見於 *Principia*
　　philosophie, Pt. 3, Ats. 21, 126, 127, 72, 133–139.

❽④　Of Gravity and Levity, Add MS 3996, f. 19 97r (363–365). 這兒的
　　Gravity 與 Levity 對稱，似不宜作「萬有引力」解。案兩字實出自 gra-
　　vitäs 和 levitäs，所謂 gravis 和 levis 本性之謂也。或可譯作「重性」
　　和「輕性」。

❽⑤　R. Boyle, *Spring of the Air*, pp. 217–229.

❽⑥　Add MS 3996, f. 68 121v (430–431).

此僅僅是暴露在粒子流中的一半有重量，未受粒子流轟擊的另一半則沒有重量。飛輪因此一側重一側輕，自然能轉動不息。

這臺永動機當然沒有做成。但是要跳出笛卡爾的思路，要完全拋棄媒介概念，要一蹴而就地創造出一種新的世界圖景以及與之相聯的力的作用機制，並非如我們在三百年以後想像的那麼容易。笛卡爾關於 la matiere subtile 充滿宇宙的假說實在不是完全沒有理由的狂想曲；恰恰相反，這是他的哲學和世界圖景所必不可少的一環。沒有這一無所不在的媒介，力即無從傳遞，要說明天體運動的機制，要討論磁力和重力，好像非它不可。

這樣看來，為了把任何神秘的東西排斥在世界圖景之外，必須引進 la matiere subtile。笛卡爾堅持說這不是神秘的；但是這一物事，既無處不在，又無從探測；既極其稀薄從而行星可以穿行其中而不稍感滯礙，又極其致密所以光和其他各種力的「衝動」可以由此傳遞而不略受損失，實在不能說不玄奧費解。看來機械論哲學並不能將其基本信念貫徹到底而不稍涉及為其不屑的隱秘幻術所津津樂道的觀念。但是如果拋棄笛卡爾的 la matiere subtile 重新構造世界圖景，首先面臨的是物體和物體間的相互作用的機制問題，簡單地說，就是一物如何作用於另一物呢？既然沒有媒介，那麼力是怎麼施與承受的呢？或者說，在排除了有生命的作用體以後，在排除了無生命的被動傳遞以後，力到底是一種什麼東西呢？

對於力的本質的探討就這樣和對於整個世界本質的探討聯繫在一起。牛頓關於力的概念形成於七〇年代，而在這一階段，牛頓對自然的精深微妙的本質的探尋很突出地表現在他對「金屬嬗變」的研究。寫於這時的 Clavis 或「鎖匙」❽記錄了如何利用通常的汞，

銻和金最後煉成「哲人汞」的。牛頓這樣描述他的實驗:

> 我把這樣一個盛有金液的容器放在火上,可以看出,其中的
> 金子不是因腐蝕成原子而化解,而是靠著內外夾擊的力量化
> 成了水銀,活潑流動,就像在這個世界上任何地方發現的水
> 銀一樣……金液起泡翻滾,然後腐朽敗壞,液滴衝騰四濺,
> 顏色逐日變化,種種現象常使我欣喜驚訝。[88]

這個試驗所依據的是一種金屬變化成長的理論。牛頓很早[89]就
認為金,銀,鐵,銅等等各種金屬均屬「同根」, 宇宙間萬物均受
同一「精氣」 [90]所鼓舞制約,「在金為金,在人為人」[91]。

---

[87] Clavis 即 Keynes MS 18, 拉丁原文和英譯發表於 B. J. T. Dobbs, *op. cit.*, pp. 251–255, (以後引用時常在括弧中加注 Dobbs 頁碼, 以利考究)。 研究者傾向於認為牛頓是這一篇手稿的原作者, 但似乎還未可百分之百地斷言如此, 細緻的考證見上引 Dobbs, pp. 176–178, 以及同作者七年以後對 Keynes MS 34 和商榷意見的檢討, *Ambix*, 29 (1982) 198–202. 就本文的討論主題而言, 即便這份手稿是牛頓的摘錄或轉錄, 其中所反映的是牛頓一六七○年代中期的研究興趣則是毋庸置疑的。

[88] *Op. cit.*, f. 1r (253). 本段譯文相當隨意, 實因譯者學力不逮。案牛頓原文, 有些詞彙似另有特殊涵義, 有時章句不甚可解; 或當時煉金術士另有慣用意義, 或因隱秘幻術的傳統而有意寫得含混晦澀, 誠不易驟加判斷。信已不能, 遑論達雅。

[89] Keynes MS 12 A, 本手稿斷代為「1669年下半年」, 見 B. J. T. Dobbs, *op. cit.*, p. 133.

[90] 在 Keynes MS 18 即「鎖匙」中, 牛頓稱這一物事為 fermental virtue, 在 Dibner MS 1031 B 即「自然長成」(詳下) 中, 為 veretable spirit,

在1672年前後，牛頓明白提出，「自然作用可以分為兩種，一種是能動的，一種是純粹機械的……」❷所謂機械的化學，牛頓稱之為「俗化學」，研究的是「物質的粗重粒子的連結與分離而不涉及任何能動作用」。但是，

> 除了這些粗重物質質地中可感知的變化外，還有一種更玄妙，隱秘和高貴的方式在精氣中起作用，產生出與眾不同的成果。這種作用真正發生之處，並不在於整塊物質，而在散見於整塊物質中的極其玄妙和小到無法想像的一小部分，如果把這一部分分離出去，剩下的就是死寂的無活力的土塊……。❸

從稍後寫成的「鎖匙」❹可知，牛頓確實在實踐他對自然的這一理

　　在別處如上引 MS 12 A, magnesia 似乎也有類似的意思，蓋指一種能動的，引發並規定變化方向和方式的束西。

❶　Keynes MS 12 A, ff. 1v–2r, 原文見 B. J. T. Dobbs, *The Janus Faces of Genius*, Cambridge: Cambridge Univ. Press, 1991, p. 25.

❷　Dibner MS 1031 B, f. 5r (267), 這兒「能動的」一詞原文是 vegetable。案本詞從拉丁文 vegére，從十四世紀進入英文至十八世紀，用法同現代拉丁文 vegetus，意為「能動」active, 或 "lively, animated, vigorous", (Sir William Smith and Sir John Lockwood, *Chamber Murray Dictionary*, London, 1933) 其相關的晚期拉丁派生詞 vegetabilis 意為「獲生的」，「可長成的」(英文 enlivening)。因為本詞在理解牛頓哲學上頗關緊要，故稍費篇幅討論。至於 vegetable 今義「蔬菜」要晚至十八世紀才出現。彼時世風不古，沙拉竟取代了哲學。

❸　*Op. cit.*, ff. 5v–6r (269).

❹　Keynes MS 18 應寫於1675–1680年，考證見 B. J. T. Dobbs, *Foundations, op. cit.*, p. 134.

解方面大有斬獲，這必然大大增強了他對「精氣」的信心。但是對
自然的另一方向的探索，即對笛卡爾的精細物質或matiere subtile的
研究卻頗令人失望：不要說實踐上利用產生重力的粒子流推動的永
動機永遠沒有動過，在理論上說也有不通的地方。最明顯的問題是，
誰來推動這些「精妙粒子」形成粒子流呢？

一六七〇年代中，牛頓注意到 R. Boyle 的一個實驗：金屬在與
空氣隔絕的容器裏加熱後變重❾❺。牛頓認為，「很明顯，『重量的』
增加來自一種最最精細的鹽精，透過玻璃（壁）上的孔穴，在煅燒
中把金屬變成了灰燼」❾❻。這種精細的東西非我們的感官所能感知，
但這實驗似乎證明了它的存在。同樣，牛頓進一步推理說，人們通
常期望在抽盡空氣的容器中單擺會比在空氣中持續更長的時間的擺
動，但實驗表明事實並非如此。這正是因為阻礙單擺擺動的並非空
氣，而是比空氣更精細的以太。牛頓接著說磁現象也可以這麼解釋。

可是他不久就發現比較複雜的實驗提出了完全相反的證據。他

---

❾❺　New Experiments to make Fire and Flame Stable and Ponderable, in
　　The Works of the Honourable Robert Boyle, ed. by Birch, v. 3, pp. 340
　　et squ. Boyle 1673 年的這個實驗在科學史上非常有名，不僅對牛頓，
　　而且對以後的燃素說都有直接的關係。簡單的介紹見於，例如 J. R.
　　Partington, *A Short History of Chemistry*, New York: Harper, 1960 (3rd
　　ed), pp. 74–75. 本書有胡作玄中譯，北京：商務，1976。Boyle報導說
　　他把 2 盎司的錫放在封口的曲頸甑裏焙燒後重量增加了 12 谷（英衡
　　grain，1谷約為64.8毫克），其實這一重量來自空氣，是因為他先打開
　　了曲頸甑的封口再進行稱量所致。

❾❻　De aere et aethere, Add MS 3970, f. 653, 發表於 HH. pp. 214–228. 牛
　　頓談到的實驗在 p. 227。Hall 夫婦認為這份手稿寫於 1673–1675 年
　　(*op. cit.*, p. 214)，但 R. S. Westfall 認為應當在 1672 年以前 (*Force in
　　Newton's Physics*, pp. 409–410)。

用空心的擺錘和實心的擺錘分別試驗**❾**，發現實心擺錘並沒有受到更大的阻力。換言之，可以觀察到的，只是空氣對錘體的阻礙，而想像中的貫穿錘體的精細粒子或以太似乎對擺的運動沒有貢獻。這無疑是對笛卡爾的無處不在的精細物質 la matiere subtile 或以太的一大否定。有了對他在煉金術研究中如此明白看見的「精氣」的作用，牛頓現在不必顧慮排除以太所造成的問題：自然中的吸引和排斥是可以談論的，——至少決不比機械論哲學所談論的「精細物質」更為離奇。真正離奇的是，現代力學中的力的概念，實在是誕生於機械論哲學和隱秘幻術的聯姻。

　　但是這是怎樣曲折的故事啊！對於古人說來，力是身體的一種感受，不必窮究；對於亞里士多德說來，天體運行重物下墜有其一定之規，也不必窮究。科學革命興起，人的理性成了最高和最終的批判原則，於是有笛卡爾輩，竭精盡智，力圖構造完全理性的世界圖景，但每每不能自圓其說。牛頓在煉金術研究中完成了這一「獲生」的飛躍，摒棄以太，從一種非常非力學化的環境中構造出了新的力學的世界圖景。

　　牛頓後來寫道，

　　　　在這樣一種媒質中（案指水之類的媒質），一個固體圓球只要
　　　　走過三倍於它直徑的長度，就會損失它運動的一半，……要
　　　　為行星和彗星的有規則而持久的運動鋪平道路，……就必須
　　　　從天空中掃清一切物質。**❽**

---

❾　牛頓在 *Principia*, Bk. 2, General Scholium, pp. 325–326 描述過這個
　　實驗。他說他是若干時日以前做的，Westfall 推測是1679年 (*op. cit.*,
　　p. 376)。

這似乎是自然的和必然的選擇。但是，力的作用究竟是什麼意思，即使在一六七〇年代的最後一兩年，仍舊是晦晦不明。

---

❾ *Opticks*, Queries, Q. 28, New York: Dover, 1952, p. 368; 中譯見前引《著作選》第184頁。這一段文字最初出現於1706年的第二版。

第五章 《原　理》

　　毫無疑問，《原理》是牛頓對人類理解自然的最偉大的貢獻。在這本五百一十一頁的書裏❶，牛頓系統地處理了當時學界所關心的天體運動的問題：通過引進關於時間空間和運動的定義和公理，並利用他所發明的數學方法，牛頓建立了完整的力學體系，這一體系最終給出了天體運動的圖景，這一圖景可以由天文觀測驗證。在這裏，牛頓給出了科學理論結構的模式：從歸納現象出發，通過嚴格的演繹推理，建立邏輯上自洽的理論體系；作為這一體系的推理結果，理論必須給出可供經驗驗證的預期。牛頓所展示的歸納和演繹相結合，數學推理和物理圖景相結合的研究方式，連同理論本身一起，構成了所謂科學思維的規範。這一規範不僅為牛頓以後所有關於自然的研究所尊崇，而且深入到人類文化的各個方面，從此以後，準確的觀測，嚴密的推理，精密的驗證作為一種全新的思維模式，進入了人類的理性生活。

---

❶ 這是指1687年的初版；1713年和1726年的再版和三版分別為第492頁和第536頁。

一、引言：1679年動力學研究狀況

　　牛頓對運動及其規律的研究, 如我們在前幾章裏力圖說明的, 起於一六六○年代中期, 而在一六七○年代, 差不多整整十年, 似乎全無進展。從表面上看, 這一中斷似乎頗為偶然。先是關於光學的研究, 反射望遠鏡的製作, 以及由此而來的關於光的本性和關於優先權的爭論; 再是數學研究尤其是流數運算方法的創立; 再是化學和煉金術的實驗。的確, 任何一項都足以完全吸收任何一個研究者的全部精力。

　　但是力學問題顯然從來沒有從牛頓的探究中完全消失過。對於科學革命時代的學者來說, 幾乎沒有什麼比完整地說明天體運動更吸引人的課題了。哥白尼、開普勒、伽里略所開創的事業, 足以使他們的繼承者獻出全部天才而不稍後悔。牛頓在「神奇年代」裏所做的「月地檢驗」正是他對這一問題的最初回應。

　　前兩章裏討論的四篇手稿提示了牛頓在 1666–1669/1670 年間在這一方向上研究的線索。手稿 Add 3958.81 和 Add 4003 討論了的動力學的基本概念和定律, 手稿 Add 3958.87 討論了圓周運動, 而手稿 Add 3958.45 記錄了所謂的「月地檢驗」。 這些研究形成了一個完整的論證格局。牛頓何以不繼續這一問題的研究而突然改換方向, 形成一六七○年代的「中斷」, 最初確實引起了不少的困惑❷。

　　但科學史的細致考察表明, 除了上面例舉的光學數學化學的研究之外, 這一中斷其實還有其內在的原因。儘管牛頓後來說「月地

---

❷　F. Cajori 作過簡單回顧, 見氏著《物理學史》, 戴念祖譯, 呼和浩特: 內蒙古人民出版社, 1981, 第64–66頁。

檢驗」的結果是「差不多密合」，其實當時可能得到的最佳結果與實驗測量值當還有大至1/6的相對誤差，這必然是令人失望的。從動力學自身的發展來考察，牛頓在1669–1670年間放棄對於力圖解釋天體運動的「開普勒問題」的研究，實在是必然的。首先，在1669年，他沒有有力的數學工具來處理橢圓，而這一曲線正是所有行星運行的軌道。其次，一系列動力學概念需要定義；質量，運動，空間，缺一不可。而更重要的是展示這一運動以及相關觀念的圖景在1669年仍付闕如。如果要保留笛卡爾的世界圖景，必然要遭遇介質以及由此而來的阻力之類的問題；如果要放棄 matiere subtile，則立即面對天體相互作用的機制問題。

　　在牛頓時代，放棄充滿介質的空間而訴諸超距作用的力意味著放棄能夠清晰解釋自然過程的機械論哲學而轉向超自然的隱秘幻術，這在科學革命已經深入的十七世紀中期是不可想像的。面對這麼多重大問題，牛頓當然需要時間作全面的考察。

　　牛頓在討論圓周運動時❸用 conatus 來描述物體飛離運動中心的傾向，這是一個典型的笛卡爾術語。在《哲學原理》第二篇裏，笛卡爾舉了一個日常習見的例子❹：用細線繫住石塊用力揮舞，則石塊作圓周運動。笛卡爾力圖用這個例子說明石塊時時有飛離中心的傾向，這一傾向的存在可以由細線所表現出來的張力證明。所謂「傾向」，就是一種「被壓制的力」或者「隱藏的力」。笛卡爾要說的，是物體的慣性，換言之，如果沒有起約束作用的細線，石塊當沿著切線方向飛離圓周中心。但是因為事實上有此約束存在，石塊的慣性所要求的直線運動就不能變成現實而只能表現為一種傾向。

---

❸　見前第三章第四節對 Add MS 3958, f. 87 的討論。

❹　Pt. 2, Art 39.

牛頓所接受的，正是笛卡爾的這一詮釋。在稍後的〈論引力和液體的平衡〉中，我們還記得❺，牛頓正是這樣定義「傾向」的。在別的一些手稿中❻，牛頓通常並用「離心的傾向 conatus a centro」和「離心力 vis a centro」之類的概念。

區分「傾向」和「力」的概念對以後動力學的發展有重要意義。對於「傾向」而言，著眼點常在作圓周運動的石塊所表現出來的慣性，是一種「如果沒有『細線的約束』， 那麼『石塊』就會……」的假想性的陳述；而引進「力」， 尤其是離心力的概念，則是對圓周運動的一種正面描述。因為離心力直接引向向心力的概念，而我們行將看到，向心力將作為一種物理實在出現在理論之中。

1673 年夏初，Christiaan Huygens 把他的新著 *Horologium oscillatorium*❼寄送牛頓。牛頓說❽他以「極滿意的心情」讀完了這本書。在書的最後，Huygens 附上了關於「圓周運動所產生的離心力」的十三條定律❾，引起了牛頓的很大興趣。在1673年6月23

---

❺ 見前第三章第五節對 Add MS 4003 的討論。下文牛頓對「傾向」的定義見該手稿「定義6」。

❻ 例如 Add MS 3958, f. 45, f. 87 和 f. 90.

❼ 即 *Horologium oscillatorium sive de motu pendulorum ad horologia aptato demonstrationes geometricae*，是書在 1673 年 4 月在巴黎由 F. Muguet 出版。該書有法譯本，常見的版本是 1934 年的 *Oeuvres completes* 本 (La Haye: Martinus Nijhoff)，在第十八卷；有英譯本，是為 *The Pendulum Clock*, trans. by Richard J. Blackwell, Ames: the Iowa Univ. Press, 1986.

❽ *C*, v. 1, p. 290.

❾ 其實 Huygens 關於離心力的工作可追溯到1659年的 De vi centrifuga，但該文直至1703年才發表。牛頓看見的 *Horologium oscillatorium* 通常被認為是關於離心力的最早的公開陳述。

日給皇家學會秘書 H. Oldenburg 的信裏❿，牛頓還提到離心力的概念應該對「自然哲學和天文學，同樣也對力學」的研究會很有用。

離心力的概念和笛卡爾的「傾向」概念其實是同一物事的兩個方面。但是採用離心力來分析圓周運動，自然導致了與之平衡的向心力概念。這是力學發展的真正重要的一步。在細線和石塊的例子中，向心力是通過細線施加在石塊上的。但是一旦要把這一觀念應用到天體運動的分析上去，由誰來充當細線的角色，或者向心力通過什麼來作用，就成了一個不容迴避的困難的問題。說到底，牛頓當時面臨的，仍舊是「什麼是力」這一老問題。

十七世紀的物理學一直在談論的，是一種作為「物體運動的力」⓫，這種力只是在碰撞過程中表現出來。為解決天體運動而引進的力，即這兒談論的「離心力」和與之平衡的「向心力」， 實在是一種新的力的作用。這種新的作用出現在圓周運動而不是在直線運動之中，其作用方式是超距的而不是依靠碰撞和接觸來實現的。

這就更加明確地提出了力的本質問題。在牛頓留下的幾百萬字的手稿中，奇怪的是，而且也令人失望的是，幾乎沒有對此的專門探討。科學史家傾向於相信，後來在1706年《光學》第二版所附的

---

❿ 但這封信由 H. Oldenburg 轉給 Huygens 時，（當時歐洲學者通信常由 Oldenburg 轉呈并抄寫附件，這種附件常不同於單件），牛頓關於離心力的概念和天文學研究的關係一段被刪去了。現代研究者認為這可能是因為牛頓怕他的研究進展被大陸學者「竊取」而採取的防禦性措施。如果真是這樣，牛頓在1673年前後當有相當的力學，天文學研究，對所謂的開普勒問題也有考察。

⓫ 本文自然不可能細致的討論十七世紀物理學的發展。關於「運動的力」的發展背景參見例如 R. S. Westfall, *Force in Newton's Physics*, pp. 529–534.

「疑問」， 大概為我們提供了一個或可追尋的線索❷，在這一研究中，光學和煉金術化學的影響鑿鑿可見。

問題25先引述了冰洲晶石的折射現象，接著討論了當時流行的笛卡爾—Huygens光學理論。該理論認為光是媒介的一種「激動」，而這種媒介就是充斥宇宙的 matiere subtile。但是牛頓在冰洲晶石的光學實驗中所看見的，是一種「光本身的特性」， 他從而猜想波動說可能並不見得是不容探討的。牛頓特別引用了波動說的主要倡導者 Huygens 的話，稱已有的（關於光學的）工作還沒有一樣是令人滿意的❸。如果波動說不成立，那麼它所要求的媒介即 matiere subtile 也就沒有一定要存在的必要。問題28接著指出，如果行星和大小天體都是在以太充斥的空間裏被拖曳著運行，那麼任何一個天體只要移動過「三倍於它的直徑的長度，就會損失它的運動的一半」❹。從行星運動來看，媒介並不能幫助運動，相反，它只能妨礙和干擾，阻滯了「巨大天體的運動」，使「自然衰退下去」。所以，媒介不僅不必保留而且必須被掃蕩。

問題31❺接著探討沒有媒介情形時的力的作用。這是牛頓力學

---

❷ 下文要討論的問題25和問題31同見於第二版，當時編號為17和23，現在用的問題號從1718年的第三版，彼時在問題16和17之間插入八個問題，而原來的問題17遂變成問題25。

❸ Huygens 原話見 *De la lumiere*, c. 5, p. 91，牛頓的引文見 *Opticks*, p. 365.

❹ 前引《著作選》第184頁。

❺ 把問題 31 作為牛頓早期思想史料分析的合理性，見 R. S. Westfall, *Force in Newton's Physics*, pp. 377–378 的討論。事實上如果把「問題31」和牛頓在 1687 年春為《原理》寫的，後來廢棄未用的 Conclusio (Add MS 4005, ff. 25–28, 30–37, 即 HH IV, 7) 作一比較，即可發現十

中最困難，也是意義最為複雜的一環，問題31的篇幅幾乎等於其他三十個問題的總和。牛頓從化學問題入手，開始討論一種獨立於碰撞，作為物體自身性質的，而不是僅僅存在於過程之中的力。牛頓寫道，「物體的微粒是否具有某種能力、效能或力量呢」? 不然的話，為什麼酒石酸鹽會潮解，而食鹽、硝石或礬就不會呢? 是不是後者缺少一種吸引力呢? 為什麼所有金屬中鐵是最容易溶解，又是最容易生鏽的呢? 為什麼鹽溶於水而不溶於油呢? 牛頓注意到兩塊磨光的大理石在真空中壓緊後可以黏聚在一起，兩塊平擺在一起的玻璃彼此距離很小時，只要底邊浸入水中，水就會在玻璃板之間慢慢上升到很高，細玻璃管在一端沒入水中時也有相同的現象。

　　牛頓還特別引用了一個實驗：將兩塊20–25英寸長的平板玻璃平行地放置，然後慢慢抬起一端，相對於另一端張一個10´–15´的角。這時如果在角的內部滴上橘子油或松節油的話，油滴會向兩塊玻璃的接合處移動。牛頓寫道：「這是因為兩塊玻璃板吸引了油滴，使之沿著吸引的方向馳跑的緣故。」❿ 這個所謂的 F. Hauksbee 實驗在牛頓當時頗為流行，而且常被作為幻術的例證當眾表演。牛頓所要說明的，卻是一種「吸引力」，一種被文藝復興以來的理性主義所斷然拒絕的，為大陸機械論哲學所不屑談論的東西。現在牛頓要認真地把這種神秘概念引進最莊嚴的自然哲學了。

四五處類似的論述，另外還有五六處出於《光學》的其他問題，如問題9，10，和12。

❿　同上中譯本第203頁。

二、注意力重新轉向力學

在1673年6月23日給 H. Oldenburg 的信裏，牛頓的確提及了離心力概念對於天文學和力學研究的重要性，事後又汲汲然把這一段議論刪去，似乎生怕對別人有所啟發。這很讓人相信他當時一定也在進行類似的研究。但是現存的史料表明他直至1679年年底，主要的注意力還不在力學天文學方面❶。他可能在煉金術方面花了不少時間，另外1678年宿舍裏的火災❶，A. Lucas 關於光學方面的詰問責難❶，以及1679年春天母親 Hannah 生病去世❷，都使得他不能

❶　*C* 所收牛頓在1676–1679年間的信共十封，其中很大一部分是被「逼迫」(*C*, v. 2, p. 263) 與 A. Lucas 關於光學的討論。

❶　Humphrey Newton 提到過這場火災，說是「早於《原理》的寫作」，並提到燒毀了光學方面的論文，見 L. T. More, *Isaac Newton*, p. 247. A. Lucas 1678年3月4日給牛頓的信 (*C*, v. 2, p. 251) 裏提及「你的損失」，H. W. Turnbull 據此猜想是指一次「相當嚴重的意外事故」。

❶　A. Lucas (1633–1693) 是 English College at Leige 的神學教授，與 Franciscus Linus 同事。Linus 曾報導說未能成功地重複出牛頓1672年的光學實驗。1675年 Linus 去世，Lucas 則繼續提出對白光分解的責難，牛頓和他在1677–1678年間有過一系列通信，牛頓顯然對於這一類責難很惱火，至於在回信中責問，「難道我非要讓你滿意不可嗎」? (*C*, v. 2, p. 263) 但是 Lucas 似乎全然不以為忤，仍然繼續寫信給牛頓。牛頓最後寫信給為 Lucas 轉信的 John Aubrey，要求後者不要再為 Lucas 轉信了 (*C*, v. 2, p. 269)。

❷　Hannah Smith 在1679年6月4日下葬。在她生病時，至少是最後階段，牛頓一直在她身邊，「通夜不眠，竭盡孝心」。事在 Conduitt 收集的回憶錄中 (Keynes MS 130.8)。Hannah 下葬以後，牛頓還在家鄉逗留了相當長的一段時間，直至11月27日才回到劍橋 (*C*, v. 2, p. 300)。

心無旁騖地研究「哲學」❷。

1679年11月24日，新任皇家學會秘書 Robert Hooke 寫信給牛頓，呼籲拋棄前嫌，言歸於好，解釋說當年關於光學的爭論是因為「有些人在你的面前說了我的壞話」❷。Hooke 要求牛頓保持和皇家學會的通信，並承諾及時向牛頓通報別人的研究成果。為了證明他的誠意，Hooke 在信的後半部向牛頓報告了他「最近的」一些想法，特別是把行星的運動分解為一個切向的運動和一個指向其運動中心的運動的做法。對於繞地球運行的月亮而言，後一運動指向地心。牛頓在四天以後覆信❷，但沒有正面回答 Hooke 所作的對於日後行星運動理論有極為重要意義的分析，而轉向討論物體從很高的高處自由下落的軌跡問題。牛頓設想了一高懸於地面上方的物體，一旦失去支持而開始自由下落。由於這一物體距地心的距離遠遠大於地球半徑，而又以相同的角速度隨地表物體一同繞地心旋轉，所以在下落開始的一剎那，這一物體的切向速度將大於地球表面由於地球自轉引起的切向速度。在下落過程中，這一速度將保持，從而使得這一物體不會落在它自己的正下方，而落在其豎直投影點的偏東一點的地方。如果它穿過地表，奔向地心，它將劃出一條螺線。

牛頓在這兒所提出的是十七世紀的自然哲學家所普遍關心的問題❷。儘管有人提出開普勒曾經有過類似想法❷，但伽里略的論

---

❷ 在這期間，牛頓唯一比較重要的哲學論著是他 1679 年 2 月 28 日給 R. Boyle 信。寫這封信的直接動因是牛頓的同學 Thomas Mauliverer 恰因事往倫敦，牛頓遂託他轉信給 Boyle，但後者似乎沒有回信，信見 *C,* v. 2, pp. 288–295.

❷ *C,* v. 2, p. 297.《通信集》的編者認為「有些人」是指 H. Oldenburg。

❷ *C,* v. 2, p. 300.

❷ 細致的討論見 A. Koyre, *Transactions of the American Philosophical*

述更可能是牛頓的直接來源。在《對話》的第二天❷，彼時 Salviati
和 Sagredo 討論「重物從塔頂向塔底降落時所劃出的線」。我們現在
知道，Salviati 在討論中所給出的解答基本上是錯的，但在當時，直
至牛頓，除了個別例外如 Borelli (1608-1679)，學者一般都認為，
如果地球的周日運動和重物下落都是勻速的，那麼「這兩種運動就
會合成一種螺線」，一如阿基米德在他的 De spiralibus 中討論過的
一樣。伽里略的分析還涉及兩個對以後研究者頗有誤導的做法，一
是把落體的終點定在地心，一是假定落體從靜止到開始下落之初的
運動❷與整個運動分開討論，這些都明顯地帶有十七世紀初物理學
的色彩。

　　牛頓提出這一題目來討論，是想表明他同意 Hooke 的分析並再
舉一例進一步說明可以把一個運動分解為兩個，特別是切向和徑向
的兩個運動來分析，還是完全沒有看懂 Hooke 提出的方法，自己另
搞一套，現在似乎難以驟然判定。11月9日，Hooke 回信，對牛頓
的分析表示讚賞，並作進一步修正。他說，他的圓周運動理論表明
下落的軌跡應該不是螺線，而似乎有點像橢圓，重物繞著中心轉若
干圈以後再落入中心。12月13日牛頓回信，表示同意 Hooke 的分析，
並且進一步得出結論說，依照這樣的分析，重物「將在其離心力和
重力的輪流作用之下，交替地上升和下落，繞（地心而）行」❷。
次年元月6日，Hooke 覆信，同意牛頓對於離心力和重力交替作用

　　　　Society, N.S., *45* (1955) 329–395.

❷　J. H. Hagen, *La rotation de la terre*, t. 2, Rome, 1911.

❷　*Dialogue, op. cit.*, pp. 165 et squ. 中譯本第215頁起。

❷　即速度等於零而加速度不等於零的情形。

❷　*C*, v. 2, p. 307.

的分析，但他同時指出牛頓把重力當作一種恆定的力是不對的,「而我的假定是吸引作用常與距中心的距離成平方反比，因此速度也將與此吸引作用成類似比例，即與距離成反比，一如開普勒所假定的那樣」❷⁹。

　　對於 Hooke 的上述通信在牛頓日後的工作中所起的作用，各家說法不一❸⁰。牛頓沒有答覆這一封信❸¹。元月17日，Hooke 再次致函牛頓，正面提出了問題：「現在仍舊未知的是那一由中心吸引作用產生的曲線的性質，這種中心吸引作用使物體從切線上，即運動的直線方向上，不斷地以平方反比於距離的比例下落……」Hooke 接著說，「我決不懷疑你能用那絕妙的方法（義案蓋指流數法）發現這曲線為何，其性質為何，並提出這一比例的物理原因……」❸²

　　問題已經再明白不過地提出了。牛頓仍舊沒有回信，原因不明。1680年11月下半月，一顆彗星出現在黎明前的天際，移動方向指向太陽，隨後消失在晨曦之中。12月中旬，又有一顆彗星出現在傍晚，背向太陽。這顆彗星變得越來越大，彗尾有四個月亮直徑寬，直掃過廣達五十度的天區❸³。「我相信我恐怕從來沒見過更大的了……」❸⁴ 皇家天文學家 John Flamsteed 如是說。

---

❷⁹　*C*, v. 2, p. 309.

❸⁰　J. Lohne, *Centaus*, *7* (1960) 5 作很大程度的肯定；L. D. Patterson, *Isis*, *40* (1949) 327–341, *ibid*, *41* (1950) 32–45 曾專門討論這一影響；但 R. S. Westfall, *Brit. J. for Hist. Scie.*, *3* (1967) 246–261 則主要強調牛頓自己的工作。

❸¹　*C*, v. 2, p. 436.

❸²　*C*, v. 2, p. 313.

❸³　見 J. Flamsteed 的觀測報告，*C*, v. 2, p. 315.

❸⁴　*C*, v. 2, p. 315.

John Flamsteed (1646–1719) 生於英格蘭中部偏南的 Denby，離 Derby 市不遠，童年少年時代一直為風濕熱所苦，為之輟學，在家自修數學和天文學，竟頗有所成。稍後為皇家學會會員 Jonas Moore 爵士所賞識，1675年被查理二世選為首任皇家天文學家，受命組建格林威治天文臺，年俸一百英鎊。在建臺過程中，預算窘迫，Flamsteed 遂慷慨解囊，為了天文臺的拱頂花了一百二十鎊。他因此常以天文臺為私產，1690 年以後更為此與牛頓大起爭論❸，和 Hooke 一起成了牛頓的兩大私敵。

John Flamsteed 是在 1674 年在劍橋結識牛頓的。在 1680 年彗星出現時，他對牛頓還頗有仰慕之心。12 月 15 日他通過 James Crompton (1648–1694) 寫信給牛頓，報告他對彗星的觀測。1680年12月到1681年3月間，他與牛頓頻繁通信討論彗星。Flamsteed 提出，從11月到12月他們所觀測的天象屬於同一顆彗星。這顆彗星在「某種磁力」的作用下，在太陽附近來回經過了兩次。牛頓斷然否定了他的猜想。在1681年2月28日給 Flamsteed 的信裏，牛頓寫道，「紅熱的磁石不會吸引鐵片，紅熱的鐵片也不為磁石所吸引⋯⋯太陽比紅熱猶有過之，一定更不能（吸引彗星）」❸。

彗星的出現無疑喚起牛頓關於天文學和力學的極大的興趣。的確，這種壯麗的天象，曾經激發過 Tycho，開普勒和伽里略的研究靈感❸；科學革命時代中叩問自然的學者沒有一個會忽略它所傳遞

---

❸ 參見下文第六章第三節。

❸ *C*, v. 2, pp. 341–342.

❸ 對1577年彗星的研究，見 Doris Hellmen, *The Comet of 1577, its place in the history of astronomy*, New York: Columbia Univ. Press, 1944, 特別是其中第三章。

的消息。問題是，它想告訴我們什麼，人世的變異，還是上帝的無所不在和無所不能？牛頓自不例外。我們還記得他在1664-1665年間所作的彗星觀測記錄❸。牛頓當時所取的是傳統的對彗星的看法，認為彗星的軌跡是直線，彗星本身不過是太陽系中的過客而已。因此同一顆彗星在太陽附近經過兩次是不可想像的。但是接連兩個星期出現的彗星，各自帶有指向相反方向的彗尾，好像又的確提示了一種「一來一去」的運動。這就使牛頓真正大感困惑。他一方面拒絕了 Flamsteed，另一方面又力圖利用已有的四次觀測記錄計算此一彗星的軌道根數❸。牛頓一定在這一問題上進行了非常艱苦的努力，直到1685年9月，他才最後向 Flamsteed 承認，五年以來他們兩人關於彗星的爭論實在是一人說對了一半：Flamsteed 所謂磁力驅動彗星的假說完全不能成立，但他最初關於1680-1681年間出現的天象其實是同一顆彗星造成的說法是對的❹。

1682年，又一顆彗星出現。我們稍後會看到，彗星，尤其是這顆後來以 Edmond Halley 命名的彗星在牛頓關於力學天文學的工作中有特殊重要的意義。但是在現在，牛頓只是很仔細地觀測了它的出沒❹，討論了彗星可能的組成。在此以後不久，牛頓似乎改變了對彗星的軌跡是直線的傳統看法，認真考慮彗星也是沿橢圓軌道運行的可能性。

---

❸ J. E. McGuire and M. Tamny, *op. cit.*, pp. 410–418. 參見本書第二章第四節。

❸ *MP*, v. 5, pp. 524–531.

❹ *C*, v. 2, pp. 419–420.

❹ Add MS 3965, f. 14.

三、De motu 或「論運動」

　　天體的運行問題在一六八〇年代初成了熱門的話題。這實在也
是自然的。從哥白尼的《天體運行論》算起，已經差不多又是一百
四十年了。無論是天文學，力學，還是數學和自然哲學，都有了長
足的進展。人類的知識無論在深度還是廣度上，和哥白尼時代都已
是不可同日而語了。對於行星運動，有開普勒的三大定律，提供了
行星是「怎麼」運動的運動學描述；對於行星「為什麼」運動或者
行星運動的物理原因，開普勒的磁力理論，笛卡爾的渦漩理論，都
做了有意思的探索。對於力的作用，有了伽里略對拋射體和重物下
落的研究，還有了 Huygens 的離心力概念，在他們的研究中，數學
成了描述運動的不可或缺的工具。當 1679–1680 年間的彗星照臨的
時候，歐洲學者們已非哥白尼時代的教士可比了。

　　好像不言而喻的約定，大家都認為支配行星運動的力應該是與
距離成平方反比的。前已提及，這個重要的，但又是毫無根據的論
斷出自一個叫做 Boulliau 的人。至少牛頓說是從他的書裏得到這一
想法的❷。Ismael Boulliau (1605–1694)❸以他在天文學和數學方面
的研究著名，他用類似於現在的變分法改進了 Ward 計算行星位置
的方法，他對開普勒的工作很有心得，歐洲很多學者都是通過他了
解後者的工作的。1645年，他的《天文研究》在巴黎出版❹，聲稱

---

❷　*C*, v. 2, p. 438.

❸　I. Boulliau 在學問界中用的是他的拉丁化的名字 Ismael Bullialdus，他
　　的工作和貢獻見 C. B. Boyer 撰 *DSB* 本傳，在 v. 2。

❹　*Astromonia philolaica, opus novum, in quo motus planetarum per*

要用新的假說來探討行星運動問題。他不同意笛卡爾，認為行星是
太陽驅動的；他又不同意開普勒，認為磁力不應當有這麼大的力量。
他於是假定有一種力從太陽發出。因為太陽所發出的光是唯一可以
想像的攜帶這種驅動力的媒介，而根據當時已有的知識，光的強度
隨到光源的距離的平方而遞減。所以 Boulliau 認為，假定這種力是
一種「平方反比」力，和光的傳播情形差不多，當無大錯。這個推
理的基礎是類比，而這個連結引力和光傳播這兩類毫不相關的現象
之間的類比看起來又是如此地清晰明白，以至於很難驟然斥為荒唐。
但是十七世紀大部分學者都不喜歡它，因為它與當時已經掌握的，
非常精密的行星運動規律如開普勒定律無明顯聯繫，又不能納入笛
卡爾的渦漩圖景，所以又很難為實證科學所接納。

　　1684 年 1 月，Edmond Halley, Christopher Wren 和 Robert
Hooke 三人在皇家學會碰面。席間天體運行的問題又被提出：或是
從平方反比的作用推出運動軌道是橢圓，或者從橢圓軌道推出作用
力是平方反比的，都可以把研究大大地推進一步。Halley 說他曾致
力於此，但發現力不能及。他說，他的努力因「數學上的困難」而
失敗。Hooke 則說他已經得到了這一證明，可是他還不想馬上說出
來，因為他要等到別人嘗試全部失敗，從而知道這個問題的困難程
度以後再公開他的結果。Halley 和 Wren 對 Hooke 的說法都表示懷
疑。Wren 說他願意拿出一本價值四十先令的書作為獎賞，送給一
個月裏提出證明的人❹。

---

　　novam ac verram hypoothesim demonstrantur, Paris, 1645; 1657 年修
　　訂，是為 *Astonomia philolaica clarius asserta.*下文談論的他的「平方
　　反比律」在是書第一版, p. 23。

❹　這是 Halley 事後寫信告訴牛頓的，見 *C*, v. 2, p. 442.

　　七個月以後，仍然沒有人能夠拿到那本書。1684年8月，Halley
在劍橋和牛頓談起這事❹，同時問牛頓，一個受平方反比力作用的
行星應當劃出什麼樣的軌道。牛頓脫口回答說「是橢圓」。Halley 大
喜過望，立即要求牛頓把證明交給他。牛頓在書桌上找了一會，沒
有找到，他於是說他可以盡快把證明補給 Halley。1684年11月，牛
頓託 E. Paget 帶給 Halley 一份題為 De motu 或「論運動」的手稿，
12月10日，Halley 正式向皇家學會報告，把牛頓的手稿登記在案❹。
這一手稿常被認為是《原理》的見諸筆墨的最早記錄。

　　「論運動」有五個抄本傳世，其中三個約略近似，常被含混地
稱為 De motu❹，另一個內容較此三個稍完整，寫作時間據信也較
前三個晚一點，大概成於1685年3月之前，是牛頓後來交給皇家學
會的本子，常被稱作 Propositiones de motu❹。第五個抄本是一份
未被科學史家研究過的手稿，藏在 Shirburn 城堡的MacClesfield檔
案中。另外還有一份題為 De motu corporum 或「論物體的運動」
的手稿，殘存三頁多，似為「論運動」開頭部分的草稿❺。細致的

---

❹　這是 John Conduitt 的說法，見芝加哥大學圖書館館藏手稿 MS 1075–
　　1077。

❹　牛頓的文章由當時的皇家學會秘書 Francis Aston (1645–1715) 登錄，
　　在 *Register Book of the Royal Society*, v. 6, p. 218.

❹　即 Add MS 3965, ff. 40–54，全名為 De motu sphaericum corporum in
　　fluidis, Humphrey（牛頓的抄寫員）的筆跡，即 HH IV, 1, MS B; ff.
　　55–62，全名為 De motu corporum in gyrum, 牛頓的筆跡，即 H IX; ff.
　　63–70, Halley 的筆跡，基本上是上一文件的抄件。

❹　發表於 S. P. Rigaud, *Historical Essay on the First Publication of Sir I.
　　Newton's Principia*, Oxford: 1838; 這本書因為1972年被紐約 Johnson
　　Reprint Corp 重印所以很容易找到。

❺　Add MS 3965, ff. 21–24, 即 HH IV, 1, MS A.

比較這些抄本的異同，判定它們傳抄時間的先後，辨認字跡和修改的文字，自不是本書所能承擔。大部分讀者感興趣的，恐怕還是物理觀念的發展，牛頓在1684–1685年間的思索，以及這一思索最終如何導向《原理》的產生。

「論物體的運動」包含五條定義。開頭是「物質的量」和「運動的量」：「物質的量產生於其比重和大小之聯合，……此一量我常以物質或質量之名稱之」。牛頓這兒所處理的是十七世紀力學家所遭遇的最困難的概念之一。奇怪的是，牛頓的這一陳述在他本人以前的文字中未見先例。他後來在《原理》中提及 **⑤**，他是根據法國人 J. Richer 1672年在法屬圭亞那的 Caynne 島上的測量分析得出這一概念的。

「論物體的運動」所列的五條定義有三條是關於「力」的，分別處理「物質的慣性力」，「衝力」，和「向心力」。牛頓首先詳細定義了 materiae vis insita 即物質的惰性力，他說這就是所謂的慣性，是物體抗拒外來影響，保持其「或者靜止或者与速直線運動狀態的能力」。要改變這種狀態，牛頓說，用的著 impetus 即衝力，雖然他強調說靜止和運動只不過是相對的。最後一個，即第五個定義，是關於向心力的，這是牛頓獨創的一個重要概念：「向心力是一種作用或潛在的作用，這一作用拖曳，逼使，或以任何其他方式使一物理趨於一個作為中心的點」。 這當然是太抽象了，牛頓於是列舉了使物體落向地面的重力，使鐵片奔趨磁鐵的磁力等等。牛頓在這個力學的核心概念上顯然遇到了極大的困難，他花了冗長的篇幅反覆說明什麼是力，但在最後還不得不寫道，「我不加區分地使用諸如吸引，衝力或內在傾向 **❷** 之類的字，並非出自物理的，而是出自數學

---

⑤ *Principia*, Bk. 3, Prop. 20, pp. 430–432.

的考慮」。我們還記得關於哥白尼天體運行論是「物理的」還是「數學的」的爭論。當科學從現象開始時，數學的描述似乎常常是科學家首先獲得的牢固的立足點。

在「論運動」中，力的定義變得簡潔明白多了。牛頓舉出了 vim corporis 即物體的力或 vim corpori insitam 即物體內（所含的）惰性力，向心力和「阻力」。　最後一條的意義將要到《原理》的第二篇寫成以後才最後明瞭。與「論物體的運動」相比，沒有「物質」和「運動」的定義。接下來是五條「假說」，牛頓又稱之為「Lex定律」。定律1即日後所謂的慣性定律，「如無阻礙，物體將由其惰性力❸維持匀速直線運動」。回看上文關於惰性力的定義，可知這兩條在邏輯上是循環的。但從哲學角度考察，這一陳述實際上是奠定了物理學的因果基礎。我們很可以把這一定律改寫為「如無原因，事物的狀態不會改變」。　如果留意笛卡爾對慣性定律的最初討論，則更可以理解牛頓為什麼要把慣性單獨提出作為理論的起點。

定律2即今日為人所熟知的牛頓第二定律：「運動和靜止狀態的變化正比於所施的壓力並發生在此力的作用方向上」。　後面三條定律談論諸如力的作用空間，力的共同中心之類，遠非可以當作「公理」一般直接接受。牛頓大概也有此感，在以後的文字中，它們都作為「命題」被移到別處去了。

再下是幾條 Lemmatas 即輔助命題，後來被稱為「平行四邊形法則」的陳述即其第一條。除了從數學上作了解說之外，牛頓未對

---

❷　原文是 *propensionis*，牛頓原稿上也係斜體。是牛頓想避免使用笛卡爾的 conatus，還是另有更深的考慮已不可知，手稿也在下一句中間突然中斷。

❸　牛頓此時已不再將「慣性」與「vi insita 惰性力」混用。

這一命題多作物理上的發揮，這可能是由於當時這一結論已為研究者所熟知，也可能是他決心建立一種數學理論而避免任何形而上學的討論。第二條實際上是伽里略定律的延伸，指出向心力造成的落體運動即使是在開始時也正比於時間的平方。我們還記得伽里略在這一點上的困惑[54]。

「論運動」的引人注目之處除了上述「定義－公理」的結構之外，是一套冠有「論物體在無阻力介質中的運動」的定理，它們所處理的實際上就是所謂的「開普勒問題」。

有的研究者認為[55]，牛頓早在應 Halley 之邀撰寫 De motu 之前，甚至早至 1679–1680 年間，就曾研究過開普勒問題並得到了相當完全的結果。如果這一猜想為真，牛頓關於天體運行的研究實際上跨越了 1679–1685 的五六年時間，從常識上看似乎比 1684 年 8 月 Halley 第一次提起這個問題到 11 月交出 De motu 一蹴而就地完成這樣一個大題目來得可信些，但是為什麼牛頓在 1679–1680 年間絕口不提這方面的研究，又成了很難理解的問題，當時他多次表示對「哲學」深感厭倦[56]。從本書考察的要求看，我們可以粗略地說，不論哪一種情形，在 1684 年前後，牛頓已完整嚴密地完成了開普勒問題的解。

牛頓首先證明開普勒面積定律，即行星的向徑在單位時間內掃過的面積相等。牛頓討論了物體由其惰性力作直線運動，而向心力

---

[54] 見《對話》，前引中譯本第215頁，他說，「這種距離開始時一定很小，極其微小，幾乎微乎其微……」

[55] 這是 J. Herivel 研究了 Add MS 3965, ff. 1 et squ. 即 H VIII 後的看法，見氏著 *Background*, Sec. 6.6, 以及 p. 247。

[56] *C*, v. 2, p. 302. 不過這也可能是牛頓發牢騷的話。

SB 在 B 點以一種瞬時作用的方式作用於它, 使此一物體移到了C點而不是沿直線方向的下一個c點。利用這一張圖, 牛頓於是很容易地證明了三角形 ABS 和三角形 BCS 面積相等。這正是開普勒利用觀測數據總結出來的經驗公式。

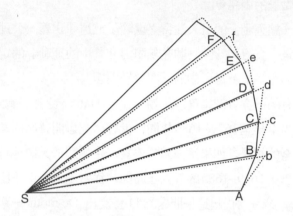

附圖❺因為三角形 ABS 和三角形 BcS 有相等的底 (作勻速運動的物體在相同的時間裏移過相同的距離 AB=Bc) 和共同的 (AB 邊上的) 高, 所以它們的面積相等; 而三角形 BcS 和三角形 BCS 又因為有共同的底 SB 和相等的 (SB 邊上的) 高所以有相等的面積, 於是三角形 ABS 和三角形 BCS 面積相等。

開普勒的面積定律曾經是十七世紀天文學家最感困惑的一個問題。現在牛頓給出的這一證明是如此簡單明瞭, 難怪後來有人調侃說牛頓證完時寫下的「此即所求 Q. E. I.」的原意是「頗易想像」❺。不管怎麼說, 這個後來作為《原理》第一篇, 第一題的證

---

❺ 下面的敘述採用牛頓在 Add MS 3965, ff. 1–2 中證明此一定理時所用的圖, 見 HH IV, 1, MS B, p. 247, 同見於 H I X, pp. 257–303.

❺ 這是一個玩弄縮寫的玩笑, Q. E. I. 原文是拉丁文 *Quod erat inve-*

明是優美的，一直被後世物理學家所激賞❺❾。

　　早在一六一〇年代，開普勒從 Tycho 留下的大量的精密觀測記錄中歸納出，如果採用適當的計量單位，行星軌道半徑的立方與其運行周期的平方在數值上相等，世稱 3/2 次冪定律。因為半徑和周期在天文上看來是風馬牛不相及的，但是開氏的定律又確實在極高的精確度上成立，這就令人大惑不解。牛頓在「論運動」的定理 2 裏研究向心力，其推論 5 證出，如果運行周期的平方等於半徑的立方，向心力與半徑的平方成反比。這是科學史上第一次從理論上推算出行星運動所涉及的力，後來牛頓把它寫入《原理》， 是為第一篇命題 4 的推論 6。至於本命題的出發點，即 3/2 次冪定律，牛頓接著在「評論」中指出，是建立在行星繞日和木衛繞木星的觀察結果之上的，而這些經驗事實已被天文學界廣泛接受。

　　定理 3 是一條預備定理，從物理上看其意義頗不易解，但為後面的證明所必須。正是由這一條定理，牛頓斷言，任何作曲線運動的物體，只要已知其運動軌跡，其所受的向心力即可解出。定理 3 由此顯然可以被看作定理 2 在非圓曲線軌道情形下的推廣。作為例證，牛頓在本定理下解出了物體在作橢圓運動時指向橢圓中心或一個焦點的力。這些工作在日後的《原理》中均占重要地位❻⓪。特別是其中的問題 3，其陳述實際上已經給出了行星運動的圖景。

　　定理 4 幾乎是定理 2 推論 5 的逆定理：如果力是平方反比的，那麼運行周期正比於橢圓的軸的 3/2 次冪。這一定理後來作為命題

---

　　　　niendum，但被讀成英文 Quite easy to imagine.

❺❾　例如，R. Feynman 稱之為「真正的物理學的」證明，見氏著《物理定律的特徵》，林多梁譯，1968，第26–30頁。

❻⓪　*Principia*, Bk. 1, Props. 4, 7, 10, 11.

15 出現在《原理》之中。牛頓在這一部分的最後加上了兩個比較複雜的問題❻以後即轉而討論有阻力的運動情形，但未作全面展開，詳細程度也遠遠不及對無阻力情形的討論。

　　「論運動」之所以倍受史家重視，並且被一再分析，是因為這份手稿顯然反映了《原理》一書的最早構想，或者可以說是《原理》的一個綱要。「論運動」已經包含了《原理》的最重要的定義，公理和定理，而且兩年以後完成的《原理》前兩篇表明，從整個結構和論述線索來看，「論運動」也確乎是《原理》的原型。

四、《自然哲學的數學原理》：第一和第二篇

　　應 Halley 的要求，牛頓決定把「論運動」發展成為一本完整的書，寫作時間應當在1685年初到1686年4月。牛頓撰寫《原理》的情形在史料中鮮有記錄，唯一可見的，是 Humphrey 的簡單回憶：「他（牛頓）對於研究非常認真，嚴肅，他吃得很少，……噢，常常完全忘了吃飯。我走進他的房間，發現他的飯菜全未動過。我提醒他時，他會說，『沒有吃過?』……」❻ 在此期間，牛頓除了同 Halley 和 Flamsteed 通信討論和《原理》有關的問題以外，幾乎中斷了所有對外聯繫。1686年4月21日，Halley 通知皇家學會牛頓的書已經準備就緒。4月28日，皇家學會收到了牛頓的手稿，即今天我們看見的《原理》的第一篇，該書的第二和第三篇稍後在1687年3月1日

---

❻　*Ibid.*, Bk. 1, Props. 17, 32.

❻　Humphrey 的回憶見於 Conduitt 檔，這兒一段轉引自 E. N. da C. Andrade, *Isaac Newton*, New York: Chaticleer, 1950, p. 77. 這段話未必就是寫作《原理》時的情形，但對牛頓的工作風格或可見一斑。

和4月4日送交皇家學會。

《原理》❻ 一書分為三篇；在這三篇正文之前冠有兩段說明性的文字，是為「定義」和「公理，或運動定律」。第一篇和第二篇都題為「論物體的運動」❻，第三篇叫做「論世界體系」。全書手稿四百六十頁，是 Humphrey 的筆跡，但牛頓和 Halley 的修改也處處可見❻。

冠於篇首的八條「定義」首先以密度和體積定義了「物質的量」，從而第一次明確區分了質量和重量兩大概念，為全書找到了一個獨立於地球引力場的立足點。「運動的量」被定義為「對運動的度量，此一度量由速度與物質的量相聯合而產生出來」。與上節「論運動」比，明顯地強調了物理量的操作意義❻。自亞里士多德起，物體的運動常被定義為「位移」，而牛頓此一定義引進了我們

---

❻ 下文所用的《原理》常從 F. Cajori 本，Berkeley: California Univ. Press, 1962, 以其易見易查，或可為讀者提供一種方便。Cajori 本是1729年 Motte 本的一個修訂版，而 Motte 所依據的是1726年《原理》第三版。如無十分的必要，下文也不再做細致的版本考究，只是在稍後（第六節）再對版本源流作簡單回顧。

❻ 在 F. Cajori 的英譯本裏第二篇題名為「論在有阻力介質中的物體運動」，意義當較為明白。

❻ 今藏皇家學會。在專業牛頓研究中，這份手稿常被稱為 M。很多研究者認為似應還有一份「草稿」，因為一則 M 顯然像是一份謄清過的稿子，與牛頓常常反覆修改的作風不合，二則以文字的艱深程度，Humphrey 似無力直接從牛頓的口述作筆錄。但遍查史料，全無「草稿」蹤跡。

❻ 「度量」原文作 mensura ejusdem，「產生出來」原文作 orta；中譯鄭太樸本作「聯合度之」，見鄭本第9頁；新譯本作「一起來度量的」，見前引《著作選》第13–14頁，兩譯均留意「度量」一詞。

今日所謂的「動量」，為物理學打開了通往動力學的大門。

接下來六條定義全部討論力的概念，篇幅占「定義」部分的3/4。牛頓列出了惰性力，衝力和向心力以及它們的度量。把惰性力和衝力分開討論是十七世紀物理學的傳統，但牛頓確乎指出，「這種力的作用既可視為阻抗，又可視為衝力……」❻牛頓花費了很長的篇幅討論向心力，一如我們上文已提及的，這實在是當時力學所面對的最困難的問題。在這些定義之後牛頓加了一段很長的注釋，研究時間和空間，我們今日所謂的絕對時空觀念即見於此。

與定義並列的是三條「運動公理」，即後世所稱的牛頓定律。細看這三條定律，第一條早已被笛卡爾表述過❽，但牛頓說來自伽里略的重物下落的公式。若從牛頓早年的手稿看❾，他則把這一則定律歸功於 Anaxagoras，亞里士多德和 Lucretius。第二定律最早見於 Waste Book，定理120❼，另一則有關的筆記說「(物體)運動的變更與引起這一變更的力成正比」❼。

第二定律中最值得注意的是，牛頓明顯地引進了力的概念。從上文可知，力作為一種無法捉摸又無處不在的作用，實在是很難進入精密科學。伽里略談論落體時，常論其下落過程，不問原因，其實是伽里略對科學解釋性要求的一個隱約反映❼。正是在這一意義

---

❻　*Principia*, Bk. 1, p. 2.

❽　*Principia philosophiae*, Pt. 2, Art. 37.

❾　Add MS 3970, f. 652. 牛頓在手稿中引述了 Lucretius, *De rerum natura*, II, 150–151, 157–162; Aristotle, *Physics*, IV, Ch. 8, 215ª19.

❼　Add MS 4004, f. 13, 即 H II e。

❼　Add MS 3965, f. 1.

❼　參見例如 Galileo Galilei, *Two New Sciences*, trans. by S. Drake, Madison: The Univ. of Wisconsin Press, 1974, 第三天，esp. pp. 165–

上，伽里略傾向於一種描述性的科學，而後來 Mach 所說的伽里略一改中世紀以來一直追問「為什麼」，即自然過程的原因，而轉向追求「怎麼」即自然過程的描述，是頗有見地的歸納。從這一角度考察第一和第二定律，可以看出後者是前者的一個必要的補充：既然物體永遠保持原來的狀態，其狀態如何改變呢？第二定律就是要回答這一問題。沒有第二定律，力學就沒有因果解釋。但是公然引進一個無法測量的量，和上文中強調的定義的「操作性」在本質上自然全不相容。牛頓很可能見著了這一點，所以不顧第一定律其實是第二定律在外力為零時的特例，仍舊把這兩種情形分開表述，以求在哲學上更加穩妥一些。因為第一定律沒有明顯地涉及力的作用，並且至少在理論上是可以驗證的。

定律 3 即作用與反作用定律，早期研究也見於 Waste Book，定義 5 及其邊注，以及公理 119 和 122 ❼。大部分研究者認為，定律 3 中牛頓的獨創部分最多。本定律後附六條推論，包括平行四邊形法則，動量守恆定律。牛頓花了很多篇幅討論第三定律，他還設計了一個實驗，這一實驗曾由 Christopher Wren 和 E. Mariotte 等人做過，但牛頓設計得更精巧，並計入了空氣的阻力等因素❼。

《原理》的第一篇分為十四章，除第一章數學準備之外，其餘十三章討論物理內容，篇幅占全書 1/3，而以第二和第三章關於向心力和在圓錐曲線上的運動最為重要。牛頓自己曾說，閱讀了這前三章以後，閱讀第三篇「論世界體系」當無困難。

171.

❼　J. Herivel, *op. cit.*, H II c, pp. 137–138, p. 139 n. f; II d, p. 142, Props. 7 & 8; II e, p. 159.

❼　*Principia*, Bk. 1, pp. 22–24.

　　第二章定理 1 是一個預備定理，內容同於我們上一節中討論過的面積定理。開普勒當年在雜亂無章的觀測數據中苦幹了十數年發現的這條規律，從來無法證明，學者只能以「發現了造物主的和諧的驚喜心情『去接受的』這份禮物」， 現在成了幾何學的一個明白嚴密的推理結果。第二章的定理 4 論向心力。在所附的推論 6 中，牛頓以一種漫不經心的方式提到，把離心力公式和開普勒的 3/2 次冪定律合用，可以推出作用力是平方反比的，而且「反之亦然」。換言之，開普勒的 3/2 次冪定律與平方反比的力的作用是一回事，一者成立必然導致另一者成立。牛頓用了一行半證完此題，瀟灑地寫下了"Q. E. I."。

　　但是問題畢竟沒有這麼簡單。易於想像的東西畢竟總不是永遠易於證明的。上面的推理用的都是圓軌道，但行星的實際運行路線是橢圓。所以從第二章定理 5 起，牛頓開始為引進橢圓做準備。第三章全部用於這一證明，而命題 11 的證明最為關鍵。這一命題斷言，在橢圓軌道上運行的物體所受的力與它到焦點的距離平方成反比，這就是 Halley 1684 年秋天最初訪問劍橋時提出的問題的逆命題。在證明中，牛頓大量地運用了古代阿波羅尼的圓錐曲線理論，並採用了運動的點在相互趨近時比例的變化。這一方法牛頓稱為首末比法，在本質上同於我們現今所熟知的無窮小技術。

　　細心的讀者會注意到，牛頓這兒給出的，並不是 Halley 問題的答案，而是它的「逆命題」。 換言之，牛頓並沒有證明在平方反比的力作用下天體的運動軌跡是橢圓，而是證明了如果一物體以橢圓為運行軌道，作用於它的中心力應是平方反比的。事實上，整本《原理》沒有提供平方反比的力必然導向橢圓的證明❼，最接近的論述

❼　此點最近的討論是 R. Weinstock, *American Journal of Physics*, 50

是命題13的系1，牛頓聲稱平方反比的力導致的軌道必是一種「圓錐曲線」，但也沒有提供完整的證明❼，也沒有說明他為什麼這樣安排論述❼。如果考慮到平方反比的作用力是不可測量的，先驗的，而橢圓軌道則是通過觀測和計算得出的可以驗證的「現象」，牛頓的做法似乎提示了他為把整個理論的基礎置於經驗事實之上，從而避免形而上學的玄想所作的努力。

命題11以下的幾個定理把平方反比的結論推廣到其他圓錐曲線上去，定理6和7在嚴格的開普勒條件下推出了面積定律和3/2次冪定律。至此，牛頓關於天體運行的工作達到了高潮。他現在已經證明，開普勒提出的行星的三大運動規律，即軌道為橢圓，向徑掃過等面積，以及3/2次冪關係和向心力的平方反比作用規律相互包容，一者成立必然導致另外兩者成立。

以下第四章到第十一章分別發展和完善上述論述。四，五兩章講如何算出行星的運行軌道；第六章處理「開普勒問題」，回答了「在任一指定時刻如何算出在一給定橢圓上運動的物體的位置」。第七章好像是獨立於整個線索之外的一個插曲，討論直線運動。第八章把向心力的作用一般化，討論「任何一種向心力」。第九章討論

(1982) 610–617.

❼　這一證明後來由 Johann Bernoulli 和 Jakob Hermann 在1710年完成並提交法國科學院，發表在 *Acta*, 1713, p. 121, 細致的討論見I. B. Cohen, Introduction, *op. cit.*, p. 255, 以及 E. J. Aiton, *Annals of Science, 20* (1964) 81–99. 他們的證明是從 *Principia*, Bk. 1, Prop. 41 引出的。在預備第二版的出版修訂本書時，牛頓曾提及這一證明，見 *C*, v. 5, pp. 5–6.

❼　I. B. Cohen 有一些討論，見 *The Birth of a New Physics*, New York: W. W. Norton, rev. ed., 1985, p. 226.

軌道也在繞引力中心轉動的物體。第十章把討論擴展到非共面情形。第十一章進一步把討論精確化。鑑於以前總是把重力中心作為不動點的做法可能導致不精確的結果，命題57處理環繞共同質量中心的兩物體的運動，而命題56及其所附的二十二條推理構成了牛頓解決三體問題的最初試嘗。

　　最後留下來的，是一個小而重要的細節。我們談論的「距離」是什麼意思呢？是從地球的表面到月球的表面呢，還是從地球的質心到月球的質心呢？對月地距離即59.5個地球半徑而言這似乎可以忽略不計，但對地球表面的物體而言，這是重要的。牛頓後來在第十二章命題75中解決了這個本質上是一個積分的問題❼❽，從而完美地完成了對行星和其他太陽系天體運動的描述。

　　第二篇分九章，占全書篇幅1/3弱。從內容上看，似乎只是第一篇的繼續，或者竟是第一篇的若干結論在阻力不為零的介質中的應用，例如其第一章論阻力與速度成正比時的情形，第二章則是阻力與速度的平方成正比的情形等等。要理解諸如此類的應用，何以要獨占一篇，則必須考察十七世紀物理學的狀況❼❾。當時笛卡爾的世界圖景仍占相當的主導地位，因此牛頓必須對充滿介質的空間作一充分的討論，以明其謬。另外本篇還涉及不少流體運動問題，也是當時物理學界所關注的，如命題36論流體從一水桶底部的小孔流出的量，即是伽里略一六三〇年代就研究過，但未能得出成果的一個

---

❼❽　前引R.瑞斯尼克和D.哈理德合著《物理學》，第一卷，第二冊，16–6節給出一個本質上與牛頓處理方式一樣的現代解法，見該書第503–506頁。

❼❾　例如R. Cotes 1713年為《原理》寫的序竟花了一半的篇幅談論此一問題，由此可見一斑。

著名問題。

　　《原理》第一篇通過九十八個命題，完整地建立了一套力學系統，從理論上解決了如何計算天體運動的問題。可以想見，這樣複雜的一個系統，一定涉及和提出了重要的哲學問題。這包括理論的結構和合理性問題，也包括這理論所處理的世界體系問題。有些是認識論的，但更有涉及最後因和上帝的本體論的。牛頓在《原理》的第三篇裏全面展開了這一方向的討論。

五、《原理》第三篇：科學方法和理論的 結構

　　1686 年 4 月 28 日《原理》第一篇的書稿由 Nathaniel Vincent (1639?–1697) 送交皇家學會 ⑧ ，5 月 19 日皇家學會決定將此書印出，6 月 2 日進一步委派 Halley 負責出版 ⑧ 。

　　皇家學會選定 Halley，一則是因為《原理》起於他的種種努力，二則也是希望他能在金錢上贊助此一出版。Edmond Halley (1656–1742) ⑧ 是倫敦一個肥皂製造商的長子，頗有多金之名。十六歲時以利用三組觀測數據解出行星軌道而見重於學界，二十歲即率考察隊去 St. Helena 觀測南天諸星，而同時在研究古代學問上又有建樹。1686 年 1 月當選皇家學會專任職員，年薪五十英鎊。這份薪水實際上他從來沒有拿到過，因為皇家學會當時瀕臨破產，只好送了他五十本 Francis Willoughby 寫的 *Historia piscium* 充數。

---

⑧　*C*, v. 2, p. 431.

⑧　Birch, *op. cit.*, v. 4, pp. 479–480, p. 484, 491.

⑧　Halley 的傳記有 MacPike, *Notes & Queries, 14* (1935) 434–437.

　　Halley 沒有想到，除了金錢之外還有一個更讓他頭痛的事。牛頓的書稿送到皇家學會不久，Robert Hooke 時任秘書，就提出異議，說平方反比的想法是他最初提出的，所以他有理由要求牛頓在書的前言裏申明這一點。5 月 22 日 Halley 致函牛頓，極其委婉地提出「Hooke 先生似乎希望你能在前言裏多少提一下這事，如果可能的話……」❽

　　牛頓的回答又快又乾脆：「在我寄給你的文字裏沒有一個命題他可以說是他的，我因此也沒有合適的地方可以提一提他的名字。」❽ 顯然從「有些別的人」❽ 那裏了解到更多的 Hooke 關於優先權的申述，牛頓的不愉快發展到了極點。在6月20日給 Halley 的信裏，牛頓花了很長的篇幅證明他關於平方反比定律的獨創性，但同時又通知 Halley 說，有鑑於哲學是這麼一個「不講道理，愛糾纏訴訟的女人」，他決定不寫了。

　　《原理》原定分為三篇，第一篇的書稿當時正由 Halley 主持，剛剛印出了第一個印張❽，第二篇已在1685年夏天完成草稿，此時正在謄清製圖。如果牛頓就此停筆，《原理》就成了一部不完全的著作了。在回信中，Halley 表現了高度的調停技術，一方面對牛頓表示了很誠摯的支持，回憶了他最初提出天體運行問題時的情形，另一方面又解釋說其實很多人並未被 Hooke 說服，因此牛頓如果因為別人的嫉妒而放棄寫作，那就太可惜❽。這些懇切的言詞確實具

---

❽　　*C*, v. 2, p. 431.

❽　　*C*, v. 2, p. 433.

❽　　*C*, v. 2, p. 437.

❽　　見 Halley 1686年6月7日給牛頓的信，*C*, v. 2, pp. 434–435.

❽　　*C*, v. 2, pp. 441–443.

有強大的說服力，後世研究者嘗戲稱 Halley 對《原理》的最大貢獻就是寫了這封信❽。牛頓似乎被說服了，7月14日，他恢復了第三篇的寫作。

第三篇「論世界體系」的結構不同於前兩篇。首先，在正文之前有兩段獨立的說明性文字，即「哲學中的推理法則」和「現象」❾，接著是「命題」以及一篇題為「論月球節點的運動」的文字❿，最後是「總釋」。因為「總釋」實際上出現於1713年，所以我們也把它放到稍後的章節中討論⓫。

「推理法則」共四條。第一條常被稱為簡單性原則，起源於 Ockham 和 Robert Grosseteste 的時代，是一條從哥白尼時代起就被學者所信奉推崇的方法論原理⓬。牛頓的表述是「除那些真實而已足夠說明其現象者外，不必去尋求自然界事物的其他原因」⓭。牛

---

❽ I. B. Cohen, *The Introduction to Newton's Principia*, M.A.: Cambridge Univ. Press, 1971, p. 134.

❾ 在1687年第一版中，推理法則和現象統稱「Hypothesis 假說」，共九條；在1713年版中原來的假說 1 和 2 改稱「推理法則」，刪去了原來的「假說 3」，但另外又新加一條法則，共得三條。原來的假說 4 改稱假說 1，但假說 5 至 9，以及另外一條新增添的文字，統稱「現象」。至1726年版，始成四條推理法則，一條假說，六條現象的編排。

❿ 牛頓在《原理》的前言裏說，他把關於月球的討論都放在（第一篇）命題66後面，但「後來發現的一些東西，我寧願把它們插在不大適當的地方，……」可能包括這一段的安排。

⓫ 參見第六章第四節。

⓬ 例如伽里略曾把這一原則歸為「自然界能通過少數東西起作用時，就不會通過許多東西來起作用」，參見 *Dialogue*, p. 117, 中譯從前引譯本第153頁。

⓭ *Principia*, pp. 398–400; 譯文用前引《著作選》，下同。此處譯文在第

頓說這是因為「自然界喜歡簡單化」。 第二條是關於原因和結果的哲學前提，要求把相同的結果訴諸相同的原因。我們記得伽里略在《對話》裏曾談論過不少的「力」，如神力，助力，引力和内在力；牛頓在第一篇裏也定義過各種力如物質的力，惰性力，向心力。要說明它們是同一的別無辦法，只有以它們所引起的效果同一反推出原因的同一性❹。法則 3 談物質的屬性，法則 4❺則為歸納方法的合理性作出申辯：「我們必須把那些從各種現象中運用一般歸納而導出的命題看作是完全正確的，……（在）出現例外以前，仍然應當給予如此對待。」 這條法則的意義在於，它打開了經驗進入精密科學的大門，為下文引進「現象」的合法性提供了一個理論上的支撐點。

　　「現象」共六條，可以分為兩大類。一是開普勒的 3/2 次冪定律，包括第一第二和第四三項陳述；一是哥白尼所提出的日心圖景，是為第三和第五，六項陳述。

　　有了這些準備，牛頓即著手構造他的世界體系。

　　命題 1–3 證明木衛星，行星和月亮都遵從平方反比律，命題 4 把月球特別提出，利用類似月地檢驗的方法重新討論了地球對月球的引力作用，然後直至命題 12 全部討論萬有引力，至此牛頓完成了對太陽系諸天體運動的物理原因的說明。命題 13 至 19 討論行星

　　3頁。

❹　伽里略曾有類似的論述：「果有變化意味著因也有變化。」 參見 *Dia-logue*, p. 445, 中譯從前引譯本第576頁。

❺　這一條推理法則最初出現於1726年第三版，但在第二版排印時已經完成，只是由於技術原因未能印入第二版，見 I. B. Cohen, *The Intro-duction to Newton's Principia*, p. 260.

運動的軌道，命題 20 和 21 討論地球的重力。命題 22 至 35 一大段研究月球在多種引力的作用下的運動，命題 36 和 37 論潮汐，這也是十七世紀學者所關心的一個大問題。跳過兩個比較專門的命題以後，牛頓集中精力處理彗星的運動。

有趣的是，作為《原理》寫作的契機的彗星運動現在作為全書論述的歸宿，出現在對「世界體系」的最終描述之中，足足占了五十頁的篇幅。牛頓首先肯定了 Tycho 的結論，彗星是比月球遠得多的星體 **⑨**，然後在命題40中指出彗星也遵從開普勒面積定律。在命題41之後，牛頓以「例子」為題，具體討論了1680年彗星。

牛頓引用了「Flamsteed 先生」和「Halley 先生在他們的觀象臺」所得的，從1680年12月12日到1681年3月9日的觀測資料 **⑨**，並以1682年的彗星做了驗證。論述是令人信服的。在《原理》後來印完出版時，Halley 寫了一首「贊歌」冠於卷首，詩云，「曾為恐怖的淵藪，彗星的行徑幽折；而今我們懂得，不再懼怕這鬚毛氄氄的星星」 **⑨**。

的確，第三篇是第一第二兩篇的結論對於太陽系的應用，其證明常常是引述前文已經證完了的結論。值得注意的是理論的結構。我們曾提及，在第一篇裏，3/2次冪定律，橢圓軌道和力的平方反比

---

⑨ *Principia*, Bk. 3, p. 491.牛頓將這一段論述編為「Lemma 定律4」，與第一篇第一章，第二篇第一章 (p. 235) 體例相同。案牛頓常用Lemma來引述一些本質上是數學定律的文字，何以此處運用於 Tycho，尚待考求。

⑨ *Principia*, pp. 507–515. 其中 p. 508 所載數據即 Flamsteed 1681年3月7日給牛頓的信中所列，見 *C*, v. 2, p. 354; 而 p. 513 所載顯係來自 Flamsteed 1685年9月26日的信，*ibid.*, p. 425.

⑨ Halley, Ode, ll. 14–17, *Principia*, p. xiv.

作用在邏輯上等價，可以互相導出。現在，在第三篇裏，3/2次冪定律被置於另外一個層次，牛頓名之以「現象」。 天體運動問題的線索於是變得清晰：行星的橢圓軌道可以由平方反比的作用力推出，而平方反比的作用又可以從3/2次冪推出；那麼3/2次冪呢？當然我們可以說它能由橢圓軌道推出，但這樣就構成了一種邏輯上的循環，這樣構造的理論沒有明顯的物理意義。現在，在《原理》的第三篇裏，3/2次冪定律不再是一個理論的導出結果，而是一個「現象」，它的基礎不再是邏輯的自洽性，而是經驗。它是從無數的觀察事例中歸納出來的，這種歸納雖然未必完全，但是，一如「推理法則4」所言，如無例外，就是普適的。

科學理論常由三個層次構成。最基本的概念和公理是第一個層次的內容，建立在這一層次之上的是由數學和別種推理所構成的演繹體系，這一體系的給出理論結論。最高的一個層次是由這些理論結論導出的，可以與經驗事實比較的結果。理論與物理世界的聯繫在此，而其本質意義也在於此。當導出結果被經驗肯定時，理論的真理性成立。《原理》的結果嚴整地反映了科學理論的這種形式上的要求。由定義，力的概念和運動定律所構成的第一個層次，是理論的實質部分，理論的精華亦在於此。然後是占據了絕大部分篇幅的演繹部分，體系由此建立。整個體系，包括基本概念和公理和演繹推理的真理性，則由第三篇的經驗事實所肯定。

彗星就是牛頓所選擇的，用以檢驗理論的經驗事實。Halley 把1682年的彗星和1531年和1607年出現的兩顆彗星的觀測數據做了細緻的比較，重算了1682年彗星的軌道根數，預言這顆彗星將在1758年聖誕節前後重新出現。稍後，法國天文學家 A.-C. Clairaut (1713–1765) 在 Nicole-Reine Lepaute 的幫助下利用相同方法並計

入土星和木星的攝動，推算出該彗星將於1759年4月4日經過近日點❾❾。

1758年聖誕節夜，易北河畔 Dresden 的業餘天文觀察者 G. Palitsch 首先在預測天區觀測到彗星。人類的理性力量第一次直達天穹。如果說有什麼可以稱作壯麗的話，那麼這就是壯麗。1759年3月13日，彗星通過近日點，與預測日期相差不到二十天。

《原理》的其他一些結論如土星木星運動的不均衡❿⓿，地球的形狀❿❶和月球軌道的極點❿❷在稍後也陸續得到驗證。牛頓力學的真理性在十八世紀下半葉最終得以完全確立。

六、《原理》的出版

1687年4月4日，Halley 收到牛頓寄來的《原理》第三篇的書稿⓿❸，7月5日，《原理》全書印完⓿❹。在公開發行之前，Halley 首

---

❾❾ 他們是在1758年11月在法國科學院宣布他們的計算結果的，當時他們的結果是4月15日。在改進了近似方法以後，他們進一步得出這一時刻當在4月4日。Rene Dugas, *Histoire de la mecaique*, Paris: Dunod, 1950, pp. 268–273, 354–357 對 Clairaut 的工作有簡單的介紹，並見 Jeasn Itard 為 *DSB* 作的本傳。

❿⓿ 1748–1752年法國科學院懸賞徵求利用平方反比定律對土星和木星運動的分析，但直到1784年才由 Laplace 完全解決，參見例如 A. Pannekoek, *History of Astronomy*, London: Allen & Unwin, 1961, pp. 302 et squ.

❿❶ 這是 Bk. 3, Prop. 19 提出的問題。1735年 Pierre Bouguer 和 La Condamine 率兩支考察隊去秘魯得出符合理論的結果。

❿❷ 這是 Bk. 1, Prop. 45 提出的問題。

❿❸ *C*, v. 2, p. 473.

先向英皇 James II 呈上一冊，並附上一封致敬信⑩。考慮到皇上忙於照顧他的臣民而無暇仔細研究這部著作，他還撰寫了一個摘要⑩，以便皇上能於萬幾之餘多少看一看。按照當時的習慣，Halley 還匿名寫了一個書評⑩，對這部書很是作了一番稱頌。

《原理》第一版實際上有兩種印本，即 Sam Smith 印本和 J. Streater 印本⑩，總共大約印了三百至四百本，其中一小部分是皮面燙金的⑩，封面上除了書名作者之類，還載明皇家學會會長 S. Pepys 的出版許可。因為在牛頓的時代，英國出版由國家控制，只有坎特伯雷大主教，牛津和劍橋，以及皇家學會有出版權。據1953年的統計，《原理》第一版尚存一百八十九本，藏於世界各地的圖書館或為私人收藏。

在《原理》發表的一兩年裏，共得到三個法國學者撰寫的書評⑩，一個只是把各篇各章的題目羅列了一番，一個詳細地介紹了牛頓理論的內容，使一般人即使不讀原著也能多少知道一些牛頓的

---

⑩　*Ibid.*, p. 481.

⑩　*Ibid.*, p. 483.

⑩　後來發表在 *Phil. Trans.*, *226* (1695–1697) 445–457.

⑩　*Phil. Trans.*, *186* (1687) 291–297.

⑩　這兩個印本的差別僅在於封面等細節，所以除了收藏家以外，一般研究者並不十分注意區分。

⑩　 A. N. L. Munby, *Notes and Records of the Royal Society*, *10* (1952) 28–39.

⑩　是為 *Bibliotheque universelle*, *8* (1688) 436–450, *Acta eruditorum*, 1688, pp. 303–315 和 *Journal des scavanss*, 1688, p. 128, 其中一個有人懷疑是 J. Locke 所作，但匿名發表在法國刊物上，考證見 J. L. Axtell, in *John Locke: Problems and Perspectives*, Cambridge: Cambridge Univ. Press, 1969, pp. 165–182.

工作，還有一篇一方面說《原理》是「可以想像到的最完美的力學」，另一方面又說牛頓實際上作了相當任意的假說，而沒有給出天體的真實運動。

《原理》後來有兩次再版，是為1713年的劍橋版和1726年倫敦版，其中第二版又兩次重印，共印大約二千冊，第三版則印了一千二百五十冊。這兩個版本，尤其是第二版，在出版時有頗大的修訂。

第二版先由 R. Bentley，稍後改由 R. Cotes 負責修訂，四百九十四頁的書有三百九十七頁作了改動，特別是加了對於後世研究牛頓哲學神學觀念極有意義的「總注 scholium generale」。在下一章裏⑪我們將有機會簡單討論其內容。另外第一版的「假說」除一條外都已改稱「推理法則」及「現象」，這在上文中已有討論。除此以外，牛頓只是把當時已由 Johann Bernoulli (1667–1748) 指出錯誤的第二篇命題10重做了一遍，交給了 R. Cotes⑫，但未在書裏對任何一位 Bernoulli 氏表示謝意。

第三版的修訂由 H. Pemberton 負責，改動較第二版少且多屬無甚重要的細節。

鑑於即使在十八世紀初，拉丁文已不再是一般學者通曉的語言了，英譯《原理》的需要就顯得很迫切。1729年的英譯本事實上是以後所有英文版《原理》的基礎。這一工作由 Andrew Motte 完成，

---

⑪ 第六章第四節。

⑫ Johann Bernoulli 在1710年8月間注意到牛頓在此一證明中的錯誤並告訴了萊布尼茲，但沒有直接通知牛頓。Johann 認為這一錯誤表明牛頓對分析學的理解還未臻完善。1712 年 9 月，Johann 的侄子 Nicolas (1687–1759) 在倫敦脫口告訴了牛頓他叔叔的發現，牛頓在1713年元月6日給了 R. Cotes 一個新的證明，並稍後在一封信裏對 Nicolas 表示了謝意 (*C*, v. 5, p. 348)。

由他的兄弟 Benjamin 出版。在 Motte 的譯本後附有牛頓的「論世
界體系」，　這一篇文字最初見於牛頓身後未發表的手稿之中，並未
被 Motte 所依據的第三版採用。但是因為牛頓早先確實提到過他
「用通俗的方式」寫過一篇供「很多人閱讀的」對世界體系的說
明❶，所以以後所有的英譯本均採錄如儀。Motte 的英譯本翻譯質
量很高，以致在它刊出以後的兩個世紀中竟無人再嘗試重譯，只是
迭有修訂而已。最重要的一個修訂版是所謂的 Cajori 1934 年版。
Florian Cajori (1859–1930)❶出生於瑞士，在美國受教育，1894 年
在 Tulane 大學獲哲學博士學位，以後在 Colorado College 和加州大
學任教，1924–1925年曾任美國科學史學會副會長，1929年任國際
科學史學會副會長，著作甚豐。儘管現代有些研究者對他的修訂本
頗有微詞❶，「Cajori 本」仍舊是目前最廣泛使用的《原理》英譯本。

　　自1756年伏爾泰的朋友 Du Chastellet 侯爵把《原理》譯成法文
以後，其他譯本陸續完成。先是1872年 J. P. Wolfers 的德譯本，後
有1915年 A. N. Kriloff 的俄譯本，1927年的瑞典文譯本和1930年岡
邦雄的日譯本。

　　《原理》的中文本由鄭太樸先生譯出，1931年上海商務印書館
印行，以後大約至少在 1935 和 1958 年重印過兩次❶。鄭太樸 (?-
1949)❶早年在商務印書館做學徒，為蔡元培先生所識，資助往德國

❶　*Principia*, p. 397.

❶　D. Gjertsen, *op. cit.*, p. 96.

❶　I. B. Cohen，見氏注《原理》「前言」，London: Dawsons, 1968, p. xii.

❶　牛頓學說早期在中國的傳播，有郭永芳的文章，刊北京自然科學史研
　　究所編《科技史文集》第12輯。

❶　張帆，〈鄭太樸〉，《政協報》，1986年1月14日；《中國民主黨派辭典》，
　　北京：中國政法大學出版社，1989，第689–690頁略同。Pittsburgh大

哥廷根大學深造。在歐洲頗留意時務，1926年回國參加北伐，稍後厭於政治而轉向學術，先後在中山大學、同濟大學和交通大學任教，專心著述。著有《微積學發凡》、《科學概論》，譯有 Ludwig Baumgartner 著《類論梗概》，Joseph McCabe 著《進化》凡二十餘冊。1949年卒於香港北上上海途中。

可能出於典雅傳神的考慮，鄭譯《原理》用的是淺近文言。這對於大部分現代讀者說來不見得比英文易懂多少。上海自然哲學編譯組譯《牛頓自然哲學著作選》⓲，蔡賓牟譯《物理學原著選讀》⓳對《原理》中的若干重要章節有語體翻譯，頗利應用。

七、偉大的綜合

的確，《原理》以幾乎無懈可擊的完美解決了當時知識界所關心的天體運行問題，同時也建立起了經典力學的大廈。對於它以前一個半世紀的物理學，《原理》是一次綜合，一個總結；對於它以後三個世紀的物理學，《原理》則提供了一個不可或缺的基礎，一種解決問題的範式。我們這些在三個世紀以後受教育的人，現在仍然很難想像，建立一種運動規律，統帥大到星系小到塵埃，質量跨越五十個數量級的世界，需要的是一種怎樣的綜合啊⓴！

學圖書館張海惠小姐幫助查找資料，謹此致謝。

⓲　原著是 Horace S. Thayer, *Newton's Philosophy of Nature*, New York: Hafner, 1953, 譯文在1974年由上海人民出版社出版。

⓳　原著是 W. F. Magie, *A Source Book in Physics*, New York: McGraw-Hill, 1935, 譯文在1985年由北京商務印書館出版。

⓴　「綜合」一說見 W. C. Dampier, *History of Science*, Cambridge: Cambridge Univ. Press, 4th ed., p. 175, 本書有李珩中譯，北京：商務

《原理》所標誌的是人類文化史上一次規模空前的綜合，這一綜合有若干的方面。

就科學本身來說，這是物理學和數學的綜合。這一做法起於伽里略，至於牛頓而臻完善。對於天地萬物的討論，現在得以用數學的語言準確地進行，而數學所具有的獨特的推理能力又幫助人在時間和空間上突破了感官的限制，現在，人是真正地面對上下四方往古來今的宇宙了。

從亞里士多德時代起，天和地就是兩回事。Tycho 發現的新星和彗星打破了這一界限，而牛頓則更以一種嚴整的理論完成了這一統一。「天」的莊嚴觀念隨之被破壞殆盡，宇宙原來不像中世紀哲學教導的那樣狹小，塵世較之天國也並非那麼黯淡。牛頓把關於天的學問和關於地的學問會聚在一起的時候，展示了上帝和自然會聚在一起形成的權威。於是有一群人想去試圖揭示上帝的智慧，而他們所顯示的卻是不折不扣的人的智慧。

這種人後來被稱為科學家。文藝復興以來，一種對自然的興趣一直在發展，而在這一發展中活躍積極的，除了學者之外，還有工匠和貴族。前者希望關於自然的知識能給他們帶來生意上的興隆和利益，而他們本身對具體的，需要手藝的製作比較在行，也比較感興趣。他們為學術的發展帶來了技藝。鐘錶，望遠鏡和顯微鏡，以及許許多多的科學實驗裝置就是顯例。富有的貴族則不同。他們有足夠的閒暇，又有足夠的資金，科學對於他們說來是一種消遣，也是一種享受。探索自然對於他們說來在很大程度上是一種樂趣，或

印書館，1979，引文在第253頁；稍後 Alexandre Koyre 做了更細緻的研究，見氏著 *Newtonian Studies*, Cambridge: Harvard Univ. Press, 1965, pp. 3–24.

者是為了理解自然本身。他們的探索方式和他們的生活方式相適應，常常是一種純粹的理性活動。他們受過系統良好的教育，注重推理的嚴密和邏輯的完整，他們不僅為科學的發展帶來了資金，而且也助長了科學的理論化系統化趨勢。當科學革命的潮流把這兩種人推到一起，匯成目標一致的洪流時，其勢何止倍增！這種歷史上的綜合，在學術上的反映是理論和實驗的聯姻。牛頓恰恰生在這一綜合的時代。

在學術思想上，則是隱秘幻術所代表的神秘主義和訴諸理性的機械論的對抗。如我們在前文所力圖說明的，這種對抗在牛頓那兒得到了綜合。從某種意義上說，牛頓的工作就是在機械論構造的世界圖景裏引進了力的概念，而這個概念本身在本質上與上述圖景並不相容。當牛頓把這兩種相互排斥的東西揉合在一起時，他時時遭遇困難；我們行將看到，他還將為此苦惱很多年，直至他生命最後的年代。

既然有這樣的問題，牛頓理論的真理性是如何保證的呢？我們已經看到，牛頓的出發點是公理和定義，以及從現象即經驗事實中歸納出來的規律，由此而展開的是一套邏輯上自洽的演繹體系，這一體系最後給出可供經驗檢驗的結果。牛頓的方法是歸納和演繹的綜合，而理論的真理性並不由邏輯，而是由經驗最終判定的。觀測，歸納，抽象，推理，最後得出結論，再將此一結論和經驗比較，這就是牛頓為哲學提供的「科學方法」。而力的概念的引進，至少在形式上滿足了人對「原因」的追求，提供了一種因果描述。這種描述的真理性，同樣不在於先驗地假定的原因，而在於為經驗所肯定的結果。

第六章　在倫敦

　　1696 年牛頓從劍橋移居倫敦，先住倫敦塔，8 月間又搬到了離 St. James 教堂不遠的 Jermyn 街❶，他在這一住所一直住到1709年下半年。在 Chelsea 住了幾個月以後，牛頓又搬到St. Martin's 街❷，一直到1725年，才在醫生的建議下移住 Kensington。據醫生的意見，Kensington 的空氣對當時八十二歲的牛頓說來更合適。從 1696 年起，牛頓的主要精力和注意力都轉到了非學術方面。在以後的二十多年中，牛頓主要是作為皇家學會的會長，皇家造幣廠的監督和總監，Anne 女王御封的爵士❸，以及一個有著輝煌成就的科學泰斗出現在倫敦社交界的。他也和人討論他關於宇宙和萬有引力，但重點在這些概念所提示的形而上學問題；除此以外，他在皇家學會和造幣廠事必躬親，結果是讚譽和謗怨齊至。從劍橋移居倫敦在很大程度上提示了一個戲劇性的變化：牛頓離開了學術中心劍橋，進入了真正的英格蘭社會。

---

❶　L. T. More, *Isaac Newton*, New York: Dover, 1962, p. 456, 說（在一九六〇年代初）就是 Jules 旅社。

❷　牛頓故居在一九二〇年代初被拆除。在 RSW, p. 670 有這一處住宅的圖。

❸　事在1705年4月6日，見 *London Gaette*, 4116; 並見 *C*, v. 4, p. 444.

一、《原理》中隱含的形而上學問題

在《原理》寫作的最後階段，牛頓把他在第一第二篇裏發展起來的力學理論用於說明太陽系行星和彗星的運動，並令人信服地展示了理論預期和觀測的一致。但是這力是怎麼作用的呢？什麼是科學，在牛頓時代的歐洲就是以笛卡爾學說為代表的對天地萬物的解釋，所可以接受的機制呢？這些問題一定讓牛頓頗感困難。他最初顯然打算繞開對此的正面回答，所以在第一版序言裏開宗明義地聲稱，

> 由於古人認為在研究自然事物時力學最為重要，而今人則捨棄其實體形狀和隱秘性質而力圖以數學定律說明自然現象，因此我在本書中也致力於用數學來探討有關的哲學問題。❹

他接著又說，

> 哲學的全部任務看來就在於從各種運動現象來研究各種自然之力，並用這些力去闡釋其他的現象。

牛頓的確成功地利用這一方法描繪了一幅秩序井然的世界圖景。但是，幾乎是無可迴避的，形而上學的問題產生了。這就是，

---

❹ *Principia*, p. xvii, 中譯見前引《著作選》第10頁，唯occult qualities原譯作「隱蔽」。下一段引文在 pp. xvii–xviii, 中譯在第11頁，「闡釋」原文是 demonstrate, 原譯作「論證」。

吸引到底是什麼樣的作用，這幅世界圖景是怎麼形成的，而它所表現出來的理性又是哪裏來？

　　1692年，一個叫做 Bentley 的牧師寫信給牛頓正面提出了這些問題。Richard Bentley (1662–1742) 和牛頓一樣在劍橋受教育，早年頗得 Worcester 主教 Stillingfleet 的獎掖，1700年出任三一學院院長，1717年獲 Regius Chair of Divinity。Bentley 對學問鑽研頗勤，在古代經典研究上也有獨到之處；但他對個人利益地位同樣汲汲然，所以後來頗為同事和朋友所不齒。1692 年他在倫敦的Martin-in-the-Fields 開講「駁無神論」❺，曾利用牛頓的最新研究成果來加強論說效果。1692 年底他在出版這一套演講前又對文稿再作修改訂正。儘管他一年多以前就注意鑽研牛頓理論❻，但仍恐怕自己的理解有錯，所以寫信就幾個他認為是最重要的問題再詢問牛頓的意見❼。

　　Bentley 在第一封信裏提出的最主要的問題是太陽系何以如此井然有序，在天地被創造出來時為什麼只有太陽成為一個發光體而

---

❺　這是所謂的 Boyle 講座。Robert Boyle 1691年去世時指定留出五十英鎊，建立一個講座，宣傳基督教義。這個講座後來成為向公眾介紹宣傳牛頓學說的主要場所之一。繼 R. Bentley 之後，Samuel Clarke 在 1704–1705，William Whiston 在1707，以及 William Derham 在1711–1712 均參與其事，且有著作行市。參見 M. C. Jacob, *The Newtonians and the English Revolution 1687–1720*, Ithaca: Cornell Univ. Press, 1976, esp. p. 177.

❻　*C*, v. 3, p. 155. 1691年7月 Bentley 問及閱讀《原理》大約要求什麼樣的知識基礎，牛頓寫了這個回答給他。

❼　現在可以看見的版本是 *Four Letters from Sir Isaac Newton to Dr. Bentley containing Arguments in Proof of a Deity*, London: R. & J. Dodsley, 1756. 牛頓的四封信以及 Bentley 的一封信也見於 *C*, v. 3, 詳下文所引。

行星都變成不透明的，為什麼六個主要行星如此安排等等。牛頓回答說，「我認為這不是靠純粹的自然原因所能解釋的；我不得不認為它出自一個有自由意志的主宰的意圖和設計」，「除了我們的系統的創造者認為這樣是合適的而外，我不知道還有任何別的什麼理由」，「行星現有的運動不能單單出自於某一個自然原因，而是由一個全智的主宰的推動……」❽牛頓的這一看法顯然不是隨口應付Bentley 的提問。當 Bentley 提及地軸的傾斜是不是也有類似的超自然的原因時，牛頓就明白表示「看不出有什麼特別的東西可以證明上帝的存在」❾。

在第二封信裏，牛頓除了糾正了 Bentley 在理解無限概念時的一個錯誤之外，回答了行星如何開始運動的問題❿。牛頓認為，使得行星能適當地在軌道上運動需要一個「大小恰當」的「橫向推動」，「因為如果（這個力）太大或太小，就會使地球沿著別的路線運動」。「沒有神力之助，我不知道自然界中還有什麼力量竟能促成這種橫向運動」。這個問題後來常被稱作「第一次推動」。

一個月以後發出的第三封信繼續上述討論。Bentley 在回信⓫中又問及引力的本質的問題。據他的理解，吸引是「一種能使相距很遠的物體，無須機械推動，力圖相互靠近的力」，牛頓很表贊成，並進一步提出，「沒有某種非物質的東西從中參預，那種純是無生

---

❽ *C*, v. 3, p. 234; 中譯從前引《著作選》第55頁。

❾ *C*, v. 3, p. 236; 中譯第58頁。

❿ *C*, v. 3, pp. 239–240; 中譯第62頁。這兒的「橫向運動」是指行星繞日運行時的切向運動，在他們的通信裏，牛頓和 Bentley 稱行星被太陽吸引為「下落」。下兩則引文同。

⓫ *C*, v. 3, p. 246，這封信寫於1693年2月18日，沒有中譯。

命的物質竟能在不發生接觸的情況下作用於其他物質，並且給予影響，……那簡直是不可想像的」**⑫**。

　　把宇宙的理性秩序和太陽系形成時的第一次推動都歸為上帝，對於理論本身並沒有不可接受的地方。但是現在 Bentley 提出的引力的本質，卻是一個困擾牛頓多時難於回答的問題。在前一封信裏，Bentley 說重力是物質的根本而固有的屬性，牛頓未敢驟然表示同意：「因為重力的原因是什麼，我不能不懂裝懂，我還需要更多的時間對它進行考慮。」**⑬**在後一封信裏，牛頓對重力作了如下的解釋：

　　　　至於重力對於物質來說是內在的，固有的和根本的，因而一
　　　　物體可以穿過真空超距地作用於另一物體，毋須有任何一種
　　　　東西在中間參預，使其作用和力得以傳遞，這種說法在我看
　　　　來尤其荒謬，……重力必然是由一個按一定規律行事的主宰
　　　　造成的，但是這個主宰是物質的還是非物質的，我直到現在
　　　　仍想留給讀者自己考慮。**⑭**

　　其實牛頓自己也在緊張地考慮這一問題。他似乎認為力的本質應該能從對物質本性的研究中顯現出來，而化學和煉金術所探討的，正是這一問題。我們在討論牛頓七〇年代的工作時曾有機會看到他早期在這一方面的努力。事實上，如果把牛頓所有的「化學手稿」按寫作先後分類，我們會看到其中寫於1687–1696年間的約占總數

---

⑫　*C*, v. 3, pp. 253–254，中譯在第64頁。

⑬　*C*, v. 3, p. 240.

⑭　*C*, v. 3, p. 254, 中譯第64–65頁，譯文稍許改動。

的一半 ⓯。從內容上說，早期手稿多為讀書筆記，而在1680年前後，牛頓在煉金術的研究方面出現了「新的研究動向」 ⓰，即開始了自己獨立的創造，研究範圍也似較以前稍大，*Index chemicus* 當作於這段時間 ⓱。這份兩萬多英文字，長達一百一十三頁的手稿始於一六八〇年代初的閱讀，包含二百五十一條化學和煉金術術語的解釋和引證，牛頓在1690–1693年間又把它增補到八百七十九條，徵引了一百五十部煉金術著作，對其中的五千多頁論述做了摘錄。其中牛頓最心愛的四十六條，占四十二頁，涉及一百多位煉金術士和學者。

1692年3月2日和3日，Archibald Pitcairne (1652–1713) ⓲從 Edinburgh 到劍橋來看望牛頓。牛頓交給他一份手稿，題為「論酸的本質」，並與他兩次長談。從這份手稿和 Pitcairne 的筆記 ⓳ 看，牛頓當時對酸的作用以及利用這一作用去說明「吸引」確實做了仔細的考慮。在這篇短文的第一段，牛頓提出了一種說明酸如何溶解

⓯　RSW, pp. 290–291, 530–531.

⓰　R. S. Westfall, The Role of Alchemy in Newton's Career, in M. L. Righini Bonelli & W. Shea ed., *Reason, Experiment and Mysticism in the Scientific Revolution*, New York: Science History Publication, 1975, p. 200.

⓱　即 Keynes MS 30。另有一份相關的手稿，蘇富比拍賣時編號34，僅收從 Ablutio 到 Aqua Foetida 諸條，五頁，二千字，介紹在當時蘇富比拍賣目錄上，未聞有專門研究。

⓲　A. Pitcairne 是 David Gregory 的學生，後往巴黎等地學醫並在 Edinburgh 教書行醫。和大部分十七世紀的學者一樣，他對數學和其他自然科學也很有興趣。

⓳　即皇家學會藏 Greg. MS fos 17 及 65，刊 *C*, v. 3, pp. 205–212.下文引文在 p. 209, 211.

物質的機制。他說酸的粒子比「土質」的粒子精細得多。「它們被賦予一種巨大的吸引力，而酸溶解物體刺激感官的活動『能力』正是這種吸引力造成的的。」這種細微的酸粒子在溶液中包圍金屬或礦物類物體，利用其特有的吸引力把組成物體的粒子「分離」開來。牛頓還認為，酸在進行化學反應時表現出來的種種現象，如發熱，發生氣泡，甚至水珠四濺，都是這種吸引力存在，並激勵物質粒子的明證。大概 Pitcairne 問起笛卡爾對酸及其化學作用的「孔─穴」解釋，牛頓回答說，粒子上的「孔」的形狀無關緊要，因為這些孔較之液體的粒子而言要「大很多」。

1693年春夏之交，恰是 Bentley 和牛頓討論引力和太陽系等形而上學問題的同時，牛頓寫了一篇被認為是他「關於煉金術的最重要的」[20] 論文 Praxis[21]，這個題目原來似乎是指一種「精氣 quintessentia」，而牛頓開頭似乎意屬銻或銻礦石，稍後似乎轉而認為可能是鉍或鉍礦石，但他最後又很明白地表示真正的精氣應該是一種「形體之精 spiritus corporalis」或「精之形體 corpus spirituale」。研究者注意到 Praxis 手稿上盡是添補刪改，因此雜亂難讀。儘管這份手稿的涵義至今尚未全部闡明，但是哪怕是最粗心的研究者，也可以從中看到牛頓在一六九○年代初對於力和自然本質的艱苦探索了。

在這一階段，牛頓還和不少學者通信聯絡探討這些關於物質本性的形而上學問題。Nicolas Fatio de Duillier (1664–1753)[22] 是他這

---

[20]　RSW, p. 529.

[21]　即 Babson MS 420，原文並細致的研究見 B. J. T. Dobbs, *The Janus Faces, op. cit.*, pp. 300–305.

[22]　Fatio de Duillier 是瑞士人，家道殷實，頗好學，嘗遊歐洲，遍訪名師，

一時期最好的朋友，1690年剛在皇家學會宣讀了他的新作《論重力的本質》 ❷。在1689–1693的四年裏，牛頓和他至少九度會面並頻繁通信。Fatio 很受 Huygens 做法的影響，用的仍是以太圖景，牛頓對他的理論似乎不十分當真，據 David Gregory 的筆記，牛頓和 Halley 曾經為 Fatio 對萬有引力的解釋而「笑他」❷。

　　牛頓另一個最近交結的好朋友是 John Locke (1632–1704)，他1689 年剛從荷蘭回到英國。在 1690 年出版的《人類理智論》一書中，Locke 明白地援引牛頓，稱他掃清了擋住通往知識的道路的垃圾。留意 Locke 對「經驗」的推崇，不難想像，他對牛頓把整個理論體系至於「現象」的做法一定有「深得我心」之感。除此以外，這兩位英國最偉大的學者在古籍研究和化學煉金術方面還有很多共同的題目可以討論。在和牛頓的十八封通信中，他們談了空氣的本質，神學❷，特別是「汞」和 Boyle 的「紅土」，以及煉金術和化學的秘方。從現存的通信我們知道，參加這一討論和神秘研究的，還有 R. Boyle，Dickison 博士和 Cox 博士❷，後兩位在當時都以煉金術知名。牛頓，Locke 和 Boyle 還約定三人共守秘密，互通研

　　　　與 Cassinis，Huygens，以及 Bernoulli 輩均有交遊。和牛頓在1689年夏天第一次見面，幾乎立即成了好朋友，這是牛頓在待人接物上很少有的事。他和牛頓的通信均收於 *C*, v. 3, 頗利應用。1693年兩人友誼突然中止，原因似仍為懸案。

❷　*De la cause de la pesanteur*，這一著作直至1949年才刊出，見B. Gagnebin, *Notes and Records of the Royal Society*, 6 (1949) 106–160.

❷　David Gregory (1661–1708) 是牛頓的崇拜者，在和牛頓相處中，時時記下牛頓的談話或評論，這兒引用的，見 *C*, v. 3, p. 191.

❷　*C*, v. 3, p. 216 以及 p. 79, pp. 147–148.

❷　見 Locke 給牛頓的信，1692年7月26日，在 *C*, v. 3, p. 216.

究消息❷。

　　牛頓在寫完《原理》前後的這幾年裏一定常常沉浸在「力到底
是什麼」？　這一非常困難的問題裏。在機械論哲學盛行了將近五十
年的時代，吸引力之類的概念實在是非常可疑❷。但是重力，磁力
和電力的吸引作用又是如此明白可見，牛頓覺得這應當是「自然界
的一種意向和趨勢」❷，而這種趨勢是和自然的本性聯繫在一起的。
牛頓多次提到要對自然的各種不同的「表現」加以綜合的考察，「因
為自然本身必是極其簡單並且極其和諧的」❸。

　　這些討論，在後來一七一○年代進一步展開，形成了牛頓的物
質理論。1718年版的《光學》最後，加入了八個問題❸，其中六個
討論以太問題，另外兩個論人體或動物體內的「媒介」。「疑問21」
特別研究了引力，吸引力和以太的彈性。牛頓好像自然而然地把萬
有引力和磁力看作是一回事，他注意到小磁鐵按體積大小比例來說
吸引力比大磁鐵強，那麼小行星的重力也要比大行星表面強，「如
同小的物體遠比大的物體更容易受到電吸引的激動一樣」❸。所有
這些，好像是在為以前牛頓關於物質結構和本性的文字所作的注釋。

　　早在大學時代的札記裏，牛頓就談論了原子的概念。牛頓寫
道：「因此，元物質必然是原子」❸，而且這種原子也不是「數學的

---

❷　*C*, v. 3, p. 215 以及 pp. 217–218。

❷　例如大家如萊布尼茲直至1715年仍認為吸引的概念是「神秘作用」，見
　　C, v. 6, p. 251.

❷　疑問31，前引《著作選》第190頁。

❸　參見例如 *Opticks*, Query 31, p. 376, 397; 中譯見前引《著作選》第190
　　頁，又見 Add MS 4005, f. 25.

❸　即疑問17–24。

❸　*Opticks*, pp. 351–352, 中譯見前引《著作選》第172頁。

點」。 在《光學》裏，他寫道：「上帝在開創之初把物質造成堅硬，結實，有形，不可入而可移動的粒子，……甚至堅硬得永遠也不會磨損或破裂……」❸在《原理》中，他甚至把這一假設稱為「整個哲學的基礎」❸。

牛頓在這兒所遭遇的，是自然界所表現出來的理性，太陽系的起源，以及支配天地萬物的力的本質問題。它們的確是太難了。在牛頓時代如此，在三百年後的今天，雖然未敢說是毫無進展，至少比牛頓當時未見得有什麼實質上的改變。愛因斯坦曾經不無感慨地說，「世界的永久秘密就在於它的可理解性」❸。誠然斯言也。

在探索原子和上帝的奧秘的同時，牛頓也沒有忘記他所廁身其間的塵世。1691年6月30日牛頓寫信給 Locke，請他幫忙謀求造幣廠的一個職位❸， ──「如果不太麻煩的話」。Locke 因為參與光榮革命，對政治介入很深，而這時正是他在政界最有影響的時候。可是運氣不佳，儘管 Locke 有所努力，牛頓似乎注定還要再等五年才能得到這份收入頗豐的差事。

二、造幣廠：生活在塵世裏的牛頓

1693年9月中， S. Pepys 忽然收到一封牛頓寫給他的信❸。信

---

❸　Add MS 3996, f. 3 89r (340–341). 下文引文見 f. 1, 88r (337).

❸　*Opticks*, p. 400, 中譯見前引《著作選》第209頁。

❸　*Principia*, p. 399, 中譯見前引《著作選》第4頁。

❸　A. Einstein, *The Journal of the Franklin Institute*, *221* (1936) 313–347, 本句中譯在許良英等譯《愛因斯坦文集》， 北京：商務，1977， 第一卷， 第343頁。

❸　*C*, v. 3, p. 152.

不長，牛頓先是抱怨說十二個月來「既不能好好地吃，又不能好好地睡」**❸**，然後在幾句意義頗不可解的胡話以後，牛頓聲稱他決心退出社交圈，「如果我能靜靜地離開他們（指他在倫敦的朋友們）的話」。

這著實讓 Pepys 吃了一驚，因為說實在的，他與牛頓的交往並不深。Samuel Pepys (1633–1703) 早年在劍橋 Magdalene 學院受教育，畢業後一直在軍政界工作，迭有起落，後來在海軍大臣手下當秘書直至1688年，因不見容於光榮革命，1689年退休。他和牛頓的交往，是他在1684至1686年任皇家學會會長時恰巧為牛頓的《原理》簽發過出版許可，僅此而已。

幾天以後，Locke 接到牛頓 9月16日從倫敦發出的信。牛頓在信中指責 Locke「力圖用女人和別的手段」來和他搗亂，並說他覺得 Locke「還是死了好」**❹**。

這一次嚴重的精神失常好像很快就過去了。應 Pepys 的要求，John Millington 在9月28日找到了牛頓，牛頓看上去相當正常，主動提起給 Pepys 的信並深有悔意。稍後，11月26日，牛頓在給 Pepys 的信中正確地回答了後者提出的一個概率論問題**❹**。至此，這一場大亂總算完全過去。

牛頓研究者對發病的原因頗有一些猜測。一說是汞中毒**❷**，一

---

❸　*C*, v. 3, p. 279.

❸　這一抱怨顯然不真，因為牛頓至少在1693年2月25日還給 Bentley 寫過很長的信討論引力，上帝和太陽系。從這封信看，牛頓的理智至少在2月底還沒有任何問題。3月14日牛頓還有一封短信致Fatio de Duillier，似乎也未見異常。參見 *C*, v. 3, pp. 253–256, 以及 p. 263。

❹　*C*, v. 3, p. 280.

❹　*C*, v. 3, pp. 294–296.

說是「極度疲勞」❹，牛頓自己則說是「在火爐邊上睡得太多」❹。這些想來都有關係。另外，我們注意到，牛頓發病前兩個星期收到的他妹妹 Hannah 的信，當時他的妹婿病危，醫療開支不菲，Hannah 在百般無奈中給她這個唯一比較顯赫的哥哥求援❹。這恐怕也是夠牛頓煩心的。

牛頓既然自顧不暇，大概也未能給 Hannah 什麼特別有力的幫助。倒是幾年以後，當一切又都重上軌道了，牛頓把 Hannah 的女兒 Catherine Barton 接到倫敦，讓她幫助管理家務。

在牛頓的後半生裏，Catherine (1679–1740) 是很重要的一個人物。牛頓在倫敦的生活全由她照顧，而牛頓的一批最重要的手稿也是通過她保存下來的。Catherine 後來嫁給 John Conduitt (1688–1737)，他們的女兒也叫 Catherine，後來嫁給 John Wallop，乃父 1743 年受封為 Portsmouth 伯爵，而牛頓的這些手稿即轉入 Ports-

---

❹ L. W. Johnson and M. L. Wolbarsht, *Notes and Records of the Royal Society*, *34* (1979) 1, P. E. Spargo and C. A. Pounds 並以對牛頓的頭髮的分析支持此說，見 *Ibid.*, pp. 11–32, 但大部分研究者對這一說法有保留，因為細看牛頓晚年的身體情形，未發現汞中毒的其他典型症狀如脫齒等，且所謂牛頓的頭髮即使為真，也屬牛頓晚年，似不足以用來說明二十年前牛頓的身體狀況。

❹ RSW, p. 538.

❹ *C*, v. 3, p. 284.

❹ *C*, v. 3, p. 278. Hannah Barton (1652–?) 是 Hannah 和 Barnabas Smith 的女兒，牛頓的異父妹妹，適 Robert Barton。他們有四個孩子，長女也叫 Hannah，早夭，次女 Catherine，詳下文，另外兩人，Margaret 生於 1687 年，我們只知道她在牛頓去世時作為繼承人之一出現過；Robert (1677?–1711) 曾在軍中服務，1711年在加拿大魁北克附近死於海難，牛頓曾有信致其母 Hannah Barton (*C*, v. 5, p. 199) 慰問。

mouth 家族，1872年五世伯爵把這些對牛頓研究有獨特意義的檔案送給了劍橋大學，大學圖書館在 1888 年完成分類編目❹，世稱 Portsmouth 檔。

據說 Catherine 非常美麗迷人，為牛頓主持家務，小姑獨處，一時在倫敦社交界傳聞蜂起❹。主要的說法是，她和一個當時正炙手可熱的權貴 Halifax 伯爵關係曖昧❹。有人❹甚至說牛頓之得到他長年渴望的造幣廠的職位，也是得益於此。

其實並非如此。牛頓受命任造幣廠監督前住在劍橋，隨此一任命移住倫敦塔，三個月以後以其「煙霧嘈雜」移居 St. James 教堂附近的 Jermyn 街直至1709年。而 Catherine 來為牛頓管家時牛頓已是在 Jermyn 街了。牛頓和伯爵的關係事實上可以追溯到劍橋時代。Charles Montague (1661–1715) 即後來的 Halifax 伯爵在三一學院受教育，以後在政界頗為得意，1689年與牛頓一同出任光榮革命後第一屆國會的議員，1694年被任命為財政部主管。早在1687年牛頓就稱他為「親密朋友」❺。現在，Montague 既然大權在握，自然

❹　即 J. C. Adams, G. D. Liveing, H. R. Luard and G. C. Stokes, *A Catalogue of the Portsmouth Collection*, Cambridge: Cambridge, 1888. I. B. Cohen 對此一著錄頗為不滿，見氏著 *Introduction, op. cit.*, p. 12.

❹　緋聞當時當喧播人口，以至於 Mary de la Riviere Manley (1663–1724) 後來寫的一本書，*Memoirs of Europe* (1710)，其中她花了一章來描寫一個叫做 La Bartica 的蕩婦如何利用權貴為自己的父母謀求好處。

❹　從現代研究看，「事出有因，查無實據」。但是伯爵去世時的確在遺囑裏指定給 Catherine 五千英鎊現金和一處價值兩萬英鎊的產業以答謝她給他的「愉快的交談」。

❹　伏爾泰傳播此說最力，見氏著 Dictionnaire philosophique，在 *Oeuvres*, v. 42, p. 165.

❺　*C*, v. 2, p. 464.

是好朋友先得實惠。

1696年3月，Montague 寫信告訴牛頓，「作為我們友誼的一個明證」，他給牛頓找了這份清閒而收入極豐的差事❺。他事後對人說，他之所以選牛頓，是因為他不能忍受那種「很亮但是費油的燈」。

事實證明，牛頓並不省油。1696年5月牛頓走馬上任時，造幣廠正忙於重鑄錢幣。先是，英格蘭通行的是一種光邊的輔幣，用手工在模子上做成；到了英王 Charles 二世時 (1660–1685)，引進機器，全部動力由五十匹馬提供，而所造的錢幣樣式也有改動，不僅成色較以前好，最明顯的是每個錢幣都加了鋸齒邊。這種新錢和舊錢同時在市場上流通。對於一般公眾而言，大家當然喜歡新錢，於是在流通中，面值一樣的新舊兩種錢幣就有了不同的價值。1695年年底，國會通過重鑄錢幣的提案，牛頓上任時正好趕上這樣一場大忙。他先是被派去 Norwich，York，Bristol 等地幫助建立應急的造幣廠，直至 1698 年年中。這些廠在這幾年中共鑄錢九百六十萬鎊，牛頓的工作很得他的上司和同事的好評❺。

牛頓盡心努力的另一件事是打擊偽幣。以前追查審訊偽幣製造者都由下級官吏去做，但這不符合牛頓事必躬親的作風。他先向財政部申請得到人手，然後全力以赴。他出入倫敦下區的小酒店，搜取證據，到新門監獄調取在押人犯❺。1698年到1699年的一年半時間裏，他訊問了二百多個人證，收到了數量極大的檢舉信，在1697年到1698年間，有二十七人在他手裏被判處死刑。一時頗有嚴刻之名❺。他後來說，「我寧願讓他們（案指嫌犯）受苦遭難，也不願冒

---

❺　*C*, v. 4, p. 195.

❺　RSW, p. 557, 561。

❺　*C*, v. 4, p. 317.

險把他們放出去，讓他們再去造假錢⋯⋯這種人很少會洗手不幹」❺。

1699 年 12 月，造幣廠總監 Thomas Neale 去世，牛頓升任總監❺。1707年，蘇格蘭和英格蘭合併為聯合王國，決定錢幣採用英格蘭樣式。牛頓在當年春天開始計劃❺，並把自己最親密的追隨者 David Gregory 派去 Edinburgh 總理其事，11月開鑄，到次年年底，共完成三十二萬英鎊的鑄製。

這份本來是「清閒」的差事其實不清閒，而本來大家認為會相當不錯的收入事實上比想像的更豐富。除了六百英鎊的年俸之外，單是鑄幣的紅利一項，就超過每年一千英鎊。除此以外還有紅包。這在當時的英格蘭不見得可以公然說是合法，但也常有所聞。1701 年原來承包鑄造銅錢的合同到期，傳聞中有承包商願出六千英鎊打點上下，以求合同得以續簽。世上很少有人能真正擺脫金錢的壓力，牛頓現在可以驕傲地說他是不愁錢用了。

三、皇家學會

造幣廠的工作並沒有把牛頓一天的時間占滿，他還在關心皇家學會會長的職位。自從 Pepys 1688年辭職以後，這份聲名卓著的差事一直由顯貴擔當。可是很多人認為，最好能選一位有學術背景的人出任，——而且這也是學會的傳統：創立之初有辦事熱心的

---

❺　J. Craig, *Notes and Records of the Royal Society*, *18* (1963) 136–145.

❺　*C*, v. 7, p. 289.

❺　*C*, v. 4, pp. 320–321.

❺　*C*, v. 4, pp. 485–487.

Robert Hooke，後來有勤懇謹慎的 Henry Oldenburg，在他們的努力下，在1660–1680年期間，學會確實擔當了領一代風氣，引導學術方向的任務❺❽。

　　皇家學會創建於1662年。和法國科學院一樣是在國王的贊助支持下成立的。和 Louis XIV 不同，英皇 Charles II 只是在精神上支持科學事業，並不在金錢上贊助。所以皇家學會一開始就帶有強烈的業餘特色。任何人只要是對科學有興趣，或聲稱對此有興趣，都可以入會，會費每週一先令。學會同人每週聚會一次。據 John Wallis (1616–1703) 的回憶，在皇家學會的早期，

　　　　我們討論血液循環，血管瓣膜，……淋巴管，哥白尼假說，
　　　　彗星和新星的性質，木星的衛星，土星的卵形形狀，太陽黑
　　　　子及其旋轉，月亮的不對稱性，金星和水星的盈虧，望遠鏡
　　　　的改進，鏡片的磨製，空氣的重量，真空的可能性或不可能
　　　　性以及自然與此相反的趨勢，Torricelli 的實驗，重物下落時
　　　　的加速度以及諸如此類的問題。❺❾

　　皇家學會發行定期刊物，即《哲學彙報》❻⓪，一則會員們的研

---

❺❽　在科學革命時代，和很多人的猜想相反，大學常常不是學術的中心，
　　學術的獨立和自由的地位也並非從大學中產生。參見例如 R. S.
　　Westfall, *The Construction of Modern Science*, Cambridge: Cambridge
　　Univ. Press, 1971, pp. 105–119, esp. pp. 106–107.

❺❾　這段話出自 J. Wallis, *Defence of the Royal Society*, London, 1678, 轉
　　引自 Dorothy Stimson, *A History of the Royal Society*, New York:
　　Henry Schuman, 1948, pp. 37–38.

❻⓪　*Philosophical Transactions*，1665年3月27日創刊，雖然創刊比意大利

究進展可以得到及時的交流，二則皇家學會通信秘書的薪水也有了來源。1677年 H. Oldenburg 去世，這對皇家學會是很大的一個損失，學會不僅失去了一個勤謹的秘書，而且失去了一個各方面都能接受的協調人。

　　牛頓和皇家學會的關係一直不怎麼和諧。最初是光學論文 ❻ 引起的麻煩，大約一年以後，牛頓似乎忍無可忍，寫信給 Oldenburg 說要退出學會 ❻，經後者勸說才沒有堅決離開這一英國唯一的學術團體。自從為了平方反比和 Hooke 再次鬧翻以後，牛頓和這位僅次於他的學者形同水火。這時 Oldenburg 已經去世，再也沒有人能充當調停人。1699 年牛頓把一個他新近發明的六分儀拿到學會時，Hooke 又及時地表示他幾年前就做過類似的東西 ❻。好在他最近幾年身體越來越壞，雖然仍領皇家學會實驗部主任之名，但幾乎不能正常參加學會活動，所以牛頓對皇家學會的興趣也日漸增長。

　　1703年3月，會長 Somer 勛爵退休；Hooke 又很知趣地及時去世。這時，《原理》正在被廣泛地理解接受，大陸和英倫的學者正在以驚訝的欣喜研究這嶄新的科學，牛頓的聲名正如日中天，在一般人看來，會長一職，捨牛頓而其誰。11月選舉，牛頓在大約三十票中得二十四票，當選為會長。

　　如同在造幣廠的工作一樣，牛頓一上任就表現出雷厲風行的改革作風。他認為，

　　　和法國的科學雜誌晚，但一直連續出版至今。

❻　即前文第4章第2節引1672年2月〈關於光和色的新理論〉，這時牛頓發表的第一篇科學論文。

❻　*C*, v. 1, p. 262.

❻　RSW, p. 629.

自然哲學的目的在於發現自然界的結構和作用，並且盡可能
地把它們歸結為一些普遍的法則和一般的規律——用觀察和
實驗來建立這些法則，從而導出事物的原因和結果。

要貫徹這樣的一個研究原則，實驗是第一要強調的。從皇家學會建
立起，學會一直是在培根的實驗和歸納的研究方向上，只是一六八
○年代後半才有衰落。牛頓計劃❻把學會分成五個學部，即數學力
學部、天文學光學部、生物學部、植物學部和化學部。為了要振興
實驗，牛頓要在各個部設置有薪水的專業實驗員，掌管科學各個門
類的發展，向會員展示科學的最新成就。

　　1704年中，R. Boyle的學生❻Francis Hauksbee (1670–1713)最
先由自薦受聘為數學力學部實驗員。Hauksbee 其人先前頗不為人
知❻，1704年以研究暴風雨中的氣壓變化知名❻，1705年當選為皇

---

❻　牛頓的改革計劃見 Add MS 4005.2，發表在 David Brewster, *Memoirs
of the Life, Writings and Discoveries of Sir Isaac Newton*, Edingburgh:
Thomas Constable, 1855, v. 1, pp. 102–104; 本書有 New York: John-
son Reprint 1965年的影印本，頗便利用。上面引文也見同書，p. 102，
譯文參見前引《著作選》扉頁。

❻　這是根據 Hauksbee 曾改造過 Boyle 的抽氣機而作的推論。見 Duane
H. D. Roller 為重印 Hauksbee 的《物理和力學實驗》寫的前言，New
York: Johnson Reprint, 1970, p. xiii.

❻　現代研究者對皇家學會的檔案研究表明他自1704年起頗為活躍，並由
學會支付薪金直至去世（事實上去世以後他的遺孀還領過一次薪水），
見 H. Guerlac 為 A. Koyre 的祝壽文章，在 *Melanges Alexancre Koyre*,
Paris, 1964, pp. 228–253.

❻　這篇論文後刊在 *Phil. Trans.*, 292 (1704–1705) 1629–1630.

家學會會員。在研究方法上，Hauksbee 崇信實驗。他在 1710 年出版的《物理和力學實驗》[68] 一開頭就明白指出，「學術界現在已經差不多普遍認為，除了基於合理和精密設置的實驗所展示出的結論，沒有別的途徑可以改進自然哲學，而那些無用的假說，看起來實在和羅曼史差不多……」[69] 他之所以受到牛頓的注意很可能還在於他的很大一部分實驗是關於吸引力的 [70]。1706年，他進行了一系列關於電、磁和萬有引力的實驗 [71]，牛頓看了這些實驗以後曾猜想,「所有物體裏都藏有一種精氣，正是通過這種精氣，光和物體發生相互作用」[72]。牛頓後來在著名的「疑問31」中還引述過 Hauksbee 關於橘子油的實驗 [73]。

1707 年，James Douglas 受聘在皇家學會擔任解剖演示，直至 1714 年，J. T. Desaguliers (1683–1744) 和 William Cheselden (1688–1752) 分別取代了 Hauksbee 去世留下的空缺和 Douglas 的職位。

Desaguliers 最初可能是因為一組光學實驗受到牛頓的重視。但就獨創性來說，Desaguliers 的工作較 Hauksbee 所做的一系列實驗要小得多。一般而言，他是在驗證牛頓已經作出的結論。他最著名的實驗是從高二百七十二英尺的教堂頂上讓充足氣的豬尿泡和一小塊鉛砝碼同時下落，並測得下落時間，為牛頓關於物體在有阻力介

[68] *Physico-mechanical Experiments on Various Subjects*, London: J. Senex, 1710; 這本書有1970年影印本，見前注。

[69] *Ibid.*, p. A2.

[70] H. Guerlac, *Arch. intern. d'histoire des scien.*, 6 (1963) 113–128.

[71] *Phil. Trans.*, 308 (1706) 2335.

[72] *C*, v. 5, p. 365.

[73] *Opticks, op. cit.*, p. 368.

質中的運動理論取得了實驗支持❼。在他以後的生涯中，Desag-uliers 是一個熱心講解宣傳牛頓理論的「牛頓派」中堅份子。

William Cheselden 和 Desaguliers 不同，他被牛頓羅致麾下時已是一個頗有名氣的外科醫生了。他1713年出版的《解剖學》在當時極為暢銷，在出版以後的九十年中，再版十三次。他雖然名列生物學部實驗員，其實只是間或到皇家學會去做做演示而已。在以後直到牛頓去世的十幾年中，他和牛頓的關係很近，──倒不是為了做演示實驗，而是為牛頓看病。因為隨著漸入老境，從來不生病的牛頓也免不了時常有些病痛了。

和大部分一生成功的老年人一樣，牛頓也越來越不能容忍批評，管理學會的做法近於專橫；他個性本來就孤僻多疑，現在變得幾乎無法和別人共事了。John Flamsteed 原來在牛頓對彗星的研究中出力頗多，不少他的觀測資料為《原理》所引。1694年牛頓去格林威治，和 Flamsteed 討論了月球運動理論。在向牛頓提供觀測資料時，Flamsteed 頗為不智地提出了一些附帶條件，引起了牛頓的不快。1695 年初牛頓在收到資料時竟拿出兩塊金幣作為抄寫的報酬，這在 Flamsteed 看來簡直是一種侮辱。作為格林威治天文臺首任臺長，他回信說，這種錢甚至對他的僕人都是有害的❼。兩人這樣斷斷續續地爭吵，到了1704年，牛頓當選為會長，他決定運用會長的權威來解決一些長期不能解決的問題。首先是 Flamsteed 長年積累下來的月球觀測數據和一個星表，這個不肯合作的天文臺臺長始終假託種種藉口拒不交出。Flamsteed 後來私下裏說牛頓「有事需幫忙，眼中才有人」❼，仍舊一味拖延。牛頓一氣之下找到女王

---

❼　牛頓後來在修訂《原理》時引用了這一實驗，見 *Principia*, pp. 363–364.

❼　*C*, v. 4, p. 157.

陛下的丈夫幫忙，說是要贊助 Flamsteed 出版他的書。這份好意
Flamsteed 不敢拒絕，於是長達一千四百五十頁的書稿在牛頓組織的
一個編輯委員會的幫助下很快地出版了 **⑰**。牛頓的這種「鐵腕作風」
可不是僅僅針對 Flamsteed 一個人的。Stephen Gray 和 Flamsteed
過從稍密，牛頓就斷然否決了他在《哲學彙報》上發表文章的申
請 **⑱**。William Whiston 因為曾經發表過反對牛頓的意見 **⑲**，1720
年申請入會就被斷然拒絕。

　　與此同時，皇家學會裏出現了一個以 Halley 為首的「牛頓派」。
一批英國學者，老一代的諸如 Francis Aston (1645–1715)，年輕一
些的如 David Gregory，出於種種原因，無條件地支持牛頓的一切。
由他們組成的委員會常常對種種爭議作最周密的調查，包括牛頓和
萊布尼茲關於微積分的發明權問題 **⑳**，而其結果則無例外地證明牛
頓的說法是最符合事實的。

四、《光學》和所附「疑問」

　　1703年對牛頓的傳記作者說來有三件有意思的事，一是3月3日
Robert Hooke 去世，一是11月30日牛頓當選為皇家學會會長，一是

---

⑯ J. Flamsteed 對他和牛頓的爭吵有一個很長的說詞，1835年由 Francis
　　Baily 刊出，是為 *An Account of the Revd John Flamsteed, ...* 其敘述部
　　分有1966年影印本，London: Dawsons。上述引文在 p. 66。

⑰ *C*, v. 4, pp. 420–423.

⑱ R. A. Chipman, *Isis*, *45* (1954) 40.

⑲ 參見，John Nichols, *Literary Anecdotes of the Eighteen Century*, Lon-
　　don, 1812, pp. 500–501.

⑳ 見下文第七章第一節。

牛頓決定出版他長年來關於光學的研究成果。經過不長時間的準備，
《光學》❽在1704年2月問世。

　　細看《光學》的内容，很容易發現大部分定理和相關的實驗都
是在過去的二三十年裏陸續完成的，很多敍述也曾見於別處，出版
商也是熟識的 Smith 氏。這部沒有什麼十分新的内容的書何以遲至
1704年才最終出版，常使後世史家困惑❽。

　　同《原理》一樣，《光學》分為三篇❽，第一篇也是由八個定
義和八個公理開頭，下文又分上下兩部分。第一部分一共八個命題，
談不同顏色的光有不同的折射率和反射率，以及一般的折射規律即
後世所稱的 Snell 定律；如果不計關於改善（折射）望遠鏡的討論
即命題 7，這一部分有點像我們現在的幾何光學。第二部分討論顏
色的本質。一開頭先批評顏色產生於光的「修正」說❽，再是用很
長的篇幅談論了白光的分解，稜鏡和彩虹。這是牛頓的得意之筆，
現在再用更精緻的實驗加以說明，本來也在情理之中。任何一個略

────────────

❽　*Opticks, or a Treatise of the Reflections, Refrations, Inflections & Col-*
　　ours of Light, London: Sam Smith & Benj. Walford, 1704. 現在通行的
　　版本是所謂的愛因斯坦1952年序本，詳下。

❽　一個通行的說法是牛頓的主要論敵 Robert Hooke 在1703年去世，所以
　　牛頓不再耽心發表這些文字或會引起麻煩。最初關於光學的文章發表
　　引出 Hooke 的批評以後，牛頓就曾表示他已下決心不讓這些爭論來破
　　壞他「一直享有的寧靜的自由自在」(*C*, v. 1, p. 161)。但在一六九〇
　　年代後半期，Hooke 已為其自身的病痛和經濟上的窘迫所困，而牛頓
　　的聲望恰在中天，似乎不應顧忌 Hooke 的批評。

❽　《光學》1952年本前有 Duane H. D. Roller 編寫的「導讀」，羅列各章
　　内容頗詳，很是便於查檢閱讀。

❽　牛頓用四個實驗來討論，見 pp. 113–119，R. Hooke 嘗力主此說，牛
　　頓自然要詳加追究，以彰其謬。

微讀過一些牛頓的人都會馬上發現,牛頓在「出版說明」裏說的❽,這本關於光的論述的第一部分是「1675年應皇家學會同人之邀」而寫,並在皇家學會的會議上宣讀之類,當確乎是事實。

第二篇論干涉,按牛頓說完成於「十二年前」❻,也就是1691–1692年間,當時牛頓完成《原理》的寫作不久。David Gregory 1694年5月5,6,7日的筆記❼曾提到他見著「光學三卷」,「倘或印出,當可與《原理》匹敵」。Gregory 接下來還簡單地敘述了他所見到的「光學」的內容,與現在我們看見的頗為相合。可能他在皇家學會也提到過這一文稿,在同年7月4日皇家學會的日誌上有記載說「請他(牛頓)與學會聯絡以便出版關於光和顏色的論文……」❽但是牛頓遲遲未作反應。1695 年 4 月 10 日,John Wallis 寫信給牛頓❾,直截了當地問他為什麼還不把光學手稿盡快發表,並告訴他手稿的某些內容已經在「外國」流傳,Wallis 寫道,「你未能對你的學術名聲以及你的國家的名聲盡力……」這在民族主義科學觀念盛行的時代是一個很嚴重的指責。

牛頓對這封信的回答史籍失考,但是他顯然還要再等十年才把這本書印出來。細看第二篇,四個部分全部都是關於光的干涉的,頗有一些「物理光學」的味道。其中至今仍舊著名的部分有,例如,第一部分的透明薄膜的光學性質和後世所謂的牛頓環❾,第三部分

---

❽ *Ibid*., p. cxxi.

❻ 同前引「前言」。

❼ *C*, v. 3, p. 338.

❽ *C*, v. 3, p. 340 引。

❾ John Wallis (1616–1703) 是英格蘭科學界德高望重的老前輩,也在劍橋受教育,一生在牛津任 Savilian 數學教授,牛頓早年就是從他的書開始學習高等數學的。這封信在 *C*, v. 4, p. 101.

命題11關於光的傳播不是瞬時的論斷，牛頓進一步從 Roemer 對木星衛星掩食的觀測推出從太陽到地球大約需要七八分鐘❾❶；還有今天已很少為人所知的光的「猝發理論」❾❷。現代研究者認為，牛頓的「猝發理論」頗類似於 Hooke 在《顯微術》裏的討論❾❸。

《光學》第三篇包含十一個「觀測」，諸如小孔成像。在原稿上標有「第一部分」字樣，但並沒有與之相應的「第二部分」。接下來是三十一個問題，即著名的「光學：疑問」。

牛頓的「疑問」從來為史家重視，因為這是牛頓對自然界的最根本的一些問題的思考。牛頓以「疑問」形式寫出，意在此類物事尚無深入考究，尤其缺乏實驗依據，所以只能作玄想式的揣測而已。

1704年的《光學》第一版附十六個問題，1706年第一個拉丁文譯本❾❹又加了七個，是為「疑問」17至23。至1717年出英文第二版時，牛頓在原來的「疑問17」之前又加了八個問題，多是關於以太和宇宙媒介的討論，而原來的「疑問」17至24也順延為「疑問」25至31。現在通行版本的三十一個問題，也很明顯地按此順序分成三段。

❾⓪　*Opticks*, Bk. 2, Pt. 1, Obs's. 1, 13, 15.

❾❶　*Ibid.*, Pt. 3, Prop. 11, p. 277.

❾❷　*Opticks*, Bk. 2, Pt. 3, Props. 12–20. 猝發理論是牛頓為說明光通過「任何折射面」時產生明暗相間的現象而提出的一種解釋性假說。他後來又在「疑問17，28，29」中反覆討論了這一說法。

❾❸　*PLNP*, p. 111, Hooke 認為「光不過是一種在均勻一致的透明媒介中傳播的衝動或運動而已……」

❾❹　Samuel Clarke 譯，本書有兩個印本，差別只是在第315頁上，牛頓最初說無限的空間「正是」上帝的感官，旋覺不妥，改作「就好像是」上帝的感官。因為有些印本已經發出，所以後來萊布尼茲用前一印本批評牛頓把空間當作上帝的感官。

　　疑問1至16，著重於對光本性的探討。牛頓在最初幾個疑問中反覆問道，光是如何與一般物體發生作用的呢，物體對光是不是有超距作用呢？從第6問起，牛頓力圖把光和熱聯繫在一起考察。在疑問9中牛頓寫道，「火是否就是一種熱到足以大量發光的物體？熱到發紅的鐵不是火又是什麼」**❺**？現代讀者恐怕很難相信這樣的問題會出自大家如牛頓之口，但是正是這種孜孜不倦的追求，構成了人對自然的最基本的理解。疑問12至16列出了牛頓對人如何感受自然現象的五個問題，諸如光是如何在視網膜上「激起振動」的，顏色的失調是不是視神經傳遞到腦子裏去的振動比例不當而引起的。最後牛頓問道，如果用手按住眼睛的一角再移動眼珠，人會看到「像孔雀尾的羽毛那樣的顏色」，這又是怎麼一回事呢？

　　1707年的拉丁文版加的七個問題意義最為深遠。在疑問27裏，牛頓寫道，「到現在為止所提出的用光的新變化來說明光現象的一切假說，是否都錯了呢」？緊接著，疑問28，他繼續問道，「把光設想為一種在流體中傳播的擠壓或運動的一切假說是否都是錯的呢」？說實在的，這些問題對於今天的科學來說，也仍舊還是問題。疑問30牛頓問道，光和粗重物體是否可以相互轉化呢？當物理學家在本世紀中最終看到正負電子的產生和湮滅時，他們可能會有機會以充滿自豪的心情重讀這一疑問；為了回答牛頓的問題，物理學進行了幾乎整整三百年的努力。

　　牛頓的疑問所展示的，不是困惑，而是執著的追尋。在一七一〇年代最使牛頓傾注全部精力而不能稍有鬆懈的，是吸引力概念。疑問31則全面展開了這一討論。

---

❺ *Opticks*, p. 341，中譯見前引《著作選》第164頁。

五、訊問自然

「疑問31」是牛頓對自然作的一次全面的訊問，問題的核心是，什麼是物質的基本形態，什麼是物質的作用，什麼是自然界的終極原因，最後，什麼是訊問自然的最好的辦法。

牛頓一開始就提出物體微粒之間的超距作用，也就是「它們能對遠離它們的東西發生作用」的某種能力或力量。在自然中普遍存在的吸引力顯然向牛頓提示了「自然界的一種意向和趨勢」，重力，磁力和電力就是明證。可是什麼是「吸引」呢❻？牛頓說，他用這個字只不過是想「表示任何一種能使物體彼此趨近的力，而不管其原因何在」。

除了上述人人都能感覺到，觀察到的吸引力之外，牛頓還舉了大量的，在我們今天看來是關於化學反應和溶解過程的例子，說明「還有尚未被我們觀察到的」吸引。酒石酸鹽的潮解，礬油和水混合，硝酸溶解鐵屑，在牛頓看來都提示了水粒子和鹽粒子，酸和金屬粒子之間的吸引作用。牛頓重覆了他早先在「論酸的本質」❼一文中的說法，認為溶解是酸粒子猛烈地衝擊造成的變化。他進一步發揮說，這種作用可以是如此地猛烈，山巒崩摧，暴風驟雨，水汽升入空中，「激起雷電和火球樣的流星」❽，都是顯例。所有這些，

---

❻　牛頓在本「疑問」稍後也簡略地談到排斥力，見 pp. 395–396，中譯見前引《著作選》第205–206頁。

❼　即 De natura acidorum, Greg. MS fos 17 & 65，參見本章第一節的討論。

❽　*Opticks*, pp. 379–380，中譯見前引《著作選》第193頁。

「足以表明在擾動的過程中，本來幾乎是靜止的那些物體粒子，投入了一種受強有力的原因所支配的新的運動。這種原因只有在它們彼此接近的時候才起作用……」

在盡數枚舉了化學反應的例子以後，牛頓轉向我們今天所說的某些物理作用：結晶，毛細作用，兩塊磨光的大理石在真空中會黏合在一起，海綿會吸水，還有所謂的 Hauksbee 實驗❾❾，即把兩塊玻璃一端接觸一端稍稍抬起，張成10或15分的角，滴在這兩塊玻璃之間的橘子油會向玻璃接合處移動，而且，牛頓注意到，「玻璃的吸引力幾乎和油滴中心到接合端的距離的平方成反比。」 根據所有這些，牛頓斷言，「因此，在大自然中必然有某種原因，能使物體的粒子以很強的吸引力互相黏聚在一起」。 從最小的粒子開始，漸漸由相互吸引變成比較大的粒子，漸次累積，最後組成了「其大小可以感覺到的那些物體」。 牛頓就這樣構造了他所面對的宇宙。他於是宣稱：

> 這樣看來，大自然本身是很一致的，並且是很簡單的，所有那些天體的巨大運動都是由作用於那些物體之間的重力吸引來進行的……❿

物體是由「結實，沉重，堅硬，不可入而易於運動的」，「其大小，形狀和其他一些性質以及空間上的比例都恰恰合適」的粒子組成。這些粒子不僅有慣性力，而且還有「積極的本原」即吸引力。這種吸引是重要的，因為如果只有慣性力和阻力，運動就會漸漸衰減，

---

❾❾　*Ibid.*, p. 393，中譯見前引《著作選》第203頁。

❿　*Ibid.*, p. 394，中譯見第204頁。

世界就會衰落下去，最後世界上就不再有任何運動了。而吸引力是
抗拒這種衰退的積極的本原，他接著寫道：

> 這些本原，我認為都不是一些隱蔽的，由事物的特殊形式而
> 產生的性質的結果，而是自然界的普遍的規律，並且由於它
> 們，事物本身才得以形成；雖然這些規律的原因還沒有找到，
> 但是它們的真實性卻以種種現象出現在我們面前。因為這些
> 現象才是明顯的性質，而它們的原因只是隱蔽著的。⓿

這個次序井然的圖景，當然不可能是偶然形成的，應該是一個智慧
者在一次創造時安排好的，所以，

> 認為世界只是按照自然規律由混沌中產生出來的，就不符合
> 哲學了；雖然它一旦被創造了以後，就將由於這些自然規律
> 的作用而可以持續許多年代。⓫

這個智慧者就是上帝。「上帝是一個統一的整體，沒有器官，沒有
四肢或部分」，雖然世界是他的創造物，但他不是這些創造物的「心
靈」。

從論證的組織和論據的詳盡來說，疑問31無疑是牛頓關於宇宙
圖景和起源的最完整的解說。大概在《光學》第二版準備期間或稍
後⓭，在 Richard Bentley 的極力鼓動下，牛頓決定把《原理》再版，

⓿　*Ibid.*, p. 401，中譯見第209頁。

⓫　*Ibid.*, p. 403，中譯見前引《著作選》第210–211頁。

⓭　牛頓第一次提及讓 Bentley 準備《原理》第二版，據現有史料，是在

並同意讓 Bentley 總理其事。Bentley 本人不通數學，為人也不足道，何以被選中負此重任，頗不為人所解❿。好在不久他就找了一個好幫手，劍橋的天文學 Plumian 講座教授 Cotes。

　　Roger Cotes (1682–1716) 在三一學院受教育，好像頗是受過 Bentley 的獎掖。Cotes 既精通天文學，數學造詣也深，擔任重版《原理》的編輯，可謂正當其選。他很快就表明，除了文字整理之外，他還要對內容作相當的考究。他第一次對牛頓第一篇命題91之推論2的證明提出異議時❺，牛頓頗不以為然，但 Cotes 自有其耐心和韌性，既不觸怒牛頓，又決不苟且，竟最終得到牛頓的讚賞❻。在以後的四年中，他和牛頓頻繁通信，對第二篇命題7, 33, 36, 48, 等等均有貢獻。應牛頓之邀，Cotes 還為《原理》寫了一篇很長的序言❼，除了簡單歸納了牛頓的主要論述之外，他還花了不少篇幅批評了笛卡爾的渦漩說。1713年修訂完成，7月27日，牛頓把新版《原理》親手呈送女王。

　　好像覺得在《光學》疑問31裏對上帝，自然規律和研究方法的發揮意猶未盡，牛頓在新版《原理》裏加了一個「總注」❽。我們

　　1708年 (*C*, v. 4, p. 518)，當時他已完成了至少一個印張。所以推想此一工作開始於一年前似不至於大錯。

❿　據說有人問及這一人選時牛頓回答說，「他想要錢，就讓他弄點錢吧」。

❺　這是 Cotes 第一次見諸《原理》再版事宜見他1709年8月18日給牛頓的信，*C*, v. 5, pp. 3–4. R. Cotes 其人見 J. M. Dubbey 撰 *DSB* 本傳，原始資料散見於早期通信集中，*DSB* 所列甚全。

❻　*C*, v. 5, p. 70，牛頓說，「你所做的改正非常好，我很是感激……」這在一七一○年代牛頓和別的學者的往來中當頗為少見。

❼　中譯見前引《著作選》第139–161頁。

❽　*Principia*, pp. 542–547，中譯見前引《著作選》第47–53頁。Scholium

還記得他曾考慮過在第一版最後加一個「結論 Conclusio」⑩，現在好像是緊接著「疑問31」，牛頓想對他心目中的上帝再作一次闡發。論述仍從世界所展示出來的理性開始。「這個由太陽，行星和彗星構成的最完美的體系，只能來自一個全智全能的主宰者的督促和統治」⑩。至高無上的上帝是一個永恆的，無限的，絕對完善的主宰者，擁有對萬物的真正的統治權。「他不是永恆或無限本身，但他是永恆的和無限的；他不是時間和空間本身，但他是持續的並且總是在空間中顯現自己」。在牛頓看來，上帝應該是非人形的，而且，

> 正如瞎子沒有顏色的觀念那樣，我們對於全智的上帝怎樣感覺和理解所有的事物，也完全沒有觀念。上帝既無身心，也無形體，所以我們既不能看到，也不能聽到或者觸摸到他，……我們知道他的屬性，但任何事物的真正實質是什麼我們卻不知道。⑪

牛頓從這一基本認識出發，最後定義了自然哲學：

> 我們只是通過上帝對萬物的最聰明和最巧妙的安排，以及最終的原因，才對上帝有所認識，……而從事物的表象來論說

---

generale 手稿共有五個版本，即 Add MS 3965, ff. 357–358 (A), 359–360, 361–362 (C), 363–364, 以及365，其中 A 和 C 見於 HH IV, 8, pp. 348–366. 據牛頓1713年3月2日給 Cotes 的信看，這些手稿的寫作當在1713年1月間。

⑩ 即 Add MS 4005, ff. 25–28, 30–37, 即 HH IV, 7, pp. 320–347.

⑩ *Principia*, p. 544，中譯見前引《著作選》第48頁。

⑪ *Ibid.*, pp. 545–546，中譯在第50頁。

上帝，無疑是自然哲學份內的事。⑫

　　自然哲學既被賦予如此重任，它怎樣才能保證它的論說是正確的和無歧義的呢？我們還記得《原理》的結構。整個複雜的理論建立在嚴謹的數學和物理假定之上，這就是第一篇第一章以及「定義和公理」，這種物理假定的真實性又由第三篇開頭的「推理法則」保證，這些「法則」實際上既充當了理論內部推理的方法論規範，又提供了理論和現實世界的正常聯繫。在論說世界體系的第三篇，理論對「現象」的運用和現象對理論的證實使全書論說達到高潮。對於這樣的方法，牛頓總結說，

　　　　在這種哲學中，特殊的命題是從現象中推論出來的，然後用歸納法加以概括而使之帶有普遍性。⑬

他在差不多同時對這段話還作了進一步的詮釋：

　　　　這些原理從現象推出，通過歸納而使之成為一般，這是實驗哲學中一個命題所能有的最有說服力的證明。⑭

　　這樣，整個實驗哲學就通過推理法則建立在「現象」之上了。哲學找到了它的源頭，那就是經驗，任何意義含混的「假說」不再被允許進入這種哲學。所謂「假說」，牛頓說，就是「不是從現象

---

⑫　*Principia*, p. 546，中譯在第52頁。

⑬　*Ibid.*, p. 547，中譯在第53頁。

⑭　*C*, v. 5, p. 397，中譯在第7頁。

中推導出來的任何說法」⑮，但並不含有足以把公理和公設，或者
運動定律都包括在內的廣泛意義。牛頓強調說，

> 我這裏所用的「假說」一詞，僅僅是指這樣一種命題，它既
> 不是一個現象，也不能從任何現象中推論出來，而是一個沒
> 有任何實驗證明的臆斷或猜測。⑯

在這個意義上，牛頓驕傲地宣稱，「我不杜撰假說」⑰。約略同時，
牛頓在「疑問28」裏明白表明他不同意笛卡爾「用力學來解釋一切」
的做法，因為這必然導致憑空構造一些假說，但是「自然哲學的主要任
務是不杜撰假說而從現象來討論問題，並從結果中導出原因……」⑱。

---

⑮ *Principia*, p. 546，中譯在第52頁。

⑯ 同上1713年3月給 Cotes 的信。

⑰ 牛頓的原文是 Hypotheses non fingo. 這段話後來在哲學, 科學方法論,
　和科學哲學上屢有討論。問題開始於1729年的英譯本，當時本句被譯
　為 ...and I do not frame hypotheses. 案 frame 一詞常有兩方面的意義，
　或是「構造」，或是「生造」，而原文 fingo 其實並無前一意義。1756
　年的法譯本作 et Je n'imagine pas d'hypothese，意義當頗為明白：在
　法文中，imaginer 僅有「生造」之意。本書先前提及的兩個中譯本均
　作「我也不作任何假說」，可謂深得 Motte 英譯之妙。為避免上述歧
　義，研究者現在通常把本句譯作 and I do not feign hypotheses，即「我
　不杜撰假說」。細致的討論見 A. Koyre, *Newtonian Studies*, London:
　Chapman & Hall, 1965, pp. 35–36.

⑱ *Opticks*, p. 369，中譯見前引《著作選》第185頁，譯文有稍許改動。
　牛頓的這一段話在兩方面澄清了上面的問題。一是「假說」云云在牛
　頓心目中蓋指笛卡爾理論之類，二是把 fingo 譯成 feign 當比較符合牛
　頓原意，因為「疑問28」是用英文寫的，當無翻譯問題。

　　我們在這兒所看見的，是一種偉大深刻的變化。和中世紀相比，探索自然的火炬從沉溺於冥思玄想的宗教術士的地窖傳到了受過系統訓練的學者手中，神秘狂熱的氣氛也漸漸被冷靜的觀測和細致的推理所代替，建立囊括一切的體系的無邊際的野心逐步轉化為以發現現象之間的具體聯繫的小心翼翼的推求。哲學的目的和方法的改變，造成了新的氣氛，近代意義的科學，以及以此為基礎的哲學就在這種氣氛中產生出來。

第七章　晚　年

　　習慣上把1700年或稍後一點定為牛頓的晚年，其實當時他還只不過五十八歲。對於一個事實上活了八十五歲的人來說，這似乎說不過去。但是，如果從牛頓的生活形態和思想發展來看，1700年或稍後卻的確是個轉折點。在這以後，除了處理日常的行政事物以外，牛頓回憶往事，編輯舊作，但在學問上鮮有創獲；他還花了不少精力來維護他的光榮，從追尋顯貴的祖先❶到證明他對於各種發明的優先權，頗是樂此不疲。

　　本章先介紹優先權問題，再論牛頓在科學和神學中的上帝觀念。把上帝觀念放在「晚年」考察，其實頗有不妥。因為牛頓對於基督教教義的研究事實上起於一六七〇年代或甚至1668–1669年，而在1700年以後倒不見得有什麼特別的發展。但是牛頓在1700年以後的確花了很多時間精力整理他以前零散的筆記札記，並比較公開地談論神學問題。我把「神學」多少作為一個專題寫成一節，附於

---

❶　牛頓在封爵以後不久，1705年11月22日正式提交了他的族譜。這份族
　　譜的草稿見於 Babson, Keynes, 和 Yahuda 諸檔，並為 Stukeley,
　　More, 和 Westfall 所引用。並見 C, v. 7. 但在1725年牛頓又說他的遠
　　祖其實還不是 Wetsby 的 John Newton (?–1544?)，而是隨英王 James
　　I 一起來倫敦的，見 Brewster 的牛頓傳，附錄1。

本章，並不刻意追求嚴格的編年，意在使得敘述連貫並避免分析過於瑣碎耳。其間所論，不過是牛頓的神學研究，至多至於他的神學觀念和科學觀念的聯繫，而對牛頓的宗教信仰則未稍涉及。

一、優先權

1700年，特別是1710年以後，牛頓在維護他關於微積分發明的優先權上花費了很多的時間和精力。從科學思想的發展上說，這一問題只有很有限的意義。因為隨著科學逐步走出學者的書齋，研究者漸漸形成一個特別的社會群體，研究本身越來越依賴於技術條件，同時或約略同時的發現發明就成了一種頗為常見的現象。但是對牛頓來說，這是關於他的名譽，甚至是關於英國的名譽的大事，自然不能，也不該掉以輕心。

我們還記得牛頓在1669年撰寫的 De analysi ❷，他當時事實上得出了求曲線和坐標所圍區域面積的方法。儘管未必嚴密，但求解的大概線索的確已經明了，而且 Barrow 在當年6月20日又把這一結果通知了 Collins，這在當時看來就已是登記在案。1671年7月20日，De methodis 又送達 Collins，其內容也頗為數學界同人所了解。這樣看來，這段歷史應當不致再有可討論的餘地。但是在1700年或稍後，牛頓並不這麼認為，他總覺得有人想要竊取他的優先權。

事情開始於二十七八年前。1673 年 1 月到 3 月，當時在候選侯 Mainz 幕下服務的萊布尼茲 (G. W. Leibniz, 1646–1716) ❸ 到英格

---

❷　參見前文，第四章第一節。

❸　關於萊布尼茲及其學問的文字很多，但大部分是法文或德文的，英文的有 Herbert W. Carr, *Leibniz*, London: Constable, 1929, rpr. New

蘭訪問。皇家學會的秘書 Oldenburg 在4月6日給了他一份介紹英倫數學家工作情形的報告。這份報告最初由 Collins 執筆寫出，包含有牛頓關於無窮級數的若干工作成果，但並未述及細節。這可能是萊布尼茲第一次聽說牛頓在這一方向上的工作。

　　萊布尼茲生於一個哲學教授的家庭，信奉新教。1672–1676年間，他正在巴黎和法國學者一起孜孜然於新哲學。後世評論家都同意說他是十七世紀最重要的學者之一，或者可以說是僅次於牛頓的最重要的學者之一，而穎慧深刻甚至不在牛頓之下，但是運命遠非和牛頓可比。事實上，1672–1676年間是他一生最好的時期，以後他就要離別學術中心，回到德意志的 Brunswick 公爵那兒，在偏僻的 Hanover 渡過餘生。他在幾乎與知識界隔絕的情況下研究了很多課題，創立了一套哲學。——當然，這是後話。在1666年的博士論文 De arte combinatoria ❹ 中，他注意到自然數列的第二階差和平方序列的第三階差的消失。在1675年10月間，他發展出一套相當於我們今天所謂的微積分方法 ❺。在10月29日的筆記中，他得到了某些函數的積分表達式，採用了我們今天通用的符號 d 和積分符號。同牛頓一樣，他顯然深受 Barrow 的影響，所以很早就認識到微分和

York: Dover, 1960，書分「生平」，「學問著作」，和「影響」三部分。
E. J. Aiton, *Leibniz*, Bristol: A. Hilgger, 1985，是最近出版的綜合傳記，全書十章，按年代順序完整地描述了萊布尼茲的一生，包括和中國皇帝的聯絡 (pp. 245–246)。萊布尼茲在分析學方面的工作見 M. Kline，前引數學史，中譯第二卷，第十七章；C. B. Boyer, *op. cit.*, Ch. 5.

❹　*Die philosophische Schriften*, 4 (1690) 27–102.

❺　J. E. Hofmann, *Leibniz in Paris 1672–1676*, Cambridge: Cambridge Univ. Press, 1974, pp. 187–201. 又參見，M. Klein, *op. cit.*, 前引中譯本，第十七章第四節，II，第82–92頁。

積分是相反的運算，並在 11 月 11 日的筆記中作了相當清楚的表達。在1676年6月到11月，他給出了冪函數微分和積分運算的一般公式。

　　1676年5，6月間，德國學者 Samuel Konig 訪問英倫，牛頓託他帶了一封信❻給萊布尼茲。信上標明的日期是6月13日，萊布尼茲在8月16日收到。在信中，牛頓向萊布尼茲介紹了他關於二項式定理的工作，以及關於級數的研究。這封信還包含了相當數量的 De analysi 和 De methodis 的結果。另一封注為10月24日的長信❼實際上到次年5月才發出，6月11日為萊布尼茲收悉。在這一封信裏，牛頓進一步討論了無窮級數，並告訴萊布尼茲說他已得到了求切線，求極值的普遍性方法。至於這一方法的具體內容，牛頓選用了一個字謎讓萊布尼茲去猜。所謂字謎，是把詞解析成字母，然後按字母順序重新排列。例如想說「我是一個老師」，不寫 I am a teacher，而寫 3ac2ehimrt，其中3指有兩個字母 a，2指有兩個 e，諸如此類。這種字謎非常難解，讀者不妨試試下面這個類似的，由相當簡單的話編成的字謎：2ad2ehinor2stw ❽。至於更複雜的字謎，而所用文字又可能是英文，拉丁文或任何一種拼音語言，我們可以看出，解出其內容事實上是不可能的。十七世紀的學者常喜歡用這樣的字謎來發表他們尚未成熟的研究成果，因為這樣既可以爭取發明在先的優先權，又獲得了充裕的時間來補充細節。在10月24日致萊布尼茲的信裏牛頓所用的字謎多達二百七十三個字母，即使在現代電腦上求解恐怕也非易易。

---

❻　即 Epistola prior，史稱「牛頓致萊布尼茲第一書」，見 *C*, v. 2, pp. 20–47.

❼　即 Epistola posterior，史稱「第二書」，在 *C*, v. 2, pp. 110–161.

❽　She was an editor.

　　萊布尼茲顯然沒有把時間浪費在猜字謎上；即使在偏僻的 Brunswick，他仍致力於分析學的一般理論研究。1684年他發表了 Nova methodus pro maximis et minimis 即「求極值的新方法」**❾**，這是分析學的第一篇正式發表的學術論文。但是這篇不長的文章，刻意模仿笛卡爾，採用了一種「乾癟的過於簡約的寫法」**❿**，因此變得非常難懂。但是不管怎樣，萊布尼茲在這兒給出了微分的定義，和，積，商，冪的微分法則，還有極值的求法。1686年，他又給出了積分的一般意義**⓫**。稍後，在一系列論文中，萊布尼茲把分析學發展成為數學的一種獨立的分支。

　　牛頓關於分析學的工作最初出現在《原理》中。1693年，J. Wallis 在他的新版《代數學》第二卷中對牛頓的流數理論作了簡略的介紹。鑑於萊布尼茲已經發表了關於分析學的大部分結論，牛頓在1693年10月16日寫信向他公開了一個字謎的謎底**⓬**。事情至此似乎已經完結，分析學在十七世紀的兩位最重要的數學家手裏似乎已經初具規模，問題似乎應該是如何在理論上，尤其是理論的基礎上再作發展，使得新方法更臻完美嚴整。

　　1699年，兩位最接近牛頓的英倫學者分別發表了他們的兩部著作，把問題引向了一個新的方向。先是 J. Wallis 的《代數學》第三卷，全文刊布了牛頓1676年的「致萊布尼茲第一書」和「第二書」；再是 Nicolas Fatio de Duillier 的 *Lineae brevissimi***⓭**，明白提出了

---

❾ *Acta Eruditorum*, 1684, pp. 467–473.

❿ C. B. Boyer, *The History of the Calculus, op. cit.*, p. 209, 中譯在第220頁。

⓫ *Acta Eruditorum*, 1686, pp. 292–300.

⓬ *C*, v. 3, p. 286.

萊布尼茲是不是受過牛頓的啟發。Fatio 的問題帶有頗大的煽動性，
他問道，「萊布尼茲，微積分的第二發明者，是不是從他（牛頓）
那兒借去了什麼，我想還是留給那些看過牛頓的信件手稿的人去判
斷……」次年，1700年，萊布尼茲在 *Acta Eruditorum* 上對Fatio的
書作了答辯❹，論戰開始了。

在論戰的最初階段，1700–1710 年，萊布尼茲強調了他和牛頓
對於微積分方法的研究是各自獨立的，「據我所知，在牛頓和我之
前，沒有一個幾何學家擁有這一方法……」在充分肯定牛頓的貢獻
的同時，他堅持了他1684年〈極值問題〉一文的優先權。1704 年，
牛頓把 De quadratura 和 Enumeration 作為《光學》的附錄出版，並
在「前言」中寫道，「在1679年……給萊布尼茲的一封信裏，我提
到過這一方法……」❺

De quadratura 寫於1691年❻，內容是關於流數法的「基本的闡
述」。 牛頓在文章開頭第一段說他最初是在研究運動時發展出流數
法的，而時間是在 1665–1666 年。但是到1704–1705 年間它最終被
刊出時，其內容已多為人所熟知。Enumeration❼談的是高次曲線，
這是牛頓多年來用力甚勤的一個題目❽。萊布尼茲匿名在 *Acta* 上評

---

❸　即「最速降物線的幾何學研究」，*Lineae brevissimi descensus inves-*
　　tigatio geometrica duplex, London, 1699. 下文所引在該書 p. 18，英譯
　　在 *C*, v. 5, p. 98.

❹　*Acta Eruditorum*, May 1700, pp. 198–208. 下文的引文在 p. 203。

❺　*Opticks, op. cit.*, p. cxxii.

❻　*MP*, v. 7, pp. 24–129; v. 8, pp. 92–159.

❼　*MP*, v. 7, pp. 588–645.

❽　牛頓與次相關的早期手稿有1667–1668 年的 Add MS 3961.1，在 *MP*,
　　v. 2, pp. 10–18; 1678–1679 年的 Add MS 3961.4，在 *MP*, v. 4, pp.

述了這兩篇文字❶，他說 Enumeration 沒什麼錯可是對幾何學（當時對數學的一個習慣叫法）也沒有什麼貢獻；至於 De quadratura，沒有處理什麼困難的問題而且了無新意，其中涉及的微分方法，正是「其發明人萊布尼茲在本雜誌上討論過的，……但牛頓先生未用這一方法而用了流數法，一如他以前慣常所用的那樣。……」

牛頓可能沒有注意到萊布尼茲的書評，因為直到1710年，牛頓對萊布尼茲的說法未作任何表示。1710年，一個年輕人 Keill 參加了這一討論，使得優先權問題變成了一場真正的戰爭。John Keill (1671–1721) 是 David Gregory 的學生。同他的老師一樣，他也是牛頓的忠實支持者。他在 1701 年出版的 *Introductio ad veram physicam* 可能是第一本系統介紹牛頓物理學的教科書。但是此君後來好像並不十分得意，1708年爭取 Gregory 在牛津的教席也未能如願以償。他大概是通過 Gregory 認識牛頓的，但在他指責萊布尼茲的文章發表以前，牛頓對他似乎並沒有什麼十分特殊的印象。

1710年 Keill 在皇家學會的《哲學通報》上發表了一篇文章❷，題目是論向心力。在談完了向心力之類，Keill 突然筆鋒一轉，寫道，「所有這些定律都是由那一非常著名的流數算法推出的，這一方法毫無疑問是牛頓博士首先發明的，……雖然完全相同的算法在改換名字以後又由萊布尼茲博士在 *Acta Eruditorum* 上發表」。

萊布尼茲的反應是要求 Keill 公開說明他「原來不是這個（暗示萊布尼茲剽竊的）意思」。在 1711 年 3 月 4 日給皇家學會秘書

354–381；一六九〇年代初的 Add MS 3961.4，在 *MP*, v. 7, pp. 579–587 和 Add MS 3961.2，在 *MP*. v. 7, pp. 588–645.

❶ *Acta Eruditorum*, Jan. 1705, pp. 30–36.

❷ *Phil. Trans.*, 26 (1708) 185，這一期通報晚至1710年才印出。

Hans Sloane 的信中，萊布尼茲 ❹ 提到若干年前 Fatio 的指責，並說「我教訓了他，讓他多懂了些事」。皇家學會把萊布尼茲的信轉給了 Keill，並寫了一封頗為官樣文章的回信，附上了 Keill 自己的解說 ❷。Keill 的說詞雖然稍有緩和，但他堅持說牛頓擁有發明的優先權，而且，牛頓工作的內容在1676年通過 Oldenburg 為萊布尼茲所知。與此同時，Keill 又寫信給牛頓 ❸，報告了萊布尼茲在 1705 年書評中的說法和他的反應。萊布尼茲當然不能接受他在1676年就知道牛頓的工作細節的說法，於是再度寫信給皇家學會 ❹。1712 年 3 月，皇家學會組成專門委員會調查 Keill 和萊布尼茲的爭論。

這個調查委員會由六個成員組成，清一色的牛頓派。牛頓的摯友 Edmond Halley 領軍，以下是 Abraham Hill (1635–1721)，他是皇家學會最老的會員之一，曾任學會秘書；再是 Thomas Burnet (1635–1715)，他主要的研究是「洪水之前地球」，著有 *Telluris theoria sacra* ❺，曾與牛頓通信討論地球早期歷史及其與《聖經》和上帝的關係。這兩位成員在當時都已屆耄耋，真正活躍的當是另外三位年輕人。

John Arbuthnot (1667–1735) ❻ 博士，在牛頓十年前和 John

---

❹　*C*, v. 5, pp. 96–98. 據英國當時用的日曆，信的日期是2月21日。

❷　*C*, v. 5, pp. 132–152.

❸　*C*, v. 5, p. 115.

❹　*C*, v. 5, pp. 207–208.

❺　《地球聖史》，1681–1689，後來的評論家稱之為當時「最臭名昭著的著作之一」。

❻　J. Arbuthnot 在文學和醫學上也有造詣，1705年任 Anne 女王的私人醫生，撰寫過不少政治諷刺散文，其中若干篇頗稱膾炙。事在 G. A. Aitken, *The Life and Works of John Arbuthnot*, Oxford: Clarendon,

Flamsteed 的爭論中受 George 親王委派主持出版了 Flamsteed 的觀察記錄，並在稍後被選入皇家學會；其次是 William Jones (1675–1749)，他在1708年得到一宗 John Collins 的通信手稿❷，其中有牛頓早年撰寫的 De analysi，他於是與牛頓聯絡，並在1711年出版了這些和優先權爭論有直接關係的文件；再次是 John Machin (1680–1751)。這個年輕人頗得牛頓的賞識，嘗稱他比任何人都更理解《原理》的精髓，在1713年5月推薦他去 Gresham 學院擔任天文學教授時，牛頓又稱讚他說他在數學上已取得了「非常大的進展」❷。與牛頓同時，Keill 也為他寫了推薦信。

　　這樣組成的委員會當然很難作出無偏頗的結論❷。現代研究者注意到，要在這麼短的時間裏審查這麼多手稿和通信，特別是一些數學內容深奧，當時委員會中只有個別人有能力閱讀的文字，實際上是不可能的❸。1712年4月24日皇家學會發表了調查委員會的報告。報告共作了四方面的結論，說萊布尼茲的發明是在見到了牛頓給 Collins 的信以後才作出的，並且認為 Keill 並無大錯。報告最後

　　　　1892.

❷　這一部分手稿現由Macclesfield家族收藏，除下文所提及的De analysi和若干數學札記外至今沒有出版，牛頓學者中僅 S. P. Rigaud 在十九世紀上半葉有幸檢閱過，部分內容見於氏著 *Correspondence of Scientific Men of the Seventeenth Century*，上下兩冊，Oxford: Clarendon, 1841.

❷　*C*, v. 5, p. 408.

❷　稍後又加入五人，包括普魯士國王的代表 Robartes，但他們顯然沒有什麼機會參加實質性的工作，因為他們被任命以後不久，最短的只有六天，調查報告就發表了。

❸　參見例如 *C*, v. 5, p. xxv 和 p. xxvii，並見 A. R. Hall, *Philosophers at War*, Cambridge: Cambridge Univ. Press, 1980, p. 178.

肯定「牛頓早在萊布尼茲開始發表（關於微積分的文字）十五年之前就已擁有此一方法了」❸。

　　事實上，這份報告是牛頓自己寫的❷，委員會，或者還有Keill，只是在很次要的地方做了零星的補充和修改。

　　但是事情並沒有完。報告發表的第二年，1713年，先是 Johann Bernoulli 指出牛頓《原理》第二篇命題10有錯❸，並稱由此可見牛頓對微分運算認識尚有不足，而後 Keill 又匿名發表了 Lettre de londres，重提舊事。7月29日，萊布尼茲本人匿名在 *Acta* 上撰文❸，答覆皇家學會的報告，稱「牛頓直到別人都熟知以後才知道差分微分的真正做法」。是年年底，他又匿名回答了 Keill 的 Lettre❸，態度轉趨強硬，稱 Wallis《代數學》第二第三卷所附的有關分析學的論述根本就是他的發明的改寫。1714年，Keill 在牛頓的授意和幫助下❸寫出 Response，回答萊布尼茲的批評。至此爭論已經和科學思想的發展全無關係，和客觀地評估歷史事實也全無關係了。

　　John Chamberlayne (1666–1723)，皇家學會的會員，丹麥George 親王，Anne 女王，和英王 George I 的寵臣，在1714年2月寫信給萊布尼茲❸，提出為爭論雙方調解。萊布尼茲回信說皇家學會的報告

---

❸　原文在 *Journal Book of the Royal Society*, v. 11, pp. 287–289，這兒採用的見 *C*, v. 5, p. xxvi.

❷　牛頓的手稿至今仍在某私人收藏中，參見上引 *C*, p. xxv 和 A. R. Hall 的書。

❸　*Acta Eruditorum*, Feb-Mar., 1713, pp. 77–95, 115–132.

❸　即 Charta volans，見 *C*, v. 6, pp. 15–19.

❸　即 Remarques，見 *C*, v. 6, pp. 30–32.

❸　參見 *C*, v. 6, pp. 113–114, 128–130, 135–139, p. 142.

❸　*C*, v. 6, pp. 71–72.

是一面之詞，對牛頓本人也有微辭。Chamberlayne 把這封信給牛頓
看了，希望了解他的意見。牛頓未經前者的同意，在 5 月間把信在
皇家學會的會議上公布。Chamberlayne 對此頗感不快，他一方面向
萊布尼茲道歉 ❸，一方面退出了這場糾紛。1715 年 4 月 Antonio-
Schinella Conti 神父 (1677–1748)，可能是受了 Wales 王妃的委託，
再次出面調停這場曠日持久而且越來越醜陋的爭論。在他的安排下，
牛頓和萊布尼茲直接通了幾封信 ❹，但似乎無濟於事。

　　當時的氣氛也不利於和解。1715 年 2 月，牛頓匿名在皇家學會
的《哲學通報》上發表了「說明」，　這是牛頓對他關於分析學的工
作的最詳盡的敘述 ❹，1716 年初，皇家學會又把一大批顯要，如外
國大使，男爵，以及英王情婦的丈夫之類，請來檢閱各種支持牛頓
的優先權的文件。這些顯貴顯然無力判斷孰先孰後，於是很得體地
建議雙方好好溝通。是年 11 月，Conti 隨 George I 訪問 Hanover，
他原想和萊布尼茲見面並作進一步調停，但是後者已於兩個多星期
前去世。他於是寫信告訴牛頓，「萊布尼茲去世了，爭論也終結
了」❹。

　　他說對了一半：萊布尼茲是死了，爭論卻沒有終結。1717 年，
牛頓為 Joseph Raphson 的《流數法史》第二版寫了一篇相當長的
Observation 或「補充說明」❷，並附上了萊布尼茲 1716 年 3 月給
Conti 的信。在該書的第一版裏，Raphson 說牛頓曾向萊布尼茲描

---

❸　*C*, v. 6, pp. 152–153.

❹　*C*, v. 6, p. 215, pp. 250–253, 285–288, 304–312.

❹　影印本在 A. R. Hall, *op. cit.*, pp. 263–314.

❹　*C*, v. 6, p. 376.

❷　*C*, v. 6, pp. 341–349.

述過流數法，牛頓在他的「補充說明」中不僅沒有澄清這一誤傳，而且進一步否認了萊布尼茲作為第二個，但是是獨立的發明者的資格。與此同時，Keill 仍不斷地向牛頓提供 J. Bernoulli 為萊布尼茲辯護的情形，並寫了一篇很長的答覆反駁 Bernoulli。1718 年，des Maizeaux 為編輯學人通信集致函牛頓，牛頓又寫了一篇相當長的說明，再次強調他的優先權 ❸。

Des Maizeaux 的《通信集》使得本來已漸漸平靜的爭論轉趨激烈。先是，Keill 告訴牛頓，Bernoulli 是萊布尼茲去世後反牛頓的歐洲數學界的主要代表，是指出牛頓第二篇命題10錯誤的人，又是為萊布尼茲辯護和批評牛頓的 Epistola pro eminente mathematico 的作者 ❹。但 Bernoulli 隨即否認自己曾經撰寫該文，並向牛頓發誓說他沒有匿名攻擊過牛頓 ❺，牛頓也接受了他的解釋。可是到了1720年，隨著《通信集》的刊出，Bernoulli 當時所持的反對態度似乎成了不爭的事實，而牛頓當年對 Bernoulli 的種種蔑視的說法也由此公開，後者又要求牛頓道歉。好在對爭論最熱心的 J. Keill 在1721年8月去世，爭論遂轉為牛頓和 Bernoulli 關於《通信集》的種種討論，1723年1月 Bernoulli 寫信給牛頓 ❻，牛頓沒有回信，至此，這場大亂終於平息。

---

❸　參見前文第三章第一節。

❹　Epistola 刊於 *Acta Eruditorum*, July 1716, pp. 296–314. 文章作者原是匿名的 Bernoulli 的辯護者，可是在某一處談到 Bernoulli 的一個定理時，行文作「我的」meam 定理，從而讓 Keill 猜想作者根本就是 Bernoulli 本人，見 *C*, v. 6, pp. 385–386; 但 Bernoulli 隨即否認自己是作者，並解釋說「我的」meam 一詞實係「那個」eam 一詞的誤印。

❺　*C*, v. 7, pp. 42–46.

❻　*C*, v. 7, pp. 218–221.

現代歷史學家是以一種惋惜的心情來看這一場對科學，對人類理解自然毫無貢獻的論戰的。歷史學家很早就能說明❼，牛頓確實是分析學的第一個發明者，但是沒有證據表明萊布尼茲是在牛頓工作的啟發之下，或是在牛頓的基礎之上發展出他的分析學的。換言之，萊布尼茲是第二個，但是確實是獨立的微積分的發明者。

二、科學和神學中的上帝

牛頓在一六九〇年代以前幾乎沒有公開和人討論過他的宗教觀念。自1692年和 Richard Bentley 通信起，他對上帝的理解才陸續為人所知，這在很大程度上造成了牛頓只是在晚年才熱心於宗教問題的誤解。

我們還記得❽，Bentley 的問題主要集中在太陽系的起源和構造上，在他那個時代，這就是整個宇宙的最後因：為什麼太陽居中普照四方，而所有不發光的天體拱衛環繞；為什麼行星軌道大致都在一個平面上，而所有行星都有相同的運行方向；……或者簡而言之，為什麼一切的一切都如此井然。如果 Bentley 再晚生五十年，他還有機會看到1766年的 Titus-Bode 定則❾，他會更感吃驚或更受

---

❼　這個結論最早見於 Brewster, *The Life of Sir Isaac Newton*, London, 1831, p. 216; 數學史研究者 C. B. Boyer 和 M. Kline，晚近的牛頓研究者如 R. S. Westfall, A. R. Hall，和 D. T. Whiteside 均持類似意見。

❽　第六章第一節。

❾　1766年，德國物理教師 Titus 注意到行星到太陽的平均距離形成一個簡單的數列，從水星起，依次為 4, 4＋3, 4＋3×2, 4＋3×2×2, 4＋3×2×2×2, ... 通式為 $(4＋3×2^n)$, n＝0, 1, 2, 3, ... 以當時已發現的金，木，水，火，土五大行星和地球而言，理論值和觀測數據誤差不超過

鼓舞。問題的本質是，人的理性無法理解太陽系所表現出來的理性：
對於人的理性說來，理性只能來自一個理性實體。太陽系所表現出
來的理性於是提示了這樣一個理性實體的存在，牛頓說，「我不得
不認為它出自一個有自由意志的主宰……」 ⑩

　　這種理性，在牛頓看來，不僅見於宇宙的結構和天體的運行，
而且到處存在。所有的鳥，獸和人類，都不多不少有兩隻眼睛，兩
個耳朵，中間長著一個鼻子……「難道這些都是偶然的巧合嗎」?至
於眼睛，「為了視覺而造得如此精巧，配合得如此巧妙，……難道
盲目的偶然性能知道……光及其折射性質，並利用它以最奇妙的方
式給動物配上眼睛嗎」 ⑪?

　　在1706年拉丁文版《光學》再版時，牛頓又兩次談到 ⑫，「我們
在宇宙中看到的一切秩序和美麗又是從何而來的?……動物的本能
又是從何而來的?」牛頓認為，「這些事情是這樣地井井有條，所以
從現象看，難道不是有一位無形的，活的，擁有最高智慧的和無所

　　　5％。1772年柏林天文臺臺長 Bode 向天文學界介紹了 Titus 的工作並
　　　大加宣傳。1781年發現的天王星，1801年起陸續發現的小行星，都證
　　　實了這一「定則」，誤差僅在2％左右。參見例如戴文賽，《太陽系演
　　　化學》，上海：上海科技，1979，第一章第五節。

⑩　*C*, v. 3, p. 234.「主宰」原文作 Agent，似未必有中文「主宰」一詞那
　　　麼強烈的意義。這兒的譯文從前引《著作選》第55頁。

⑪　A Short Scheme of the True Religion，即 Keynes MS 7，刊於 H. Mc-
　　　Lachlan, *Sir Isaac Newton: Theological Manuscripts*, Liverpool: Liv-
　　　erpool Univ. Press, 1950. 引文在 pp. 48–49。I. B. Cohen and R. S.
　　　Westfall, *Newton, op. cit.*, 對本文有摘要，在 pp. 344–348。中譯見前
　　　引《著作選》第78–79頁，譯文稍有改動。

⑫　*Opticks, op. cit.*, pp. 369–370, 402–404，中譯在前引《著作選》第185–
　　　186、210–211頁。下面的引文在第185頁。

不在的上帝，……」

值得留意的是，上帝是作為最後因，從現象利用理性追溯因果關係時出現的。牛頓這樣寫道：

> ……然而自然哲學的主要任務是不虛構假說而從現象來討論問題，並從結果中導出原因，直到第一個原因為止，而這個原因一定不是機械的……

換言之，牛頓並沒有在自然中發現上帝，恰恰相反，他發現對自然的解釋需要加上上帝才能完滿❸：自然所表現出來的理性必須訴諸上帝，而上帝正是通過這種理性展示他的存在。這種把理性注入神學研究的做法並非牛頓首創，在托瑪斯阿奎那那兒，我們看見過理性被用來證明上帝的存在；而其更本原的發生，可以一直追溯到十四個世紀以前 Arius 和他的學說。

Arius (260–336) 是利比亞人，從 Lucian of Antioch 學，後在亞力山大利亞任教職。319 年，他提出了一種後來一直被看作異端的教義。他認為耶穌作為神在人世的化身和代言人於理不通，稱耶穌不能和神或上帝並稱，並且拒絕奇蹟。不同於通常一味強調信仰的教義，在他的學說中，理性占有相當的地位。320 年，他被革出教門。325年 Nicene 會議正式肯定了「三位一體」為基督教教義正宗，可是 Arius 崇尚理性的學說卻並未因此消滅。337年起，東羅馬皇帝 Constantius (317–361) 以及以後的幾位羅馬皇帝都對所謂的

---

❸ 參見 R. S. Westfall, Newton and Christianity, 載 Frank T. Birtel ed., *Religion, Science, and Public Policy*, New York: Crossroad, 1987, pp. 79–95, 特別是 pp. 81–82。

Arius 異端持寬容態度，直至 381 年的 Constantinople 會議重申 Nicene 關於三位一體的教義，Arius 派才漸次消沉下去。

大約在 1550 年前後，意大利 Piedmont 地方的一個醫生 G. Blandrata 從 Arius 異端發展出來一套所謂一位論教義，重新提出三位一體的問題。Sienna 人 Fausto Paulo Sozzini (1539–1604) 的學生又從這一派發展出所謂的間答派，但頗不為波蘭當局所容，十七世紀中遂移往英格蘭和荷蘭發展，John Biddle (1615–1662) 是這一派在英國的最早的代表。

牛頓的神學研究起於一六六〇年代末而貫穿其一生❺。可能是因為三一學院規定要教員在受聘七年之內要皈依國教，牛頓在任 Lucas 教授後不久就開始了對教義的認真研究。一六七〇年代的最初幾年，他似乎很是讀了一些經典。1675年關於該教職不必完成宗教方面的要求的皇家赦令顯然使牛頓對經典的研究轉向更加從容的考證和學術性的探討，在以後的幾年裏，牛頓的注意力更多地集中在更深層次的教會史和預言學的研究。一六八〇年代中期，《原理》

❺ R. S. Westfall 在1982年對 Yahuda, Keynes, New College, Babson, Clark Lib. 收藏以及其他幾份零星的牛頓神學手稿共六十六檔作了一個系統的介紹，(Newton's Theological Manuscripts, in Zev Bechler, ed., *Contemporary Newtonian Research*, London: D. Reidel, 1982, pp. 129–143). 以手稿的篇目而言，寫於一六七〇年代和一六八〇年的大約占1/3 (22/66)，寫於一六八〇年代的約占1/4 (16/66)，一六九〇年代僅三篇，而寫於十七世紀的約占1/4強（另有若干手稿的寫作時間尚難判斷），因此似乎說不上一六七〇年代，八〇年代，還是晚年即1700年以後中的任何一個是牛頓神學研究的最重要的階段。若以內容而言，比較完整的論述如關於「啟示錄」的研究，被稱為「起源」的關於教會史的研究和蔚為大宗的年代學研究恰恰分屬一六七〇年代，1681–1684年間以及1700年以後這三個階段。

的撰寫恐怕使他無心旁騖,但是,在《原理》接近完成,對於天體運動的規律提出了完美的說明以後,最後因的問題又重新浮現。1690年前後,牛頓又重新提起了他十多年前注意研究過的問題。1700年以後,他的研究興趣更多地轉向年代學,並撰寫論文,明顯地不同於他早年進行的主要是為閱讀和理解的研究。

出於我們尚未了解的原因,牛頓一開始就對 Arius 派表現出強烈的興趣。在一份大約寫於1672–1675年間的手稿中❺,牛頓強調了「兒子」不同於「父親」;在一六八〇年代初的另一份手稿中❻,牛頓用了對他來說不尋常的激烈態度,為 Arius 作了辯護。牛頓在這篇長達三萬字,一百二十頁的手稿一開頭,就指責 Athanasius 及其信徒編造誣蔑 Arius 的故事。Athanasius (296–373) 曾出席325年的 Nicene 會議,328年起任亞力山大利亞的主教。他以後生涯的一大中心就是同 Arius 的學說和信徒鬥爭。他曾報導說 Arius 在被革出教門以後死得如何如何悲慘。牛頓列舉七條反證,說明這種故事不可信。除了宗教的理由之外,牛頓的反駁聽起來頗似今日法庭上律師對證人的詰問。牛頓問道,如果 Arius 真的是這麼死在 Constantinople 的,那麼為什麼 Athanasius 關於此事的報導最初出現在埃及而不是 Constantinople 呢?為什麼在 Arius 死了二十四年以後才聽說這樣的故事,為什麼這些報導全都出於 Arius 的敵對派,為什麼

---

❺ Yahuda MS 14, f. 9, 見 RSW, pp. 315–316, Article 11,牛頓寫道,「把他(耶穌)等同於聖父於理不通」。

❻ Paradoxical Questions concerning the Morals and Actions of Athanasius and his Followers,該文有兩個版本,即 Keynes MS 10 和 Clark Lib (L. A.) MS,刊 H. McLachlan, *op. cit.*, pp. 60–118. 下引文在 pp. 65–66.

這個故事最初只在 Athanasius 自己一派人中流傳，直到 Arius 死後九十年才被基督教史學家記錄下來呢？

沿著 Arius 學派的基本方向，牛頓發現三位一體是不可理解的。在作於一六七〇年代早期的「神學筆記」裏，牛頓如他習慣的那樣，先在筆記本的天眉上寫下他預備討論的題目，如「耶穌奇蹟」，「三位一體」等等。值得留意的是，在「奇蹟」條目下，牛頓的筆記本完全空白[57]。正如他後來常說的，上帝是無形的和無限的，從而才能成為整個宇宙的主宰；而把上帝人形化，說耶穌就是上帝，在理論上不通。在一篇題為 Rationes 的手稿中[58]，牛頓列舉了七條理由說明為什麼他不能接受三位一體的說法。

牛頓從一六七〇年代起到一六八〇年代初神學研究的另一方向是所謂的預言學[59]，而他在這一方面的興趣，雖然時斷時續，竟一直延續到他的晚年。牛頓去世以後不久刊布的一份題為《評預言學和啟示錄》[60]的文字是這一研究的主要產物。1733年刊本實際上

[57]　Keynes MS 2，參見前引 Westfall 的文章，p. 84。

[58]　這篇手稿沒有全文發表過，L. T. More, *op. cit.*, pp. 642–643 摘錄過其中的三條。

[59]　對「預言學」的斷代用前引 R. S. Westfall 的文章，pp. 86–87。

[60]　*Observations upon the Prophecies*, 1733, London and Dublin. 開始時似乎沒有合適的出版商願買下這份手稿並整理出版，但牛頓遺稿的清點人 Thomas Pellet 最終找到了 Benjamin Smith。彼以前頗得牛頓的惠顧，只得勉為其難。本文在十八世紀又重印或出版過六次，十九世紀又三次。1922年 William Whitla「為了保存聖經學者牛頓關於巴比倫預言家的珍貴研究」，又予重印並加了一個介紹性的引言，即 William Whitla, *Sir Isaac Newton's Daniel and the Apocalypse with an Introductory Study...of Unbelief, of miracles, and Prophecy*, London: John Murray, 1922. 參見前引閻康年，《牛頓》，第448–450頁。

是由兩份手稿和另外一些散頁編輯而成的，估計是牛頓晚年重新編寫或改寫的早年的筆記。現代學者對於這部長達三百二十三頁的著作估價不高，雖然未見得一定是「衰朽之年」的「散漫之作」，至少是「驚人的乏味」❻。全書分上下兩篇，上篇十四章，論〈旦以理書〉；下篇論〈約翰啟示錄〉。

〈旦以理書〉從開頭到第六章說的是旦以理為穆斯林王詳夢，夢中有各種怪獸。從上篇第三章起，牛頓根據新教徒對《聖經》所描述的怪獸❷的傳統解釋把怪獸的角，胸，足等等詮釋為古代的巴比倫，希臘，和羅馬。在第八章裏，他特別討論了羅馬主教，這是怪獸的第十一隻角❸。〈旦以理書〉用來描述時間的"weeks"在實際上代表多長的日子一直是教義研究者的一個困難的問題。牛頓採用了傳統的說法，即一個"week"實際上是七年。於是《聖經》❹所說的七十個"weeks"就是四百九十年。牛頓通過這一推算，認定〈旦以理書〉所說的是從西元前457年 Artaxerxes Longimanus 的時候到西元後33年耶穌殉難的一段歷史。

〈啟示錄〉是聖徒約翰在西元81–96年的 Domitian 王時代寫的，當時他被流放在 Patmos 島上，但對上帝和基督教教義的信心未嘗稍減。在以後的若干世紀中，這一篇文字鼓舞了無數基督徒為理想和上帝前仆後繼。牛頓認為這是《聖經》中最重要的一部分❺。

---

❻　R. S. Westfall 語，前者見於 RSW，p. 817, 819，後者見該氏前引文章，p. 86。

❷　Daneil 2:32–3.

❸　Daneil 7:25.

❹　Daneil 9:24–7.

❺　RSW, p. 319.

牛頓對〈啟示錄〉的研究分三段。首先考察了〈啟示錄〉撰寫的時代，再論〈啟示錄〉和 Moses 諸書的關係，再是和〈旦以理書〉的關係。他不同意傳統的說法，認為〈啟示錄〉應作於稍早的 54–68 年即 Nero 時代。對於〈啟示錄〉整篇所充滿的關於「七」的神秘說法牛頓那兒似乎沒有給予特別的重視。七個天使吹起七通號角，打開七重封箴❻，天上的爭鬥，摧毀巴比倫，一直到上帝的最後勝利❼，在牛頓看來，不僅如新教徒所說是一種關於教會早期歷史的晦澀記錄，而且更是關於羅馬天主教篡改《聖經》關於三位一體論述的明證。和論〈旦以理書〉的第一篇相彷彿，他研究了〈啟示錄〉所暗示的年代並認為，這兒的記錄起於西元381年的 Costantinople 會議的傳統解釋是錯的，正確的說法應是起於607年，其時所謂的三位一體的教義正被最廣泛地接受。

牛頓的這些結論絕非出於冥想。這是他比較了二十五個希臘文版的〈啟示錄〉經文，考證了十八九個古代學者的著作以後得出的結果。在這兒我們看見在科學和神學中的同一個牛頓，一個以理性為最高原則，最終追求的牛頓。牛頓從來沒有懷疑過基督教的基本原理❻，從來沒有懷疑過上帝的無所不在和無所不能。他要做的，是用理性清洗被天主教神父所歪曲篡改了的假教義，從而能發現真正的唯一的神的啟示和精神。他認為預言和歷史相印證，正是揭示上帝的啟示的唯一可以接受的方法。

為了把這種研究貫徹到底，牛頓在一六八〇年代初花了相當的

---

❻　Rev 5:1–8:1.

❼　Rev 19–22:5.

❻　在一六七〇年代牛頓一直持續對〈啟示錄〉的研究，這在 Yahuda MS 10.3, 14, 28, 39 以及 Keynes MS 1 都有明白記錄。

時間精力研究古代猶太人的信仰，由此進而研究了猶太人的廟宇結構，進而羅馬時代的度量系統❻❾。他發現，《聖經》中對猶太廟宇的描述正是宇宙（義案在牛頓時代即太陽系）的一個縮影：永不熄滅的火在一切的中心，支配著一切。

在一六八〇年代初，隨著對經典的研究漸漸深入，問題也越來越遠離教義的本身。除了上述廟宇和度量的問題外，牛頓明顯地感到，編年史和年代學也對考證有重大的意義。寫於這一時代的一篇手稿，Theologiae gentilis origines philosophicae❼❾，儘管支離雜亂，英文和拉丁文混雜，「一半是牛頓的筆跡，一半是 Humphrey 的抄錄」，仍被研究者認為「當然是牛頓所寫的最重要的神學論文」❼❶。

《起源》所考察的，是古人的信仰。牛頓希望通過這一考察發現信仰的真諦，剔除後來被篡改的，不合於理性的偽經。牛頓認為，古人所崇拜信奉的有十二位神，這些神實際上是他們被神化了的祖先。但牛頓馬上指出，這一信仰系統並非最古老原始，諾亞所崇信的是單一的唯一的真神，即宇宙的創造者，即上帝。上帝派基督耶穌來到世界上，為的是幫助世人重返真正的神的教義，這一教義的精髓不過兩條，一是敬愛上帝，一是親愛鄰人，如此而已。對於教義本身，牛頓堅持說，耶穌其實並沒有添加實質性的東西❼❷，而把

---

❻❾ Babson MS 434, Yahuda MS 2.4, f. 40. 牛頓關於度量的研究 A Dissertation upon the Sacred Cubit of the Jews and the Cubits of the Several Nations; ... 曾發表在 Thomas Birch ed., *Miscellaneous Works of John Greaves*, London, 1737, v. 2, pp. 405–433, 有英譯。

❼❾ 即 Yahuda MS 16.2，下文常稱之為《起源》。多宗異文和散頁同見於 Yahuda 手稿和其他一些原屬 Portsmouth 手稿的收藏，表明牛頓對這一主題的研究持續了相當的一段時間。

❼❶ R. S. Westfall, *op. cit.*, p. 90.

一個人（義案耶穌）當作神是三位一體觀念所篡創的偶像崇拜。牛頓還認為，埃及而不是以色列，在基督教的起源上有更重要的地位。牛頓在《起源》裏著力說明，真正的宗教教義蘊藏在對自然的研究之中。他舉出稱作 prytanea 的先民廟宇 ❼，

> 這一真正的上帝的殿堂……用最合適的安排展示了宇宙的整個系統。對於宗教來說，沒有什麼比這一點更合於理性……

在羅馬廟宇中，牛頓說，Vesta 正是 prytanea 的代表。有趣的是，Vesta 廟的布局正是以常明火為中心的。《起源》所力圖說明的，正是通過研究和讚美造物主的工作進而認識造物主本身以及人對造物主的義務的宗教。

《原理》寫作完成不久，牛頓似乎又回到他在一六八〇年代初所潛心探求的三位一體問題。

作為基督教基本教義之一的三位一體觀念，在《聖經》中兩次被提及 ❼。特別是在〈約翰一書〉第五章 ❼：神，聖經，聖靈三位

---

❼　牛頓在 Keynes MS 3, f. 35 也再次強調了這一觀念。

❼　Yahuda MS 41, pp. 6–7.

❼　即 I John 5:7 和 I Timothy 3:16.

❼　I John, 5:7 (King James version). 在以後的各版中，本段迭有改動。King James 版本段作 For there are three that bear record in heaven, the Father, the Word, and the Holy Ghost: and these three are one. Berkeley 版作 So there are three witnesses, ... 近代聖經學者則認為5:7整句都是早期拉丁文譯本的注而後來混入正文的，見 M. Jack Suggs et al. ed., *The Oxford Study of Bible*, New York: Oxford Univ. Press, 1992, pp. 1550–1551.

一體被說得再明白不過了。但是牛頓指出，這不是《聖經》的原文。

　　牛頓是通過細致的版本對勘發現問題的。在牛頓的藏書中共有十六本《聖經》，六本英文的，五本拉丁文的，三本希臘文的，另外法文和希伯來文各一。除了這十六本以外，發生問題的〈約翰一書〉和〈提磨太前書〉所在的《新約》，牛頓還另有十二個版本，包括一本拉丁—古敘利亞文對照本。我們不知道牛頓閱讀敘利亞文的程度，但他在拉丁文和希臘文方面都有很深的造詣，則是沒有疑問的。牛頓發現，發生問題的兩段都不見於四世紀以前的版本。他於是斷言說，這些文字是四世紀時神父們擅自修改篡撰的。牛頓憤怒地寫道❼，「在這兒我們可以看到，教士們比異端分子（對《聖經》造成的）破壞更大得多」。

　　牛頓把他的考釋和分析詳加鋪陳，寫成一篇文章❼，並在1690年11月14日寄給了 J. Locke，他當時志同道合的好朋友。稍後又寄上另一篇主題類似的文章❼。在寄出這兩篇文字時牛頓曾考慮通過某一途徑在歐洲大陸發表他的看法。應他的要求，Locke 即與他的朋友，荷蘭 Remonstrants 神學院的教授 Jean le Clerc (1657–1736) 聯絡，著手準備將文章譯成法文。但不久牛頓又覺得還是不出版的好，所以翻譯之類的事也就不了了之了。

　　為了徹底理清「真正的」宗教最初的情形，牛頓覺得必須對古代史，特別是古代史的繫年作細致的研究。年代學的研究起於 Tauromenium 的 Timaeus (c. 356–260 B.C.)，屢經發展，至於西元四世紀，Eusebius (c. 260–340) 寫出了從開創到300年的《編年史》。

---

❼　*C*, v. 3, p. 138.

❼　*C*, v. 3, pp. 83–129.

❼　*C*, v. 3, pp. 129–144.

牛頓在年代學的研究中引進了先前學者沒有注意到的兩個原則，一是口述歷史資料的可靠性必須被置於嚴格的論證之上**❼**，二是從整個歷史平均來看國王在位的時間為二十年**❽**。利用他的天文學知識，牛頓進一步提出，日蝕和月蝕，尤其是黃道二分點進動，可以用來幫助判定遠古事件的年代**❽**。他認為在 Chiron 為 Argonauts 建造的天球儀上二分點落在白羊座，巨蟹座，摩羯座之中心。和他當時的天文觀測數據比較可知二分點移動了36°44'，若以每年50"的速率推算，易知從 Chiron 時代到1700年前後為二千六百四十六年，從而進一步推出 Argonauts 之旅當在957 B.C.**❽**。

用這樣的方法，牛頓對古代史作了系統的研究，其結果是兩大宗手稿**❽**，另有四百四十八頁大約十八萬字的手稿在1936年拍賣時為 G. Wells 購去。在牛頓去世以後，相當一部分的文字被整理出版，但對現代牛頓研究者說來，這一方向還是「極其枯燥乏味的」**❽**。

但是牛頓把年代學的研究進行到了他生命的最後一刻。我們不知道牛頓是否由此對「真正的」宗教有了新的心得。從現有的資料看，牛頓的神學研究似乎未在他的科學研究上留下可以明確指證的痕跡；恰恰相反，在牛頓的神學裏，科學的影響卻時時可見。理性

---

❼ F. Manuel, *Isaac Newton, Historian*, Cambridge: Cambridge Univ. Press, 1963, p. 53.

❽ *Ibid.*, p. 212.

❽ *Ibid.*, p. 66.

❽ 牛頓的結論後來被證明不真。他推算的原則並沒有錯，但他所採用的基本數據誤差太大。

❽ 即 Add MS 3987 和 Add MS 3988.

❽ RSW, p. 815. Westfall 說只有幾個學者命裏注定要下這一「煉獄」（即耗費時間精力去讀這些手稿）。

作為唯一可以信賴的武器，終於確立了自己至高無上的地位。

三、晚 年

　　一直到1722年，也就是八十歲的時候，牛頓幾乎一直享有無病無痛的幸福。他生活一向規律刻板，除了完全不做運動之外，很符合今日的健康準則。他不吸煙，據 Humphrey 說，飲食也很有節制，「冬天愛吃蘋果，……有時晚間也吃一個烤過的漿果，喝一點甜酒或啤酒」。他很少吃肉，主食是蔬菜和水果[85]。他似乎一生對橘皮的醫療保健功能篤信不疑，早上常在早餐前先享用一杯橘皮煮的水，據說可以化痰。他有時也用一些叫做 Leucatello 的補膏，他說能治風痛，瘟疫，肚子痛，或者萬一被狂犬咬傷，也能得以避邪保泰。

　　就好像對別的很多事情一樣，牛頓對照顧自己的健康頗為自信，還常把保健心得介紹給親朋友好。他的弟媳懷孕時身體不適，牛頓曾很認真地建議過一種藥粥，Benjamin 後來很客氣地寫信致謝，並說他太太當然「決心試一試」[86]。外甥女 Catherine 出天花，牛頓的藥方是「溫牛奶」[87]。皇家天文學家 John Flamsteed 在還沒有和牛頓吵翻之前也很得牛頓的關心，牛頓向他介紹了一種特別的梳頭的辦法[88]，據信可以治愈他長期的頭痛病。

---

[85]　Edmund Turnor, *Collections for the History of the Town and Soke of Grantham,...,* London: William Miller, 1806, p. 165.

[86]　*C*, v. 4, p. 187.

[87]　*C*, v. 4, p. 349.

[88]　*C*, v. 4, p. 152.

1724年8月，牛頓忽然嘔吐，並吐出豌豆大小的「石塊」，但人並無十分不適。繼而發生一種結石的症狀，繼而是肺部的感染[89]。但是他的生活似乎仍舊和以前一樣：他繼續《編年史》的寫作，照常參加皇家學會的例會，直到1727年3月2日的會議。回家以後，牛頓覺得頗為不適，於是馬上把他的兩位醫生，Mead博士和Cheselden博士找來診治。

Richard Mead (1673–1754) 早年在意大利 Padua 學醫，1695年學成回國。雖然他對牛頓的病有什麼特別的幫助未見於史料，牛頓學說對他似乎是頗有影響。在1712年出版的書裏，他提出太陽和月亮對地球的吸引力不僅表現在潮汐上，而且對人體疾病也有關係。William Cheselden 和牛頓相識得更早一些。我們還記得牛頓出任皇家學會會長時[90]，一大改革就是聘用專職的實驗員。可是從私人關係來說，他之於牛頓恐怕更是一位醫名頗籍的外科醫生。1723年牛頓第一次病倒時他就被聘為主治醫生，並確診牛頓的病為結石。

1727年3月初他們來看望牛頓時，情形已經相當明白：對這位八十五歲的病人來說，他們所能做的事並不多。據當時在場的 John Conduitt 報導，「劇烈的陣痛頻繁發作，他（牛頓）滿臉是汗，看上

---

[89] 這是 John Conduitt 的回憶，見他在牛頓去世時為 Fontenelle 寫的牛頓生平，載上引E. Turnor的書，pp. 158–167，引文在 p. 165，並見*MP*, v. 1, pp. 15–19. 但對後來病情的發展，William Stukeley, *Memoirs of Sir Isaac Newton's Life*, London: Taylor and Francis, 1936, p. 82, 提到有小便失禁（前引閻康年書第48頁作「小便不方便」，似不確；或閻先生一時誤將 incontinence「失禁」讀作 inconvenience「不方便」也未可知），並認為不是結石，而是一種血塊或發炎引起的腫塊。因為 Stukeley 本人也是醫生，與牛頓也很接近，他的意見恐怕也不能忽視。

[90] 見前第六章第三節。

去極為痛苦，……」❾❶ 3月18日星期六，牛頓似乎覺得好了一點，看了一會兒報，還同 Mead 博士很是談了一會兒❾❷，但當天晚上六點前後，牛頓陷入昏迷，最後在3月20日凌晨兩點之間在他 Kensington 的住宅去世。

　　3月28日牛頓的遺體移至西敏寺，4月4日安葬。為他扶棺執紼的有議院議長❾❸以下多位顯貴。1731年所立的基碑概括了牛頓一生的業績。這座由 William Kent 設計的紀念碑，牛頓居中，前面是稜鏡，反射望遠鏡，天平，焙燒爐和新鑄的錢幣；牛頓肘下是四本書，書脊上分別標有「神」，「編年史」，「光學」和「原理」；他身後是黑色的金字塔形的碑體，上面刻著 1681 年彗星行經的天區和星座。Nicolas Fatio de Duillier 所撰寫的碑文頗長❾❹，其中最著名的一段是，

　　　　他以幾乎神一般的思維力，最先說明了行星的運動和圖像，彗星的軌道和大海的潮汐。❾❺

---

❾❶　前引 Turnor, p. 166.

❾❷　前引 Stukeley, p. 83.

❾❸　前引 Turnor, p. 167. 前引閻康年第 49 頁將 Chancellor 作人名，而將 The Lord Chancellor 譯作「錢塞洛爾勛爵」，誤。

❾❹　載 Brewster, v. 2, p. 291, 並見 W. J. Greenstreet, *Isaac Newton*, London: G. Bell & Sons, 1927, p. 181, 原文是拉丁文。

❾❺　譯文採自前引《古今數學思想》，第二冊，第49頁。

參考文獻以及本書注釋中引用時所用縮寫

　　在本書的寫作中，下列資料被頻繁使用。它們在正文注釋中常以一些簡稱和縮寫出現，其意義如下：（第一次出現時，仍作全稱注釋。）

Add MS 3996　　*Certain Philosophical Questions, Newton's Trinity*
　　或　　　　　　*Notebook,* ed. by J. E. McGuire and Martin Tamny,
Add MS 3975　　Cambridge: Cambridge University Press, 1983. 本書引用這兩份手稿時並在括弧中注出上引刊本的頁次，如 Add MS 3996, f. 83 129r (447) 即指刊本第447頁。

C　　　　　　*The Correspondence of Isaac Newton,* ed. by H. W. Turnbull (vols. 1–3), J. F. Scott (vol. 4), A. R. Hall (vols. 5–7), Cambridge: Cambridge University Press, 1959–1977.

Dialogue　　Galileo Galilei, *Dialogue Concerning the Two Chief World Systems —Ptolemaic & Copernican,* trans. by Stillman Drake, Berkeley: University of California Press, 1953.

DSB   *Dictionary of Scientific Biography,* ed. by C. C.
               Gillispie, New York: Scribner & Sons, 1970– .

H   John Herivel, *The Background to Newton's Prin-*
               cipia: A Study of Newton's Dynamical Researches
               in the Years 1664–1684, Oxford: Clarendon Press,
               1965. Herivel 將牛頓的手稿按其理解分成章節，本
               書在引用時，常注出章名和手稿號，例如，H II a，
               即 Herivel 上引書，史料部分第二章，手稿 a. 如係
               Herivel 氏論述，則注頁次。

HH   *The Unpublished Scientific Papers of Isaac New-*
               ton. A Selection from the Portsmouth Collection in
               the University Library, Cambridge, ed. by A. R.
               Hall and M. B. Hall, Cambridge: Cambridge Uni-
               versity Press, 1962.

MP   *The Mathematical Papers of Isaac Newton,* ed. by
               D. T. Whiteside, Cambridge: Cambridge Univer-
               sity Press, 1967–1981.

Opticks   Isaac Newton, *Opticks,* with a foreword by A.
               Einstein, New York: Dover, 1952.

PLNP   *Isaac Newton's Papers and Letters on Natural*
               Philosophy, ed. by I. B. Cohen, Cambridge: Har-
               vard University Press, 1978.

Principia   Isaac Newton, *Mathematical Principles of Natural*
               Philosophy and His System of the World, with an
               historical and explanatory appendix by F. Cajori,

Berkeley: University of California Press, 1934.

RSW   R. S. Westfall, *Never at Rest,* Cambridge: Cambridge University Press, 1980.

著作選   上海外國自然科學哲學著作編譯組譯《牛頓自然哲學著作選》，上海：上海人民出版社，1974；這一選本譯自 H. S. Thayer, *Newton's Philosophy of Nature,* New York: Hafner, 1953.

　　牛頓研究論文專著汗牛充棟，除了上述原始文獻和研究工作之外，正文敘述中涉及的，隨時注出。完整的目錄學著作止於1975年：Peter and Ruth Wallis, *Newton and Newtoniana 1672–1975,* London: Dawsons, 1977；此外 *Newton, Texts, Backgrounds, Commentaries,* ed. by I. B. Cohen and R. S. Westfall, New York: Norton, 1995, pp. 435–436, 提供了晚近的最主要的研究進展。

年表及著作繫年 ❶

1642年	10月上旬	牛頓的父親 Isaac Newton 在 Woolsthorpe 家中去世，上距他和 Hannah Ayscough 結婚才六個月。
1642年	12月25日	牛頓生於 Woolsthorpe，這是 Lincolnshire 的一個小鎮。為紀念死去的父親，也取名 Isaac。
1646年	1月27日	母親 Hannah 改適 Barnabas Smith 牧師，牛頓則留在Woolsthorpe由外祖母Margaret 照看。
1653年	8月	Smith 牧師去世，Hannah 重回Woolsthorpe 家。
1655年		在 Grantham 鎮 Free Grammer School of

---

❶ 參見 I. Bernard Cohen and Richard S. Westfall, A Chronology, in *Newton*, New York: Norton, 1995, pp. 431–434; Derek Gjertsen, Life, Career, and Works, in *The Newton Handbook*, London: Routledge & Kegan Paul, 1986, pp. 314–319; and J. Edleston, A Synoptical View ..., in *Correspondence of Sir Isaac Newton & Professor Cotes*, ... pp. xxi–lxxxi.

		King Edward VI, 住在藥劑師 Clark 家。筆記本 Latin Exercise Book 據信開始寫於本時期。
1659年	12月至次年9月	輟學在家務農，稍後返校，住在校長 Stokes 先生家。開始用所謂的 Morgan Book。
1661年	6月5日	被劍橋三一學院錄取。牛頓的筆記本 Philosophical Notebook起於本年，先是一些讀書筆記和摘錄。本筆記的主要部分 Quaestiones quaedam philosophicam（QQP，即「若干哲學問題」）起於1664年前後，是研究牛頓早期思想的最主要的資料。
	7月8日	在三一學院辦理入學手續❷。
1663年		據信在 Stourbridge Fair 購歐幾里德《幾何學》。
		Lucas 講席設於本年。
1664年	4月28日	獲得研究生職位。
	12月10日及以後若干天	觀察彗星，記錄在 Add MS 3996, f. 12 93v (357). 這似乎是牛頓最早的彗星觀察記錄。Of Violent Motion, Add MS 3996, ff. 21

---

❷　案十七世紀劍橋制度，學生先由各學院錄取，並由輔導老師 (tutor) 負責教育，若干年後得選為 Scholar，或譯研究生，如李珩譯 W. C. Dampier,《科學史》，北京：商務，1979，第222頁，以其意約略相近也。再若干年得為學院所用，是為 Fellow，嘗見有漢譯為「院士」者，誤。及學成，始得為劍橋大學本部聘為教授，如若干年後牛頓受聘為 Lucas 教授然。

98r–22 98v (366–371)，即 H I，據信作於本年

Waste Book 據信始於本年。

冬至	開始對數學，力學和自然哲學認真研究。
次年1月	所謂的 Fitzwilliam 筆記本中的最早記錄起於 1665 年。本筆記有牛頓的五十一條懺悔，因此備受牛頓研究的心理學派的重視。
1665年 1月	獲學士學位。

Waste Book 中的「論反射」寫於本年初，兩篇重要的數學筆記 May 1665 Tract (*MP*, v. 1, pp. 272–280) 和 November 1665 Tract (*Ibid.*, pp. 382–390) 亦寫於本年。

Of Reflection，即 H II b, Definitions, 即 H II c, Axioms, and Propositions, 即 H II d，據信作於本年。

Of Colours，即Add MS 3996, ff. 69 122r–74 124v (430–443), ff. 91 133v–95 135v (452–463), f. 83v (462–465)，據信作於本年。

8月初 ❸	因瘟疫離開劍橋回到家鄉 Woolsthorpe。
1666年	Of Colours，即 Add MS 3975, ff. 1–22 (466–489), On Rainbow (*MP*, v. 3, pp. 543– 549)，寫於本年。

---

❸ 應早於8月7日，見 RSW, p. 142.

3月20日	回劍橋。
6月	再次離開劍橋回家鄉。
10月	撰寫關於流數的論文（後來常被稱作Resolving Problems by Motion，又稱為October 1666 Tract，即 Add MS 3958, ff. 49–63, *MP*, v. 1, pp. 400–448）。

The Lawes of Motion，即 Add MS 3958, ff. 81–83, (*C*, v. 3, pp. 60–66，同見於 HH II 2); Vellem 手稿即 Add MS 3958, f. 45 (*C*, v. 3, pp. 46–54; 同見於 H III, pp. 183–191), 均被定為這一階段的工作；作「月地檢驗」，發現「其結果甚佳」。The Refraction of light at a spherical surface (*MP*, v. 1, pp. 577–585) 作於本年。

牛頓把他的很多發現發明歸於 1665–1666 年他在家鄉的研究，這一時期常被稱為 Anni mirabiles 即「神奇年代」。

1667年 4月	回劍橋。研究圓錐曲線，Enumeratio curvarum 寫於本年。
10月2日	當選為三一學院副研修員 (minor feilow)。
	「化學辭典」即 MS Don. b. 15 起於本年。
1668年 3月16日	當選為三一學院正研修員 (major fellow)。

On Circular Motion 即 Add MS 3958, ff. 87, 89, (A. R. Hall, *Ann. of Science*, *13* (1957) 62–71, 同見於*C*, v. 1, pp. 297–303)

		寫於本年前後，第一次提出平方反比定律。
	7月7日	獲碩士學位。
	8月5日	去倫敦，9月29日返回劍橋。
1660年 代末		De gravitatione et equipondio fluidorum (On the Gravity and Equilibrium of Fluids, HH II 1), Tractatus de quadratura curvarum (A treatise of the Quadrature of Curves, *MP*, v. 7, pp. 24–129; v. 8, pp. 92–159) 作於此時。
1669年	2月23日	在給皇家學會秘書 H. Oldenburg 的信中詳細介紹了反射望遠鏡。
	7月31日	De analysi (*MP*, v. 2, pp. 206–247)❹，即「論分析」完成，由 I. Barrow 寄給 John Collins。
	8月	購置化學設備，並購 *Theatrum chemicum*，這是一本有關煉金術的文集。牛頓關於化學和煉金術的筆記本 Add MS 3975 中最早的實驗記錄見於本年。摘錄 Eirenaeus Phi-latethes 甚多的 Keynes MS 19 估計寫於本年。
	10月29日	任 Lucas 教授。
	11月	第二次去倫敦，見 J. Collins。討論物質的統一性的 Keynes MS 12 A 被

---

❹ 最早的拉丁文本由 Jones 在1711年出版，第一個英譯本由 Stewart 在1745年完成。

斷為本年❺。

1670年　1月		作光學論文 Lectiones opticae (A. Shapiro ed., *The Optical Papers of Isaac Newton,* v. 1). 同時為 G. Kinckhuysen 的《代數學》作注釋 (*MP*, v. 2)。開始被煉金術吸引。
		De methodis fluxionum et serierum infinitorum (On the Methods of Fluxions and Infinite Series, *MP*, v. 3, pp. 32–353) 估計作於1670–1671年間。
1671年		Theoremata optica, *MP*, v. 3, pp. 514–520, Problem of twofold refraction resolved, *MP*, v. 3, pp. 528–530, 均見於Waste Book, 作於本年。
	12月	把反射望遠鏡送到皇家學會。
	12月21日	由 Seth Ward 提名牛頓為皇家學會會員。
1672年　1月11日		當選為皇家學會會員。
	2月8日	在皇家學會宣讀關於顏色的論文 New Theory about Light and Colours, 2月19日刊於 *Phil. Trans.,* 80, pp. 3075–3087（又見於 *PLNP*, pp. 47–59 以及 *C*, v. 1, pp. 92–102）。稍後自3月25日起連續在本刊發表了七篇光學論文。與 Robert Hooke 進行關於光本性的論戰（參見下文「1676年1月」）。

---

❺　Betty J. T. Dobbs, *The Foundations of Newton's Alchemy,* Cambridge: Cambridge Univ. Press, 1975, p. 133.

	12月10日	致 J. Collins 論切線。

Discourse of Observation (*PLNP*, pp. 202–235) 寫於本年 (參見下文「1676年1月」); Of ye coloured circles twixt two contiguous glasses 據信寫於本年❻。

1672年
前後 開始神學研究，直至 1684 年。大部分研究者認為筆記本「神學筆記」(即 Keynes MS 2) 作於本階段。Argumenta 即 Yahuda MS 14 (RSW, pp. 315–316), 作於本年至 1675 年間。

1673年　10月 開始在劍橋講授數學。

Gravia in trochoide descendentia (Add MS 4003) 即 HH II 4 作於本年❼。

1674年 再訪倫敦。

1675年　2月18日 參見皇家學會會議。

　　　　3月 在倫敦會見 R. Boyle。

　　　　4月27日 三一學院 Lucas 教授由皇家豁免，不再必須在一定時間裏取得宗教教職。

　　　　12月7日 關於「牛頓環」的工作送達皇家學會，稍後於12月9至16日在皇家學會宣讀 Hypothesis explaining the Properties of Light, (*C*, v. 1, pp. 362–386, 同見於 *PLNP*, pp. 177–

---

❻ 據 R. S. Westfall, *Archive for History of Exact Sciences, 2* (1965) 181–196, 說。

❼ 紀年用 Hall 的考證，見 HH, p. 90.

190) De aere et aethere 即 Add MS 3960, f. 653 (HH III) 被認為最遲不會晚於本年❽。

1676年　1月20日至　在皇家學會宣讀「論觀察」Discourse of
　　　　2月10日　　Observations。

　　　　夏秋　　　與萊布尼茲通信討論數學問題。Regula differentiarum (Rules of Interpolation, *MP*, v. 4, pp. 36–50) 和 Methodus differentialis（參見1711年條）作於本年。

　　　　6月13日和　Epistola prior et Epistola posterrior (First
　　　　10月24日　Letter and Second Letter, *C*, v. 2, pp. 20–47; pp. 110–161) 送交 H. Oldenburg。

　　　　12月起　　獨自在劍橋進行研究。總結製造「哲人汞」的 Clavis❾ 即 Keynes MS 18 可能寫於 1675–1679年間。

　　　　　　　　Paradoxical Questions concerning the Morals and Actions of Athanasius and his Followers (H. McLachlan, *op. cit.*, pp. 60–118) 寫於本年至1679年間，文中牛頓明顯地偏袒 Arius 派。

1679年　2月28日　致 R. Boyle 函討論自然哲學問題 (*C*, v. 2, pp. 288–295, 同見於 *PLNP*, pp. 249–254)。

　　　　6月初　　母親去世。Hannah 的葬禮在6月4日舉行。

---

❽　參見第四章第五節的討論。

❾　原文及英譯作為附錄刊 B. J. T. Dobbs, *The Foundations of Newton's Alchemy, op. cit.*, pp. 251–255.

		牛頓在家鄉逗留了相當一段時間以後才回到劍橋。
	11月24日至次年1月17日	與 R. Hooke 通信討論地球自轉對於地上的自由落體下落軌跡的影響（信刊 C, v. 2）。 判斷以太存在與否的重錘實驗據信做於本年 ❿。
1680年	12月12日	觀察彗星的記錄。
	12月15日至次年4月16日	繼續觀察彗星，同時與 J. Flamsteed 通信討論。
		撰寫 Geometria curvilinea (The Geometry of Curves, *MP*, v. 4, pp. 420–484), A Demonstration that the Planets, by their Gravity towards the Sun, may move in Ellipses (HH IV 2; *C*, v. 3, pp. 71–77) 據信作於一六八〇年代初。
1682年		觀察 Halley 彗星。
1684年		開始與 David Gregory 通信。Gregory 是一個數學家，從此以後和牛頓過從甚密，1691年牛頓曾推他申請牛津的 Savilian 教授講席。
	8月	Halley 來訪，問及與距離成平方反比的吸引力該造成什麼樣的軌道運動。
	10月至11月	撰寫「論運動」De motu，即 Add MS 3965諸篇論文⓫。稍後其中一篇在12月10日送

---

❿ RSW, p. 376, 這一實驗後來見於 *Principia*, pp. 325–326.

		到皇家學會，次年2月23日登錄。Halley 再次來訪。
		撰寫 Matthesos universalis specimina (Specimens of a Universal System, *MP*, v. 4, pp. 526–590) 和 De computo serierum (On the Computation of Series, *ibid.*, pp. 590–616)。
1685–1686年		撰 De motu corporum, liberprimus et liber secundus (On the Motion of Bodies, Bk. 1 & Bk. 2, Bk. 1 未聞刊出，*MP*, v. 4 和 H, pp. 321–326 有討論，Bk. 2 即 The System of the World, 見於 *Principia*, pp. 549–626。
	秋至1687年	撰寫《原理》。
1686年	4月21日至5月12日	作為劍橋大學的代表參加宗教委員會會議。
	4月28日	《原理》第一篇送交皇家學會，5月19日皇家學會決定出版該書，5月22日起Halley與牛頓通信商討《原理》出版事項。6月2日皇家學會指定 Halley 全權策劃其事。6月30日獲 S. Pepys 的出版許可。
1687年	3月1日	《原理》第二篇書稿送交 Halley。稍後4月

---

⑪　即 De motu corporum in gyrum, De motu sphaericorum corporum in fluidis, De motu corporum, definitiones, 以及 De motu corporum in mediis regulariter cedentibus, 分別見於 H IX, HH IV 1 MS B, HH IV MS A 或 H X b, 以及 H X a。

4日第三篇書稿也完成送出。

4月11日	作為劍橋的八個代表之一參加處理 Francis 問題❷。
7月5日	《原理》出版。先是，牛頓撰有Conclusio，但未與《原理》一同刊出 (HH IV 7)。
9月28日	講授「論世界體系」De mundi systemate。

1688年		撰 Elements of Mechanics，見 HH II 3。
1689年	1月22日至次年1月17日	作為劍橋大學的代表參加國會為 William III 王位繼承問題的會議。牛頓是在1689年1月15日當選為大學代表的❸。
		結識J. Locke和Nicolas Fatio de Duillier ❹。
1690年		An Historical Account of Two Notable Corruptions of Scripture (*C*, v. 3, pp. 83−144) 作於本年，Geometria libri tres (Geometry in Three Books, *MP*, v. 7, pp. 248−400) 估

---

❷ Alban Francis 是一個教士。1687年2月，英王 James II 下令叫劍橋授予他碩士學位，但他並未先宣誓認同英國教會。當時劍橋認為這是天主教的又一輪進攻，3月11日校董會議提出 James II 的這一要求是「非法」的。4月21日牛頓和劍橋的其他代表一同參加了和倫敦宗教事務法庭的會議。爭論一直延續到5月中旬，後來好像也不了了之，因為 James II 的王位在次年即被剝奪了。

❸ 劍橋在三名候選人中選出兩人，Robert Sawyer 爵士（一百二十五票）和牛頓（一百二十二票）。據說牛頓在會上只發過一次言，內容是要服務人員把窗關上。

❹ Fatio (1664−1753)，出生於一個瑞士貴族家庭，對科學研究很有興趣。牛頓以後的很多工作都和 Fatio 有關。稍後在 1690 年 3、4 月間面晤 Fatio。

計作於一六九○年代中。

1691年	1月	在 Oates 見 John Locke。
1692年	1月	往倫敦參加 R. Boyle 的葬禮。
	3月2日	在劍橋見 A. Pitcairne，並將手稿 De natura acidorum (On the Nature of Acids, *C*, v. 3, pp. 205–214) 交他出版。
	12月10日	致 Bentley 第一書，次年1月17日，2月11日和3月14日復致三書討論上帝和創造 (*C*, v. 3, pp. 233–241, 244–245, 253–256)。
1693年	1月至2月	Fatio 往劍橋見牛頓。
	5月至6月	牛頓往倫敦見 Fatio。
	春夏	作 Praxis，這是牛頓最重要的一篇煉金術論文❺，作 De quadratura curvarum, *MP*, v. 7, pp. 24–129; v. 8, pp. 92–159。
	9月13日和 16日	致函 Pepys 和 Locke (*C*, v. 3, p. 279, 280)。這是發生嚴重的精神崩潰的最早表現，但至9月28日即近乎恢復常態。
1694年	5月	在劍橋見 David Gregory，後者關於牛頓工作的筆記始於此時。
	9月1日	往格林威治見 J. Flamsteed。
1695年		作 Tabula refractionum siderum ad altitudines apparentes (Table of Stellar Refrac-

---

❺ 英譯及現代重印本見 Betty Jo Teeter Dobbs, *The Janus Faces of Genius, op. cit.*，附錄，繫年從 I. B. Cohen and R. S. Westfall, *Newton, op. cit.*, p. 308.

tions at Different Apparent Altitudes, *C*, v. 4, p. 95); 修改 Enumeratio curvarum，見 1704年2月條。

1696年　　英國貨幣改鑄。先是，牛頓撰 Concerning the Amendmt of English Coyns，未刊，藏 Goldsmith's Library, Univ. of London。

3月19日　被任命為造幣廠主事，稍後 4 月 20 日到任，8月移居倫敦 Jermyn 街。

4月13日　Appointment sas Warden of Mint, *C*, v. 4, p. 200。

6月　　撰 The State of the Mint, *C*, v. 4, pp. 207–208。

1697年　1月29日　解出 Bernoulli 提出的數學難題 ⑯，2月24 日在皇家學會匿名宣讀 (*C*, v. 4, pp. 220–229)。

An Account of the Mint in the Tower of London, *C*, v. 4, pp. 233–235; Observations Concerning the Mint, *C*, v. 4, pp. 255–258, 作於本年。

1698年　　An Answer to Mr. Chaloner's Petition, *C*, v. 4, pp. 261–262, 作於本年。

---

⑯　1696年6月 Johann Bernoulli 在 *Acta Eruditorum* 徵求對「最速降落」的解，牛頓於收到問題的當天即著手求解，至次日早晨四點完成，參見 RSW, pp. 582–583；並在 1 月 30 日通知 Montague, *MP*, v. 8, pp. 72–79。

1699年　2月21日　　當選為法國科學院外籍院士。

　　　　11月30日　　被選入皇家學會理事會。

An instrument for observing the Moon's distance from the fixt stars at sea, *PLNP*, pp. 236–238, 作於是年**⑰**。

發生與萊布尼茲關於發明微積分優先權的爭論。

1700年　2月3日　　被任命為造幣廠總監，參見 *C*, v. 4, pp. 320–321。

把 A Description of an Instrument for Observing the Moon's Distance from the Fixt Stars at Sea (*PLNP*, pp. 236–238) 交給 Halley。

1701年　1月27日　　牛頓在劍橋的課轉由 William Whiston 代。

　　　　5月28日　　在皇家學會匿名宣讀Scala graduum caloris。

　　　　7月　　　　Directions about the Triall of eh Monies of Gold and Silver in the Pix, *C*, v. 4, pp. 371–373。

　　　　11月26日　　由三一學院選入國會 **⑱**。

---

⑰　但遲至1742年10月28日才在皇家學會宣讀。

⑱　本屆議會從1701年12月到1702年7月行使權力。牛頓在三一學院競選時得一百六十一票，第三名候選人 Hommond 以六十四票落選。他後來散發了一本題為 *Considerations upon Corrupt Elections of Members to Serve Parliament* 的小冊子，說牛頓等人得到東印度公司的贊助賄選，牛頓沒有回答這一指責。

	12月10日	辭去 Lucas 教職，辭去三一學院教職。
	12月20日至	任國會議員。
	次年7月	
1702年	秋	往 Oates 造訪 Locke。*Lunae theoria* 出版。作 The Values of Several Foreign Coyns..., *C*, v. 4, pp. 388–390; Securities, *C*, v. 4, p. 392; 設計 Anne 女王加冕紀念章。
1703年	3月3日	R. Hooke 去世。
	11月30日	當選為皇家學會會長。
1704年	2月	《光學》出版，Enumeratio linearum tertii ordinis (An Enumeration of Cubic Curves, *MP*, v. 7, pp. 588–645) 附此。
	4月	到格林威治訪 J. Flamsteed。
1705年	1月23日	向女王的丈夫 George 建議出版 Flamsteed 的工作。
	4月16日	Anne 女王在三一學院 Marster's Lodge 授予貴族稱號。這是英國給予有功於國家的平民的最高榮譽。從此牛頓姓名前加"Sir"。
	5月17日	在國會選舉中落選。
1706年		拉丁文版《光學》出版，「疑問」部分增加了七個問題De constructuione problematum geometricum (*MP*, v. 8, pp. 200–219) 作於本年。
1707年		*Arithmetica universalis* ⑲ (*MP*, v. 5, pp. 54–

⑲ 由 W. Whiston 編輯，英譯本在1720年由 J. Faphson 完成。

		491) 出版。
	4月15日	同 David Gregory 一同去格林威治。
	11月	負責鑄造英格蘭和蘇格蘭統一的錢幣，事見 *C*, v. 4, pp. 508–509。
		估計本年晚些時候 Bentley 說服牛頓再版《原理》。
1709年	10月11日	開始與 Cotes 通信討論《原理》第二版出版問題。
1711年	3月	*Analysis per quantitatum* 出版，繼續與萊布尼茲為優先權的爭論。
		De vi electrica (On the Electric Force, *C*, v. 5, pp. 362–369) 估計作於本年或稍晚。
		Methodis differentialis (*MP*, v. 8, pp. 244–255) 由 Jones 出版。
		撰 Of the Assaying of Gold and Silver, the Making of Indented Triall-pieces, ..., *C*, v. 5, pp. 84–88, 這是牛頓對所謂的 Pyx Trail 的申辯。
1712年	3月6日	皇家學會成立專門委員會調查優先權問題。4月24日該委員會寫出報告支持牛頓。
1713年	1月	發表 Commercium epistolicum D. Johannis Collins et aliorum (The Correspondence of John Collins and Others)，公開指責萊布尼茲剽竊。
	6月30日	《原理》第二版出版，其中加入了 Scholium

generale，見 HH IV 8。

8月1日　　與 Halley 一同訪問格林威治。

Memorandum Concerning a Copper Coin-
age, *C*, v. 5, pp. 415–416，寫於本年，這是
牛頓為鑄造銅輔幣作的計劃，次年又作
Observations on the Copper Coinage, *C*, v.
6, pp. 99–100。

1715年　2月　　匿名出版 *Account*（參見1722年），撰 Ob-
servations concerning the medium through
which light passes, ...，刊於 H. Guerlac,
Notes and Records of the Royal Society, 22
(1967) 45–57. 這是牛頓晚年對以太或媒介
的考察，或以為他曾考慮對《光學》作一
補充。

11月　　所謂 Leibniz-Clarke 通信起於本月。萊布尼
茲寫信給牛頓指出牛頓工作中的五個問題，
同時把抄件寄給了他以前的學生，Wales王
妃 Caroline，後者又把信轉給了 Samuel
Clarke。Clarke 和萊布尼茲共有五次信件往
來，討論上帝和其他自然神學問題。

1716年　　為 Caroline 公主撰寫關於年代學的「提
要」；Queries Regarding the Word Homo-
ousios 即 Keynes MS 2 或 Yahuda MS
15.3–15.5, 15.7 據信寫於本年或稍後[20]；解

---

[20]　現代重印本：H. McLachlan, *Sir Isaac Newton: Theological Manu-*

出所謂的 Bernoulli 第二題，*MP*, v. 8, pp. 424–434。

11月14日　萊布尼茲去世。

1717年　　《光學》英文版第二版出版，又增添了八個問題。

9月21日　發表 State of Gold and Silver Coyns (*C*, v. 6, pp. 415–418)。

1719年　　《光學》拉丁文版第二版出版，次年法文版出版。

1721年　　《光學》英文版第三版出版。

1722年　　*An Account of the Book Entituled Commercium Epistolicum* 匿名在 *PT*, 342, pp. 173–224 出版[21]。

出現結石症狀。

1725年　3月27日　表示不希望 Short Chronology 出版。

是年肺部發生感染。

1726年　3月31日　《原理》第三版出版。

1727年　3月2日　最後一次出現皇家學會會議。

3月20日　逝世。4月4日葬於倫敦Westminster Abbey。

1728年　　*Chronology of Ancient Kingdoms Amended, Short Chronicle, De mundi systemate, The System of the World* 出版。本書由 John Conduitt 負責編輯，長達三百四十六頁[22]。

---

scripts, *op. cit.*, pp. 44–47.

[21]　現代重印本：A. R. Hall, *Philosophers at War, op. cit.*, pp. 263–314.

1729年　　　　　Lectiones opticae (Optical Lectures) 和
　　　　　　　　《原理》英文版出版。

1733年　　　　　*Observations upon the Prophecies of
　　　　　　　　Daniel and the Apocalypse of St. John* 由
　　　　　　　　Benjamin Smith 出版❷。

---

❷　現代重印本：Stuttgart — Bad Cannstatt facsimile reprint, 1964. 這是據
　　1785年的一個版本影印的。

❷　現代重印本：William Whitla, *Sir Isaac Newton's Daniel and the
　　Apocalypse with an Introductory Study...*, London: Hohn Murray, 1922.

索 引

(一)中　文

一　劃

三　劃

四　劃

五　劃

六　劃

七　劃

衝力 (impulse)　135, 142

八　劃

九　劃

十一劃

十四劃

(二)英　文

世界哲學家叢書（一）

書　　　　名	作　　者	出　版　狀　況
孔　　　　子	韋　政　通	已　　出　　版
孟　　　　子	黃　俊　傑	已　　出　　版
荀　　　　子	趙　士　林	已　　出　　版
老　　　　子	劉　笑　敢	已　　出　　版
莊　　　　子	吳　光　明	已　　出　　版
墨　　　　子	王　讚　源	已　　出　　版
公　孫　龍　子	馮　耀　明	已　　出　　版
韓　　　　非	李　甦　平	已　　出　　版
淮　　南　　子	李　　　增	已　　出　　版
董　　仲　　舒	韋　政　通	已　　出　　版
揚　　　　雄	陳　福　濱	已　　出　　版
王　　　　充	林　麗　雪	已　　出　　版
王　　　　弼	林　麗　真	已　　出　　版
郭　　　　象	湯　一　介	已　　出　　版
阮　　　　籍	辛　　　旗	已　　出　　版
劉　　　　勰	劉　綱　紀	已　　出　　版
周　　敦　　頤	陳　郁　夫	已　　出　　版
張　　　　載	黃　秀　璣	已　　出　　版
李　　　　覯	謝　善　元	已　　出　　版
楊　　　　簡	鄭　曉　江　李　承　貴	已　　出　　版
王　　安　　石	王　明　蓀	已　　出　　版
程　顥　、　程　頤	李　日　章	已　　出　　版
胡　　　　宏	王　立　新	已　　出　　版
朱　　　　熹	陳　榮　捷	已　　出　　版
陸　　象　　山	曾　春　海	已　　出　　版

世界哲學家叢書（二）

書　　　　　名	作　　　者	出　版　狀　況
王　　廷　　相	葛　榮　晉	已　　出　　版
王　　陽　　明	秦　家　懿	已　　出　　版
李　　卓　　吾	劉　季　倫	已　　出　　版
方　　以　　智	劉　君　燦	已　　出　　版
朱　　舜　　水	李　甦　平	已　　出　　版
戴　　　　　震	張　立　文	已　　出　　版
竺　　道　　生	陳　沛　然	已　　出　　版
慧　　　　　遠	區　結　成	已　　出　　版
僧　　　　　肇	李　潤　生	已　　出　　版
吉　　　　　藏	楊　惠　南	已　　出　　版
法　　　　　藏	方　立　天	已　　出　　版
惠　　　　　能	楊　惠　南	已　　出　　版
宗　　　　　密	冉　雲　華	已　　出　　版
永　　明　　延　　壽	冉　雲　華	已　　出　　版
湛　　　　　然	賴　永　海	已　　出　　版
知　　　　　禮	釋　慧　岳	已　　出　　版
嚴　　　　　復	王　中　江	已　　出　　版
康　　有　　為	汪　榮　祖	已　　出　　版
章　　太　　炎	姜　義　華	已　　出　　版
熊　　十　　力	景　海　峰	已　　出　　版
梁　　漱　　溟	王　宗　昱	已　　出　　版
殷　　海　　光	章　　　清	已　　出　　版
金　　岳　　霖	胡　　　軍	已　　出　　版
張　　東　　蓀	張　耀　南	已　　出　　版
馮　　友　　蘭	殷　　　鼎	已　　出　　版

世界哲學家叢書 (三)

書　　　　　名	作　　　者	出　版　狀　況
牟　　宗　　三	鄭　家　棟	排　　印　　中
湯　　用　　彤	孫　尚　揚	已　　出　　版
賀　　　　　麟	張　學　智	已　　出　　版
商　　羯　　羅	江　亦　麗	已　　出　　版
辨　　　　　喜	馬　小　鶴	已　　出　　版
泰　　戈　　爾	宮　　　靜	已　　出　　版
奧羅賓多·高士	朱　明　忠	已　　出　　版
甘　　　　　地	馬　小　鶴	已　　出　　版
尼　　赫　　魯	朱　明　忠	已　　出　　版
拉達克里希南	宮　　　靜	已　　出　　版
李　　栗　　谷	宋　錫　球	已　　出　　版
空　　　　　海	魏　常　海	排　　印　　中
道　　　　　元	傅　偉　勳	已　　出　　版
山　鹿　素　行	劉　梅　琴	已　　出　　版
山　崎　闇　齋	岡　田　武　彥	已　　出　　版
三　宅　尚　齋	海老田輝巳	已　　出　　版
貝　原　益　軒	岡　田　武　彥	已　　出　　版
荻　生　徂　徠	王　祥　齡 劉　梅　琴	已　　出　　版
石　田　梅　岩	李　甦　平	已　　出　　版
楠　本　端　山	岡　田　武　彥	已　　出　　版
吉　田　松　陰	山　口　宗　之	已　　出　　版
中　江　兆　民	畢　小　輝	已　　出　　版
蘇格拉底及其先期哲學家	范　明　生	排　　印　　中
柏　　拉　　圖	傅　佩　榮	已　　出　　版
亞　里　斯　多　德	曾　仰　如	已　　出　　版

世界哲學家叢書（四）

書　　　　　名	作　　者	出　版　狀　況
伊　壁　鳩　魯	楊　　適	已　出　版
愛　比　克　泰　德	楊　　適	已　出　版
柏　　羅　　丁	趙　敦　華	已　出　版
伊　本・赫　勒　敦	馬　小　鶴	已　出　版
尼　古　拉・庫　薩	李　秋　零	已　出　版
笛　　卡　　兒	孫　振　青	已　出　版
斯　賓　諾　莎	洪　漢　鼎	已　出　版
萊　布　尼　茨	陳　修　齋	已　出　版
牛　　　　頓	吳　以　義	已　出　版
托　馬　斯・霍　布　斯	余　麗　嫦	已　出　版
洛　　　　克	謝　啓　武	已　出　版
休　　　　謨	李　瑞　全	已　出　版
巴　　克　　萊	蔡　信　安	已　出　版
托　馬　斯・銳　德	倪　培　民	已　出　版
梅　　里　　葉	李　鳳　鳴	已　出　版
狄　　德　　羅	李　鳳　鳴	排　印　中
伏　　爾　　泰	李　鳳　鳴	已　出　版
孟　德　斯　鳩	侯　鴻　勳	已　出　版
施　萊　爾　馬　赫	鄧　安　慶	已　出　版
費　　希　　特	洪　漢　鼎	已　出　版
謝　　　　林	鄧　安　慶	已　出　版
叔　　本　　華	鄧　安　慶	已　出　版
祁　　克　　果	陳　俊　輝	已　出　版
彭　　加　　勒	李　醒　民	已　出　版
馬　　　　赫	李　醒　民	已　出　版

世界哲學家叢書（五）

書　　　　　名	作　　者	出　版　狀　況
迪　　　　　昂	李　醒　民	已　　出　　版
恩　格　斯	李　步　樓	已　　出　　版
馬　克　思	洪　鎌　德	已　　出　　版
約　翰　彌　爾	張　明　貴	已　　出　　版
狄　爾　泰	張　旺　山	已　　出　　版
弗　洛　伊　德	陳　小　文	已　　出　　版
史　賓　格　勒	商　戈　令	已　　出　　版
韋　　　　　伯	韓　水　法	已　　出　　版
雅　斯　培	黃　　藿	已　　出　　版
胡　塞　爾	蔡　美　麗	已　　出　　版
馬克斯·謝勒	江　日　新	已　　出　　版
海　德　格	項　退　結	已　　出　　版
高　達　美	嚴　　平	已　　出　　版
盧　卡　奇	謝　勝　義	已　　出　　版
哈　伯　馬　斯	李　英　明	已　　出　　版
榮　　　　　格	劉　耀　中	已　　出　　版
皮　亞　傑	杜　麗　燕	已　　出　　版
索　洛　維　約　夫	徐　鳳　林	已　　出　　版
費　奧　多　洛　夫	徐　鳳　林	已　　出　　版
別　爾　嘉　耶　夫	雷　永　生	已　　出　　版
馬　賽　爾	陸　達　誠	已　　出　　版
阿　圖　色	徐　崇　溫	已　　出　　版
傅　　　　　科	于　奇　智	已　　出　　版
布　拉　德　雷	張　家　龍	已　　出　　版
懷　特　海	陳　奎　德	已　　出　　版

世界哲學家叢書（六）

書　　　　　名	作　　　者	出　版　狀　況
愛　因　斯　坦	李　醒　民	已　　出　　版
皮　爾　遜	李　醒　民	已　　出　　版
玻　　　　爾	戈　　革	已　　出　　版
弗　雷　格	王　　路	已　　出　　版
石　里　克	韓　林　合	已　　出　　版
維　根　斯　坦	范　光　棣	已　　出　　版
艾　耶　爾	張　家　龍	已　　出　　版
奧　斯　丁	劉　福　增	已　　出　　版
史　陶　生	謝　仲　明	已　　出　　版
馮　‧　賴　特	陳　　波	已　　出　　版
赫　　　　爾	孫　偉　平	已　　出　　版
愛　默　生	陳　　波	已　　出　　版
魯　一　士	黃　秀　璣	已　　出　　版
普　爾　斯	朱　建　民	已　　出　　版
詹　姆　士	朱　建　民	已　　出　　版
蒯　　　　因	陳　　波	已　　出　　版
庫　　　　恩	吳　以　義	已　　出　　版
史　蒂　文　森	孫　偉　平	已　　出　　版
洛　爾　斯	石　元　康	已　　出　　版
海　耶　克	陳　奎　德	已　　出　　版
喬　姆　斯　基	韓　林　合	已　　出　　版
馬　克　弗　森	許　國　賢	已　　出　　版
尼　布　爾	卓　新　平	已　　出　　版